Daxue Jiaoshi Jixiao Pingjia Yanjiu

Jiyu Jiaoshi Zizhu Fazhan de Tansuo

大学教师绩效评价研究

——基于教师自主发展的探索

王光彦　著

教育科学出版社
·北　京·

序

（一）

绩效评价，是目前受到人们广泛关注，在不少领域得到广泛运用的管理手段与方法。不过对把绩效评价运用于大学教师，我一直心存疑虑。正如光彦同志所言：大学组织的特殊性之一就是“目标的超功利性”。然而，绩效，总是隐含着功利、可测、短期这样的意思，绩效评价总是隐含着外部考核，尤其是自上而下考核的意思。它能适合大学，尤其是大学教师的评价吗？

在对我国大学教师绩效评价制度问题深入调研与分析的基础上，光彦同志提出了一套基于教师自主发展的大学教师绩效评价的模式，不仅在理念上，而且在技术、手段、方法上都提出了一套可操作的程序，这是很有创意的。该模式从让教师认识大学的使命开始，自定目标，到依据自定目标进行评价，这就把大学教师的绩效评价变成了他们自我定位、自我激励、自我诊断、自我发展，最终达到自我提高的过程；并通过“沟通、协商、反馈、调整”等环节，把绩效评价变成了作为组织的大学与教师个体良性互动的过程。这一研究无疑是有重要的理论意义与实践价值的。

（二）

教育创新确实是件相当有难度的工作，由此，有人选择了退却，选择了墨守成规；也有人选择了迎难而上。光彦同志的这本专著告诉我们，他勇敢地选择了后者。

选择挑战第一需要的是使命的追求。光彦同志原来长期在教育部人事司工作，改善工作的强烈愿望使他产生了研究大学教师绩效评价的冲动。

科学研究是需要激情的，相信这份改善工作的冲动是他深入研究激情的最初来源。

选择挑战第二需要的是克服困难的勇气。基于教师自主发展的绩效评价把“自主发展”与“绩效评价”两个似乎对立的命题统一在了一起。解决把这两者联系起来的中介，当然会遇到很多困难。不屈不挠是通向成功之途的唯一选择，知难而进，最终是能获得令人满意的成果的。

选择挑战第三需要的是解决问题的智慧。问题确定了，并不意味问题就解决了。对各种问题症结的仔细诊断，对解决问题方案的精心设计，在实验基础上的认真修改等，这不仅需要耐心，更需要智慧。当然，研究的过程也增添着人的智慧。

我一直说，享受生活首先要学会享受创造，不仅要享受创造的结果，更要享受创造的过程。因为，创造的过程使人更加聪明。

（三）

科学研究是没有终点的，人们只能在他人或自己原有的基础上，把对事物的认识往前推进一步。教育评价，乃至教育管理还是一个研究成果相对比较薄弱的领域，有很多理论问题与实践问题需要人们作更深入的研究。衷心希望光彦同志在工作中加强研究，在研究中推进工作，不断提升自己工作的科学水平，为我国教育改革与发展作出自己应有的贡献。

陈玉琨

2012 年 1 月

于上海丽娃河畔

概　　要

大学教师评价制度是现代大学教师人事制度的灵魂。大学教师绩效评价的根本目的，就是要按照以人为本和促进学术发展的理念，通过科学的遵循绩效评价原则，有效运用评价模式、技术、方法、手段，使教师的评价过程与结果和教师聘用聘任、薪酬分配、培养培训等人事管理环节有效衔接起来，通过绩效评价的导向作用和管理功能，实现教师人才资源的合理配置，从而在保障大学组织目标实现的同时，促进大学教师的专业发展、自主发展、全面发展。由于大学教师职业的属性与劳动特点，决定了大学教师绩效评价是一项十分复杂的工作，特别是基于激励理论原理和促进教师自主发展的需求，建立一个符合现代大学教学科研规律和教师成长规律，体现大学办学特色与管理实际的绩效评价制度就变得相当艰巨。多年来，学术界比较重视大学教师绩效评价领域的研究，但总的来看，无论是研究的广度和深度都比较欠缺，多数的研究集中在一般性、普遍性问题，专题研究、专项研究不足，国际比较研究的水平不高，实证性研究还有待加强，研究显得零散、单一，缺乏系统性、普适性的研究。本文主要围绕基于教师自主发展的大学教师绩效评价进行了全面系统的研究，全文共分为六大部分。

第一部分为导言，主要阐述选题背景及意义，通过相关文献综述，对与大学教师绩效评价相关研究状况进行了分析与梳理，并对研究路线、研究方法与创新之处进行了说明。

第二部分为第一章，对大学教师绩效评价的理论基础做了全面阐述。这一部分首先系统介绍了大学教师的职业属性及其劳动特点、大学的职能与大学教师的职业属性。其次，分别从大学管理体制中教师评价，大学教师绩效评价的内涵、功能、特征等方面，对大学教师绩效评价的基本问题进行论述。最后，从内容型激励理论、过程型激励理论和行为改造型激励理论三个方面，阐述了大学教师绩效评价的组织行为理论基础，论述了基于教师自主发展的绩效评价促进组织业绩提高和促进教师自主发展的理论依据。

第三部分包括第二章和第三章。本部分分别从国际、国内两个视角对大学教师绩效评价制度的现状、发展趋势等作出论述，勾画出当前这一制度体系的概貌。首先，通过分别对美国、加拿大、英国、德国、日本、韩国、新加坡等国家大学教师绩效评价体系的介绍与分析，提出了大学教师绩效评价的国际发展趋势及对我国的借鉴意义。其次，通过分析归纳我国大学教师评价制度的历史沿革、绩效评价制度框架及主要特点、存在问题与经验反思，结合调研，对我国现行大学教师绩效评价制度现状作出了全面分析和描述。

第四部分是本书的主要内容，包括第四、第五两章。这一部分提出了基于促进教师自主发展的大学教师绩效评价模式、方法与技术。首先，提出了大学教师绩效评价的原则，明确了制度框架和制度定位，设计提出了基于促进教师自主发展的大学教师绩效评价模式，并从实证研究的角度，分析了建立这种绩效评价模式的可行性。其次，探讨了基于促进教师自主发展的大学教师绩效评价方法与技术，提出了大学教师绩效评价指标体系设计的原则、内容、难点和绩效评价指标管理模型，同时，对大学教师绩效评价方法进行全面介绍。最后，从评价结果运用的领域和方向、评价结果的反馈与有效性衡量等方面对大学教师绩效评价结果的运用做出阐述。

第五部分为第六章，提出了优化我国大学教师绩效评价体系的相关政策建议。首先，从分析绩效评价在大学教师自主发展中的作用与局限性出发，基于教师自主发展的大学教师绩效评价制度需求，提出了提高大学教师绩效评价的实践效能的政策建议，主要是：研制大学教师绩效评价国家基本标准，构建国家级大学教师评价管理体系平台，不断动态地运用和改进大学教师绩效评价的模式与方法，通过建立基于大学教师自主发展的评价制度转变评价导向、用人导向、分配导向，制定持续推进大学教师评价体系修正完善的办法与措施，积极建立开放的、与国际接轨的、交流顺畅的大学教师评价体系研究交流的机制，持续加强对人才评价制度特别是教师绩效评价制度的研究力度。

第六部分为主要结论，归纳提出了本研究所取得的七个方面的主要结论。

本书的创新之处在于：（1）从促进教师自主发展的视角，对大学教师绩效评价体系进行深入系统的探索和研究，在理论和方法上取得突破和创新。按照以人为本、以教师为主体的理念，更加突出人本思想，关注教师在事业发展中的愿景，强调组织与人本在相互关系中的个体本位，避免了多年来研究教师绩效评价时只强调组织目标实现的倾向。（2）本研究系统地提出了基于大学教师自主发展的教师绩效评价的模式，以及方法技术，实践途径，形成了具有推广和应用前景的完整的教师绩效评价体系。（3）本研究在充分把握我国大学教师绩效评价现状的基础上，对大学、教育行政部门借助教师绩效评价激励教师，促进教师在人才培养模式、科技等领域创新提出了具有可操作性的政策建议。

INTRODUCTION

The system of the university teacher's assessment is the core-stone of modern university personnel administration. The fundamental purpose of this system is, based on the concept of people foremost and that of encouraging learning, by following the principles of scientific assessment, effective use of the assessment pattern, technology, methods and tools to link up the process and results of the assessment to personnel administration, such as teachers' recruitment, payment distribution, and personnel training, to achieve the rational allocation of the teaching resources through the guiding force and managing functions of the assessment, so as to safeguard the realization of the basic aim of the university. And at the same time, to encourage the self-motivated, overall and professional development of the university teachers. The nature and characteristics of the profession of the university teacher determine the complexity of the assessment. It is a tough mission to set up an assessment system, based on the stimulus theory, the needs to encourage self-motivated development of the university teachers, in line with the laws of the purpose both of research & teaching, and of the growth of the teachers in order to embody the characteristics and the administrative realities of specific universities. For years, the academic community attaches importance to the assessment research, but generally speaking, the extent and the depth of this research leave much to be desired: the stress of the majority of the research laying on general and universal issues; topic research, project research explicitly inadequate; levels of these research unsatisfactory compared with the international standards; target nations limited, research inadequate; empirical research needing to be strengthened;

research appearing to be random, simplistic, lack of systematic and universal research. This paper, mainly centering on two core ingredients: performance evaluation and self-motivated development of the university teachers, consists of six parts.

The first part is the introduction that mainly gives the background of the selection of the research topic and its academic significance. Through relevant literature review, it analyzes and offers comments on current situation of research of the university teacher's assessment, gives explanations of the basic approach, methods and original ideas.

The second part is the first chapter that gives a full explanation of the theoretical support of the assessment system. First of all, it expounds the task of a university, the nature and characteristics of the profession of the university teacher. Secondly, it discusses the basic issues of the assessment system from the four independent perspectives: the university teacher's assessment under the general university management system; the contents of the university teacher's assessment; the function of the university teacher's assessment; the characteristics of the university teacher's assessment. Thirdly, it expounds the organizational behavioral theory as theoretical support of the assessment system from the three aspects: the content-motivated theory, the process-motivated theory and the behavior-reform-motivated theory. And it also verifies the theoretical significance of the assessment system to encourage the university teacher's self-motivated development and the overall performance of the whole organization, based on the university teacher's self-motivated development.

The third part, including chapter two and chapter three, discusses the existing conditions, future trends of the university teacher's assessment system from both domestic and international perspectives, so as to sketch a general picture of this system. First, through an introductive analysis of the assessment systems of the United States, Canada, England, Germany, Japan, South Korea, and Singapore respectively, it describes the international trends of the assessment system and its value for our reference. Then, through analyzing and summarizing the historical development of the assessment system in China, the framework and characteristics of this system, the reflections on the existing questions and experiences, and by using the methods of sampling and analysis, it offers a general analysis and description of the existing university teacher's assessment system.

The fourth part, consisting of chapter four and chapter five, also the original part of this dissertation puts forward the pattern, method and technology of the assessment system with the purpose of encouraging the university teacher's self-motivated development. First, it puts forward the principles of the assessment system and clarifies the regime framework and its orientation. And from the perspective of empirical study, it explores the possibility of establishing the pattern of this assessment system. Then, this part further explores the method and technology of the assessment system with the purpose of encouraging the university teacher's self-motivated development, and put forward the governing laws, content, difficulty and the pattern and index management of this assessment system. At the same time, it gives a thorough description of the methods of assessment system. Finally, from the perspectives of the applied fields and direction of assessed results, the feedback of the assessed results and the effectiveness of the assessment, it makes further explanations concerning the application of assessed results.

The fifth part is the sixth chapter that offers policy suggestions to improve the effectiveness of China's assessment system. First, from the three perspectives of the function, the limitation of the assessment system and the needs to set up an assessment system with the purpose of encouraging the university teacher's self-motivated development, based on the research of previous chapters and to enhance the practical effectiveness and the applicability of the achieved results, it puts forward seven suggestions as follows: to set up national standards for the assessment system; to set up national assessment index management system; to dynamically and creatively improve the patterns and methods of the assessment system; to transform the guidance of assessment, personnel and distribution with the purpose of encouraging the university teacher's independent development; to formulate measures and regulations to perfect and reform the university teacher's assessment system; to set up open, international-standard mechanism to facilitate easy communication concerning the research of the university teacher's assessment system; to make constant efforts to strengthen the intensity of the research of the qualified personnel assessment system, especially the university teacher's assessment system.

The sixth part, the generalization of the dissertation, draws seven major conclusions achieved in this project.

The innovations of the dissertation are as followings: 1. it is the first time to explore thoroughly the system of the university teacher performance assessment from the view of teachers self-motivated development, and it is an important breaking through in theory and methodology. Based on the concept of people foremost and that of teachers as subject, the paper further stresses the idea of teachers as foundations, concerns teachers' vision in the career development, highlights the individuality unit between the organization and the individual, refrains from the inclination of only emphasizing the realization of organization objectives in the former research of teacher performance assessment; 2. it is the first time to construct systematically the model of university teacher performance assessment based on teacher self-motivated development, form a whole setup of teacher performance assessment that could be popularized and applied; 3. on the base of seizing the university teachers performance assessment in our country, it is the first time to put forward the operated policy suggestions for universities and educational administration to motivate teachers to renew the model of cultivating students and advance science and technology with the means of teacher performance assessment.

目　录

第一章

导　　言

自从在西方被称为“教育评价之父”的泰勒提出教育评价概念以来，对教育评价的研究就一直没有中断过，教育评价学也作为教育科学的一个重要分支学科被确定下来。“从本质上来说，评价是一种价值判断的活动，是对客体满足主体需要程度的判断。教育评价是对教育活动满足社会与个体需要的程度做出判断的活动；是对教育活动现实的（已经取得的）或潜在的（还未取得，但有可能取得的）价值作出判断，以期达到教育价值增值的过程”（陈玉琨，1999）[7]。随着对教育评价研究的不断深入，研究领域不断被细分，教师评价作为这一分支学科中重要研究对象，成为许多专家学者、学校管理者、政府政策制定者们所关注的重点课题，因此，各种研究成果纷至沓来，促进了教师评价研究的不断深入。特别是伴随着大学教师绩效评价活动的兴起，教师评价的相关研究被推向更深层面。然而遗憾的是，无论是从理论上，还是从实践经验的总结上，对大学教师绩效评价的研究只是止于一般性的研究，通过全面系统地阐述而得出绩效评价制度全貌的精品之作始终难得一见。这也许是因为诚如有人称教师评价是一个“世界性的难题”的原因，望而却步所致，抑或是因为研究的方法与角度没有把握清楚，无法得出科学合理的解决思路所致。但这些困难不仅没有使研究者们退缩，反而更加增添了对探究本课题的浓厚兴趣。本人作为一名教育管理的实践工作者，对大学教师人事政策研究有浓厚的兴趣，更何况选择从基于促进大学教师自主发展的角度研究教师绩效评价制度是一种全新的研究视角，因此倍感进行这项研究的重要价值与意义。

第一节　选题背景及意义

进入 21 世纪以来，中国的高等教育实现了跨越式发展，进入国际公认的大众化发展阶段。伴随着高等教育的快速发展，高校教师队伍的结构进一步优化，整体素质有了新的提高。2006 年，全国普通高校专任教师达到 107.6 万人。教师队伍结构得到进一步优化，全国普通高校 40 岁以下教师占 64.3%；具有博士和硕士学位的教师占 39.6%，高学历教师比例增速明显加快；高层次人才队伍进一步壮大，高校教师中共有两院院士 553 人，占院士总数的 39.2%；高校人才资源配置效益进一步提高，教师占校本部教职工比例达到 57.5%。近 10 年来，我国高等教育事业实现了跨越式发展，而高校教职工数量增加却不到两倍（周济，2007）。这主要是因为在这一时期，在国家有关部门指导下，各个大学在岗位设置、聘任制改革、收入分配改革等方面积极探索，取得显著成效，大学教师的积极性、主动性被调动与激发带来的成效。与此同时，各大学围绕校内津贴分配、岗位管理等改革，不断开展以绩效评价为重点的教师考核评价制度的改革。2003 年 12 月，《中共中央国务院关于进一步加强人才工作的决定》提出："建立以能力和业绩为导向、科学的社会化的人才评价机制"；"完善人才评价标准，克服人才评价中重学历、资历，轻能力、业绩的倾向。根据德才兼备的要求，从规范职位分类与职业标准入手，建立以业绩为依据，由品德、知识、能力等要素构成的各类人才评价指标体系。改革各类人才评价方式，积极探索主体明确、各具特色的评价方法。完善人才评价手段，大力开发应用现代人才测评技术，努力提高人才评价的科学水平。"与这一国家顶层制度体系提出的要求相比，大学在完善教师考核评价方面积累了一定的经验，取得了初步的成效，但还有许多重点难点问题等待理论界去深入破解，无论从理论还是从实践层面，对大学教师绩效评价制度研究的需求显得十分迫切，探索一套科学的、合理的绩效评价体系已成为推动高校发展的内在要求。

在国外，由于大学教师长期以来是一种相对自治的专业性职业，对于大学教师的绩效评价属于各个院系自我决策的事情。因此，大学教师绩效评价实践探索多于理论研究。从实践看，国外高校教师绩效评价制度经过长期的发展已经比较完善，而且与教师职业发展紧密联系，教师绩效评价不仅决定了教师录取、晋升和辞退，而且还影响其今后的职业生活发展。而在我国，具有真正意义上的教育评价研究始于20世纪70年代，在此基础上发展起来的教师绩效评价制度更是显得姗姗来迟。1985年发布了《中共中央关于教育体制改革的决定》，启动了全国范围各级各类学校人员评价的研究，其中也涉及教师评价问题；1986年《教师职务试行条例》颁布，表明我国教师评价开始走上规范化、制度化探索的道路；20世纪90年代末期至今，教师评价伴随着教育评价热潮兴起并开始成为学术界研究的热点；近年来，部分学者开始关注教师绩效评价研究，尤其是高校教师的绩效评价问题。尽管如此，笔者认为当前对大学教师绩效评价研究存在一个重要问题：教师作为一种独立的职业群体，其劳动具有特殊性。教师劳动具有连续性、复杂性、创造性及个体自主性的特点，因此，只有针对教师劳动的特点，制定相应的评价特点及方法，才能公正、准确地评价大学教师。但当前高校教师评价体系中评价标准不是太科学：在教师评价制度的体制机制层面，重组织目标实现，轻教师自主发展；在评价的管理方式层面，重评价主体的支配作用，轻评价客体的参与功能；在评价的导向层面，重业绩效率的提高，轻内在质量的提升；在评价的指标体系层面，重数量标准，轻质量要求；在评价方式方法层面，重量化分析，轻定性判断；评价结果运用上，重评价结果的使用，轻评价过程中的自我改善。从当前高校教师绩效评价现状看，重新审视和探讨当前的大学教师绩效评价制度具有十分重要的现实意义和很强的针对性。

大学教师的自主发展是其专业成长的一个重要途径，是教师主体性的一种重要表现，也是教师职业道德的一个重要内容。关于教师评价与教师自主发展的关系，在基础教育中有较多深入的研究。特别是20世纪80年代以来，随着管理学理论、心理学理论及现代评估理论的发展，人们越来越重视个人在组织中的价值，强调个人自觉、个人激励、个人自治、自我实现等在组织发展中的意义（李当彬，2001）。大学教师绩效评价制度促进大学教师的自主发展，正是顺应管理理论和心理学理论的发展，建立以教师为本的教育评价思想，通过绩效评价促进教师自主发展。但遗憾的是，传统的绩效评估只是一种奖惩性评估，没有充分尊重教师的劳动特点，没有适应大学教师的深层次发展的需要，忽略了大学教师自主发展的内在需求。为了改变这种传统的评估，还需要不断地转变评价观念，提倡发展性评价，大力倡导人文关怀，积极关注教师的生存体验和发展需求，为大学教师学术自由和自主发展提供可行的制度安排。大学教师之所以选择这一职业，也有其独特的动机和需要，这和企业员工有所不同，和政府机关工作人员也不大一样。可以肯定地说，大学教师在精神上的需求在一定程度上超过物质上的需求（赵应生，等，2005）。随着科学发展观的深入贯彻落实，以人为本思想的不断深入，大学教师作为高等教育的基本要素之一，对于高等教育发展起着举足轻重的作用。因此，必须加强基于促进大学教师自主发展的绩效评价制度的研究，通过对绩效评价结果的有效运用和反馈，更为有效地激励教师努力工作；同时，运用制度导向，使教师把绩效评价过程作为认识自己和反思自身教育教学工作的绝佳时机，通过评价向教师进行信息反馈，促进教师自我反思，激发教师的专业自觉，有利于教师的自我发展和自我完善，从而全面提高教师素质。

以上分析表明，从教师自主发展的视角切入研究大学教师绩效评价制度的领域，对于国家层面的政策制定，对于大学管理深入开展，尤其是对于改进和转变人们对大学教师自主发展的理念和行动，具有十分重要的理论价值和创新意义。因此，选择“大学教师的绩效评价研究——基于教师自主发展的探索”作为研究主题，其目的在于：一是对基于促进教师自主发展的大学教师绩效评价进行探索性研究，为构建科学合理、开放灵活的大学教师评价体系提供不同视野的政策建议；二是创新基于大学教师自主发展的绩效评价模式，为大学教师绩效评价理论的丰富与完善构建全新理念、运行范式和操作原则；三是为大学评价的管理实践提供具有严谨思维和全面系统的实证研究基础成果。

第二节 文献综述和相关研究状况

在英文文献中，“绩效评价”有 performance evaluation、performance review、performance appraisal 等多种表述形式，针对高校教师的绩效评价的对应词包括 staff appraisal 或 faculty evaluation。美国学者蒙迪（R. Wayne Mondy）和诺伊（Robert M. Noe）对“绩效评价”的定义是：“绩效评价是定期考察和评价个人或小组工作业绩的一种正式制度。”这个定义更倾向组织化、制度化，把绩效评价作为一种制度而不是活动、过程来考量，把绩效评价上升到一个更高的高度。

美国学者约翰 M. 伊万切维奇（John. M. Ivancevich）认为，绩效评价是“一个行为，用于决定一个员工的工作表现的有效性程度”。他同时指出，在一个组织中往往有两个绩效评价系统，即正式的和非正式的，个人关系会影响到上级对下级的偏好，进而影响到评价的有效性。这个研究值得借鉴。客观上说，当前出现的绩效评价和这种偏好是有一定联系的。

从目前国内收集到的文献分析，有关教师绩效的中文研究文献非常多，根据中国学术期刊网的信息，从 1999 年开始截至 2008 年 3 月，有 180 篇专门研究“教师绩效”的学术专著或论文。但真正涉及“高校教师绩效”的研究文献只有 103 篇，当中还包括对民办高校、成人高等学校的教师绩效研究论文。当检索关键词缩小到“高校教师绩效评价”时，只有 76 篇论文。由此看出，中文期刊文献中与研究主题相关的研究文献相对不多。在国内，常见的翻译除了绩效评价之外，还有绩效评估、绩效考评、绩效考核等。对绩效评价的定义，往往有两类：作为行为（活动）的定义和作为过程的定义。前者相对狭义和准确，后者加上了反馈等过程。然而，尽管有关文献不多，但根据已完成的相关文献，还是得出了很多有参考价值的研究结论。

一、教育评价范围和分类研究

陈玉琨教授在其《教育评价学》中认为，教育评价包括的范围十分广泛，粗略地加以区分，就有学生评价、课程评价、学校评价、大群体评价、特殊方案与项目的评价以及人事评价等多个方面（陈玉琨，1999）[22]。美国学者盖伊（Gay，L. R.）总结了各种类型的评价所涉及的主要变量与主要的决策问题。盖伊对教育活动中最常见的这五种评价都作了分析。但是需要强调的是，教育评价远非只有这五种类型。此外还有教育督导评价、教育政策评价等多种类型。他还对上述五种评价作了一些概要的介绍。（1）学生评价。学生评价是对学生学习进展与行为变化的评价。学业成就当然是学生评价的一个内容。但是，学生评价除学业成就外，还包括对学生智能、态度、个性以及兴趣、爱好的评价。一般认为这种评价有五种功能：了解学生的学习起点；评定学生学习的结果；使教师了解教学的得失；诊断学生的学习困难；激发学生学习的动机。（2）人事评价。人事评价在英国等地常称为“考评”。考评即考核评价。对教育工作人员的考评包括教师、行政管理人员、后勤服务人员等。对这些人员的评价就是人事评价。在学校人事评价中，教师评价是人们最关心的问题。（3）课程评价。课程可以理解为学校为实现预定的教育目标而组织的全部教育活动的总和。在这一意义上的课程评价指对课程体系的评价。（4）学校评价。这类评价包括学校鉴定以及学校办学质量的综合评价等多个方面。由于学校评价对象涉及的因素较多，复杂程度也较高，因此，对它们的评价按严格、精确的方法进行还有困难。目前，主要还是依靠定性与定量结合、客观统计资料与主观描述资料并重的手段。因此，有时我们把这类评价称为“评估”。（5）大群体教育评价。这类评价可以是对一个地区教育现状的调查，也常用于不同地区，甚至不同国家教育现状的比较研究。1969 年，美国州际教育委员会（Educational Commission of the States ，ECS）为全国教育进展评定部（National Assessment of Educational Progress，NAEP）随机地抽取了不同州的约 8 万个年龄分别为 9 岁、13 岁、17 岁的儿童和少年，进行了这类大群体的调查。以后这一调查又扩展到了 26 岁到 35 岁。美国教育测验服务部（Educational Testing Service，ETS）目前也在为美国教育进展评定部从事收集资料的工作。国际教育成就评价协会（International Association for the E-valuation of Educational Achievement，IEA）也多次组织多国教育成就的比较研究工作（陈玉琨，1999）[24]。

二、对高校教师绩效评价体系的探讨

李军针对当前高校教师绩效考核存在的问题进行研究，提出高校的教师绩效考核要明确考核的目标，突出教师在考核中的主体地位，构建一体化教师绩效管理体系（李军，2007）。李芝山认为当前高校教师绩效评价存在的问题有五个方面：一是将绩效考评等同于绩效管理；二是教师绩效管理没有体现对学校发展目标的支持；三是重奖惩而忽视教师发展；四是缺乏有效的绩效沟通；五是教师绩效管理职责划分不清。并针对上述问题提出五个对策：一是教师绩效管理应是一个完整的循环系统；二是在教师绩效管理过程中贯彻以人为本的管理思想；三是保持持续不断的双向绩效沟通；四是实现教师绩效考评的科学化；五是建立健全绩效管理组织和责任体系（李芝山，2007）。杨敏针对目前我国高校教师绩效评价研究中广泛存在的以科研型或教学型的单一模式考评所有教师的片面性做法进行深入剖析，并通过研究给出相应的对策，进一步拓宽了高校教师绩效评价的思路，为树立人本型绩效评价制度提供了有效的方法（杨敏，等，2007）。此外，李培利、吴雷、马志强、井婷等学者分别对当前我国高校教师评价体系存在的问题进行了分析，并提出了相应的解决对策。

三、对当前高校教师绩效评价结果的专题研究

刘思安认为当前我国高校教师绩效评价结果的应用还存在着不少问题，绩效评价结果应用要遵循正确的原则，其结果应用要始终为教师发展服务，为学校发展服务，以实现教师发展的最大化和大学功能的最优化（刘思安，2007）。李正等认为当前高校教师绩效评价结果存在四个方面问题：绩效评价结果反馈不及时或没有反馈；与教师切身利益结合不紧密；教师个人与教师团队的绩效评价不协调；教师的绩效评价与教师培训和个人发展没有很好结合（李正，等，2007）。

四、对高校教师绩效评价方法的研究

梁俊平等对高校教师绩效评估方法进行了有效性分析，提出一种科学、严谨的教师绩效评价方法，解决不同班级、不同年级的学生对同一个教师打分带来误差的缺陷问题（梁俊平，等，2007）；许成鹏采用基于层次分析和模糊数学方法对高校教师绩效评价进行研究（许成鹏，2007）；郑广成、朱翠苗等所进行的对高校教师绩效考评模糊算法研究（郑广成，等，2007）；朱翠苗等对粗糙集处理的基本步骤及算法进行详细的描述，应用粗糙集理论和区分矩阵来挖掘各因素规则的方法对一个高校教师绩效考评的实例进行分析和处理，挖掘出评价规则，得出了各主要考评因素的客观权重（朱翠苗，等，2007）；贾洪艳论述了一个基于 ASP. NET、ADO. NET 和 SQL Server 2000 相结合的高校教师绩效考评系统的设计原理、总体结构及功能实现，有效解决了高校教师绩效考评系统的在线考核参数设置、分项打分、模糊综合考评、在线查询打印等问题，并用 Data Grid 控件和水晶报表技术来增加数据处理的灵活性（贾洪艳，2007）；苏宁红将层次分析法（AHP）应用于对高校教师绩效评价，为评价指标体系的构建和项目权重的确立提供借鉴，从而提高评价过程的可操作性和评价结果的可信度（苏宁红，2007）。

此外，刘诚芳认为科学的高校教师绩效考核体系应是多元化的，而多元化包括考核内容的多因素、考核方式的多类型、考核标准的多样化、考核目的的多维度等，建立科学、多元化的高校教师绩效考核体系，对于开发教师资源、促进教师发展和学校发展的统一具有重要作用（刘诚芳，2007）；秦亮生则将 360 度反馈评价法运用到高校教师绩效评价中，阐述了 360 度反馈评价法的概念、评价标准、评价程序及应注意的问题与对策，以期进一步改进和完善现有的高校教师绩效评价体系（秦亮生，2007）；梁骥运用绩效技术原理分析了高校教师的教学绩效，以及改进教师教学绩效的方法，并简要介绍了电子绩效支持系统在学校范围内对于教师绩效改进的个性化支持（梁骥，2007）；郭彩琴等探讨了平衡计分卡在我国高校教师绩效评价中的应用（郭彩琴，等，2006）；吴朗分析了层次分析法对现代高校教师绩效考核的成效（吴朗，2006）；方永美分析了高校教师绩效的二元模糊综合评价（方永美，2006）；杨震等探讨了基于指标集成的高校教师绩效多维考核方法（杨震，等，2006），等等。

五、对高校教师绩效评价指标体系的研究

李六华等参考当前我国普通高校绩效考评的常规模式，结合湖南怀化学院的实际，阐述了绩效考评指标的设计原则和确定步骤，设计了适合本校的高校教师绩效考核指标（李六华，等，2007）；郭琴结合部分学校的实际，阐述了绩效考评指标的设计原则和确定步骤，设计了适合普通高校的教师绩效考核指标（郭琴，2007）；徐木兴通过对高校教师绩效评价基本理论的诠释，分析了高校教师绩效评价现状及存在的问题，提出高校应通过强化制度和规范管理，推行目标管理法、分层次组织绩效评价、加强绩效评价结果的应用等措施，重构高校教师绩效评价体系（徐木兴，等，2007）；魏巍等将平衡记分卡原理应用于高校教师的绩效考核体系，从战略使命、顾客、财务、内部管理、学习和成长几个维度出发，层层分解，确立了相应的考核指标，形成了一套对于高校教师行之有效的管理体系（魏巍，等，2007）；赵焕平基于神经网络来构造模糊系统，综合模糊逻辑推理的结构性知识表达能力和神经网络的自我学习能力，建立了高校教师绩效评价的模糊神经网络模型（赵焕平，2007）；谷建涛设计并实现了基于B/S模式的普通高校教师绩效评价系统，对系统的设计原则、功能以及开发和运行环境进行了详细阐述，对系统的工作流程和实现的关键技术进行了重点描述，系统对教师的教学、科研、重大工作、教师工作等方面进行评价，使得教师评价工作实现了数字化、网络化，保证了评价工作的公平、公正（谷建涛，2007）；李元元对构建高校教师绩效评价体系的实践与探索进行了研究（李元元，2005）。

六、国外高校教师绩效评价的专题研究

李长华不仅详细介绍了美国教师的三种评价：年度评价、晋升和终身聘任评价、终身职后评价（李长华，2007），而且对美国高校常用的评价方法进行了详细的分析，根据评价主体分，主要包括系主任评价、学生评价、

同行评价和自我评价；根据评价手段分，主要有听课、教学档案袋等（李长华，2005）。美国高校教师的绩效评价虽然已制度化、规范化，但无论是在理论探讨还是实际操作层面都存在着诸多的争议。这些争议突出表现在针对终身聘任制的改革，特别是对终身聘任教师的职后评审的实施、研究与教学之争，同事关系能否作为晋升和终身聘任的标准，以及学生评价在教师人事决策中的应用等（李长华，2004）。戴者华等认为加拿大高校拥有先进的教学和科研体系，以及高度的办学自主权。各大学为了吸引和保留优秀人才，制定了一系列旨在激励在职教师改进教学质量、提升科研层次的绩效评估和激励制度。介绍与借鉴在加拿大主要大学中广泛推行的教师绩效评估和激励政策，有助于我国高校管理水平的提高（戴者华，等，2007）。

七、对当前高校教师绩效评价的反思

贾洁认为教师绩效评价是教师管理的重要内容，包括任务绩效和关系绩效两方面。在以往的教师评价过程中，过于注重任务绩效和奖惩，产生了许多问题。实施教师绩效评价，应以人为本，充分发挥教师作为评价主体的作用；还要注重发展，通过评价促进教师的专业发展；要更关注过程，在评价中强调过程与结果并重（贾洁，2007）。高桂娟则认为高校教师绩效评价是关乎教师个体以及高校发展的基础性工作。我国高校教师绩效评价正在逐步发展与完善，但也存在着重管理轻激励、忽视教师发展的问题。高校教师绩效评价要关照教师角色的特殊性，关注教师的命运、价值、前途和尊严等；要关照教师劳动过程的特殊性，注意平衡教师个人内在发展与外部服务之间的关系；要关照教师劳动成果的特殊性，注意平衡短期目标与远期目标之间的关系（高桂娟，2006）。

通过对上述文献的概括与分析发现，当前研究主要存在以下几个方面问题。

（1）研究的广度和深度不够。近年来学术界比较重视高校教师绩效评价领域的研究，但总的来看，无论是研究的广度和深度都比较欠缺，有待进一步加强和深化。多数研究集中在一般性、普遍性问题，专项研究明显不足。

（2）国外比较研究相对薄弱。从上述分析可以看出，与国外的比较研究主要集中在美国和加拿大，且主要集中在美国（也只有4篇文献），不仅研究国别不多且不够深入。

（3）实证性研究有待加强。上述文献中，关于高校教师绩效评价方法和指标体系研究的文献相对较多，但这些文献都缺乏实证案例的检验，只是结合个别或部分高校的情况而提出自己的指标体系或方法，并没有足够的案例支撑。

（4）研究显得零散、单一，缺乏系统性的、普适性的研究。

第三节　研究路线、研究方法与创新之处

一、研究路线

本研究主要围绕大学教师绩效评价制度和教师自主发展这两个关键问题开展研究，试图回答几个层面的主要问题：第一，大学教师绩效的基本内涵到底是什么？其形成发展的基础理论主要内容是什么？大学教师自主发展又是怎样的？它与大学教师绩效制度是一种怎样的内在关系？第二，当前的大学教师绩效评价是什么现状？有何优缺点？国际范围内的大学教师评价是怎样一个状态，又有什么样的发展趋势？第三，建立基于大学教师自主发展的绩效评价模式应该是一个什么样的构成，其运行的规则又是什么？基于大学教师自主发展的绩效评价体系的方法与技术到底包含哪些内容？第四，研究基于大学教师自主发展的绩效评价模式的目的是什么？对改进和加强现行绩效评价制度有哪些有利因素？如何通过研究成果来推进政府管理部门在评价制度建设中的影响作用？有何对策建议，等等。

基于上述基本问题，本研究在研究逻辑线索上通过由浅及深、由表及里的路径，围绕核心问题，首先从理论层面，对大学教师的职业属性及其劳动特点、大学的职能与大学教师的职业属性，以及大学教师绩效评价的基本问题作出分析，从理论上厘清了大学管理体制中教师评价、大学教师

绩效评价的内涵、大学教师绩效评价的功能、大学教师绩效评价的特征等，为进一步研究奠定理论基础。同时，以大学教师绩效评价的组织行为学为基础，通过综合分析需要层次理论与大学教师的需求特征、激励理论与大学教师的工作激励、组织行为学视野中的大学教师绩效评价等问题。其次，通过国际比较，提出教师绩效评价方面的借鉴与启示。在此上述研究的基础上，通过大量的文献检索，总结归纳了现行大学教师绩效评价制度的主要特征和存在的主要问题，为下一步研究提供依据。同时，从组织层面问卷调查入手，以教育部人事司专项课题为抓手，开展了教育部直属的42所高校有关教师绩效评价现状的问卷调研，既为现状分析做出实证依据，又为创新评价模式做出铺垫。在上述研究的基础上，本研究的着重点放在对基于大学教师自主发展的绩效评价模式及方法技术的创新设计上，系统全面地提出了该模式的原则、定位、指标体系、运行规则、技术线路，并归纳了其主要特征，以及实现模式所必需的技术与方法。应当讲，全书的其他内容都是围绕评价模式创新的内容而展开的，是为绩效评价模式及方法技术的创新做铺垫的。为印证这一模式的可行性，本研究还专门采取了调查问卷的方法，主要通过教师个体的访谈问卷，进一步从实证研究的角度加以论证。最后，阐述了基于大学教师自主发展的绩效评价体系的应用前景，并对此研究成果的实践效能和应用提出相关政策建议。

二、研究方法

（一）文献研究法

文献研究法是指根据研究的目的，通过收集、查阅和分析文献资料，从而得出研究结论的一种研究方法。本研究通过大量检索收集自教育评价学作为一门分支学科以来，与本研究有关的文献，结合国内外研究人员与大学教师评价、大学教师绩效评价、大学教师自主发展的相关研究成果、政策文件，按照归纳与演绎等逻辑思辨方法，对文献进行分析，一方面，从基本理论角度进行归纳提炼，另一方面，通过文献研究，对教师评价制度的历史沿革、现状特点、存在问题等进行梳理。

（二）比较研究法

对某类现象或问题在不同时期、不同地域、不同形势下的不同特征与表现进行比较研究、分析归纳，以揭示其普遍规律及其特殊表现，从而得出符合客观实际的结论，是一种比较普遍的研究方法。本研究主要运用国际比较研究的方法，通过对美国及加拿大、英国、德国、日本、韩国、新加坡七个国家的教师评价制度的比较研究，分析归纳了这些国家大学教师绩效评价制度的一般模式和基本特征，整理提炼了当前国外大学评价制度所呈现出的趋势与走向，以及对中国教师评价制度的借鉴意义。在这些比较研究当中，有些结论在参加了实地考察访问，如赴美国、加拿大、日本等国后，进行一手材料的整理分析。

（三）课题调研法

参与重要相关课题开展研究是一种十分有效的方法。本研究所涉及的部分研究资料与基础，是基于教育部人事司设立“高等学校教师评价体系研究”资助项目，开展对高等学校教师评价体系进行研究的大范围调研。其特点是工作力度大，收集信息全面、系统，研究主题政策导向明确。作为一名相关管理人员和项目主要负责人之一，亲身参与课题当中，并与华南理工大学、清华大学、武汉大学、华中师范大学四所高校的研究人员一起，进行课题研究。这无论从案例还是从问卷调研方面，都取得了一手的资料，这为本研究的顺利开展创造了坚实基础。

（四）实证分析法

在基于教师自主发展的绩效评价模式的可行性分析中，教师或是围绕教师发展的因素是最为重要的。也就是说，这种模式的被认可度，主要还是由作为大学主体的教师说了算。因此，为进一步印证本研究的主要创新模式的可行性，专门开展了针对十所大学访谈调研，并在科学统计分析的基础上取得了有力的一手论据和主要结论。

（五）模式分析法

本研究在以系统的观点分析研究大学教师绩效评价制度体系的基础上，把着力点放在大学教师绩效评价制度与教师自主发展的契合点——评价模式创新上，通过综合运用系统分析、基本线路勾画、运筹决策树状分析、图表设计等方法，研究提出了相关模式体系及其运行规则、主要特征和基本要求与条件。

三、创新之处

本研究的创新之处主要在以下几个方面。

一是从促进教师自主发展的视角，对大学教师绩效评价体系进行深入系统的探索和研究，尝试在理论和方法上有所突破和创新。按照以人为本、以教师为主体的理念，更加突出人本思想，关注教师在事业发展中的愿景，强调组织与人相互关系中教师个体发展与组织发展的有机协调，力图避免多年来在研究教师绩效评价时只强调组织目标实现的倾向。

二是系统地提出了基于大学教师自主发展的教师绩效评价的模式，以及方法技术，实践途径，形成了可资推广和应用的教师绩效评价体系。

三是在充分把握我国大学教师绩效评价现状的基础上，对大学、教育行政部门借助教师绩效评价，激励教师，促进教师在人才培养模式、科技等领域创新提出了具有可操作性的政策建议。

第二章

大学教师绩效评价的理论基础

第一节　大学的职能和大学教师的职业属性及其劳动特点

高等教育的主要任务是为国家培养高级专门人才，并通过输送德才兼备的人才，为国家建设和社会发展起促进和推动作用。高等教育的这一任务由它的专门机构——大学来实现。大学是知识密集、多种学科的学者和专家集中的地方，又有较完备的图书资料、仪器设备，以及较多较快的科学信息。这些特点与条件决定了它必须具备三种职能：人才培养，科学研究和服务社会。1998年联合国教科文组织在巴黎召开的国际高等教育大会上对于高等教育的职能又增加了一种新的提法，就是国际交流。而这种特殊的属性与功能又决定了大学管理过程中，应该有着与其他事业单位不同的规律与要求。

一、大学的职能和大学组织的特殊性

（一）大学的职能

长期以来，鉴于大学在社会发展中的重要作用，理论界和实践界对大学职能问题进行了积极的探索。时至今日，已经形成了丰富的研究成果。从职能的构成来看，主要经历了从单纯的教学职能，到教学、科研二维职能，再到教学、科研、社会服务三大职能为基础，多种职能集于一身的演进路径。在不同时期和不同时代，大学职能的内涵并不完全相同，大学新职能的产生具有历史必然性，后出现的职能并不否定先前已经存在的职能，而是和大学原有的职能一起展现高等教育的功能。在大学职能中，教学是大学最根本、最一般的职能，离开了这一职能，大学便不复存在；发展科学是大学的重要职能，它既是专业教育实现的需要，又是有效为社会提供服务的需要；为社会服务是前两个职能派生的职能，随着社会的发展，大学不仅要通过培养人才和发展科学间接地为社会服务，而且要通过多渠道直接地为社会服务（周倩，2005）。随着新经济时代的到来，大学又产生了一些新职能，诸如：（1）国际合作（陈昌贵，1998）；（2）改造社会（眭依凡，1995）；（3）技术创新（方展画，2000）；（4）创造新职业（朱国仁，1999）；（5）实施继续教育（梁德军，2002）；（6）创造就业机会，增强就业能力（张晓洪，等，2001）；（7）创业（彭宜新，等，2003）；（8）知识产业化和高等教育区域化与国际化（李亚青，1999）；（9）产业职能，文化职能，国际交流职能（翁庆余，2001）；（10）其他职能，即保存知识、培养人才、传播知识、应用知识、社会监督与批判（颜丙峰，2003）；传承知识、应用知识、创造知识、交流知识（李文长，等，2000）[108]，等等。

不难看出，随着大学在社会发展中的重要性日益凸显，不同的学者基于不同的研究视角试图对新形势下“大学的职能”问题做出解答，得出了不尽相同的结论。可喜的是，迄今为止大家对“大学基本的三大职能”内涵基本达成共识，关键词体现在“教学”、“科研”、“社会服务”等方面。综上，可以说高校肩负着培养高层次、高素质的中国特色社会主义事业的建设者和接班人的重任，要造就数以千万计的专门人才和一大批拔尖创新人才，同时产生新的知识和成为高新技术的源头，并以人才培养和促进科技进步的主要方式服务社会（王丹平，2007）。

尽管大学的三大功能在理论上是可以相互依托、相互促进的，存在互助共进的机理和规律，因此，各所大学对教师的工作安排上程度不同地提出了教学、科研及社会影响等多项要求，在现代大学的建设过程中，面临越来越多的比较复杂的协调工作。然而，大学教师在学校的“三大职能”的实现中，却可以在其时间、精力以及各种投入等方面，具有较大的选择空间。比如，大学的教师可以纯粹地从事知识的传授，也可以边传授知识边从事科学创造或边从事知识向社会的普及推广，并通过知识创造来完善和丰富知识传播；而且，大学教师知识的创造活动也可以与其传授的知识没有任何关系。因此，大学的“三大职能”的发展，为教师的自主发展提供了更广泛的业务空间。2011 年 4 月 24 日，胡锦涛在庆祝清华大学建校 100 周年大会上的讲话中指出，全面提高高等教育质量，必须大力推进文化传承创新。这一论断，也标志着大学的职能从传统的“三大职能”延伸为包括“文化传承创新”在内的“四大职能”。这一职能的扩展，使大学教师自主发展的业务空间再次得到拓展。

除了为大学教师提供组织发展的业务空间之外，各个大学也不同程度地为大学教师提供了自主发展的政策空间。目前，我国高校为大学教师提供的自主发展的政策空间主要有三大类：一类是教学型大学政策空间，一类是教学—科研型大学政策空间，一类是研究型大学政策空间。当然，在同类型的政策空间中，也存在许多差异，但主导方向或指导思想基本一致。从普遍性的角度，在三大类政策空间中，研究型大学的教师自主发展的程度更高一些，知识创新的成果和水平也比较显著；教学—科研型大学的教师自主发展的程度处于中间地位；而教学型大学则更突出知识的学习和传授，研究成果和社会影响力相对较弱。作为大学的教师，其所在高校的建设定位基本上决定了其主要的工作定位和工作方式，从而也决定了其行为中将体现大学教师的哪些职业属性。

（二）大学组织的特殊性

大学是一个“松散结合的系统”，大学的组织始终处于“有组织的无序状态”。尽管如此，大学仍需要管理。管理活动是伴随着人群的聚集、组织出现后而产生的。大学的管理不同于其他社会组织，更不同于企业的管理。

因为大学组织具有不同于其他组织的使命、目标、权力结构，尤其不能完全以企业管理和经营理念理解大学组织的管理，用简单量化指标评价大学组织成员。大学管理者应为大学的教学科研等学术活动的开展营造更为自由和宽松的氛围，以激发大学教师的积极性和创造性。

1. 大学组织目标的超功利性

大学究竟是一个怎样的地方？大学存在的目的到底是什么？对此人们有所争议。有学者提出大学是一个探索高深学问，培养高级人才的场所；也有学者说大学是知识的生产者、批发商和零售商（约翰·布鲁贝克，1987）[16]，还有人说大学是“加油站”、大学是“动力源”……回溯大学发展的历程，最初的大学尽管是学者的行会，但有很强的宗教色彩，一定程度上满足着教会和僧侣的需要；同样，威斯康星大学的出现，也昭示了大学为社会服务的功能。不能否认，大学始终承载着社会的期望，然而，大学能够延续不仅仅因为它在满足着社会的需要，更重要的是因为大学始终遵循着自身发展的一种内在逻辑，摒弃了功利。如奈斯贝特所说，“如果大学不能回避政治化或是社会化，将会导致学术的贬值”（约翰·布鲁贝克，1987）[18]；也就是说，倘若为赢得政府和企业的资助而放弃自身的价值，大学将无法维系。像怀特海陈述的，大学之所以存在不只在于简单地传递给学生知识，也不在于提供给教师研究的机会，而在于在“富于想象”地探讨学问中把年轻人和老一辈人结合起来。由积极地想象所产生的激励气氛使转化知识得到传播。在这种气氛中，一件事实就不再是一件事实，而可能被赋予不可言状的潜力（约翰·布鲁贝克，1987）[13]。

几个世纪过去了，在演进中，大学的规模在扩大，大学组织结构变得愈发复杂，大学从社会的边缘走向了社会的中心，然而，大学没有因为走出了象牙塔而放弃学术的思考与追问。芝加哥大学前校长说任何社会都应该有大学这样的机构，其目的是对社会最令人困惑的问题进行尽可能深刻的思考，甚至思考那些无法想象的问题（杜作润，1994）[4]。大学不变的是它的价值理性的追求，这就要求大学教师的活动必须服从真理标准，而不受任何外界压力，如教会、国家或经济利益的影响（约翰·布鲁贝克，1987）[42]。大学首先是学术的殿堂，“学术远离现实并非专制时代下的遗风，而是学术必不可少的条件”（约翰·布鲁贝克，1987）[18]。也正是这样，“大学才成为我们最伟大且最恒久的社会机构”。

2. 大学管理目标的模糊性

认清组织的使命，并围绕这一使命设定具体的管理目标是提高组织管理效率的关键。“在企业公司中，常常有一个可量化的成就标准……即投资利率。因为赚取美元既是组织活动的目的，又是组织成员成就的标准，组织的运行完全取决于赢利的多少”（Besse，R. M，1973）[110]。显而易见，企业组织的目标是明确的，就是为了赚钱，然而，大学作为学术组织，却没有类似的标准和管理目标，也难以量化。正如伯恩鲍姆（Robert Birnbaum）所说：“目标模糊是学术组织的主要特征之一，学术组织很少有单一的使命。”（牛维麟，2008）大学的管理也因此很难统一，正如伯顿·克拉克（Burton R. Clark）所说，由于高等教育的任务是知识密集型又是知识广博型的，因此很难陈述综合大学或学院的目的（伯顿·克拉克，1994）[18]。随着学院和大学规模的扩张，以及与社会其他组织联系的频繁，大学的功能在拓展，组织机构在分化，但是学校的管理目标并没有变得清晰。例如，文理学院注明学院的目标是使学生受到“文理科教育”。然而，在学院范围内，对于什么是文理科教育，人们的认识存在着很大的分歧；学院发现简直不可能对文理科教育作出更明确的解释，也无法评估该目标实现的程度。由于文理科教育在概念上存在模糊性，所以，实际开设的课程往往主要是各系和教师的兴趣的反映，学院的具体目标常常都是在课程计划制订出来以后而不是在此之前确定的（罗伯特·伯恩鲍姆，2003）[148]。显然，大学的目标越模糊越便于实现，相反，越清晰越容易在达成中扭曲甚至是偏斜。在美国弗莱西普大学，“目标”只是一系列不断变化的观点的松散集合，而不是一种统一的教育哲学思想。

3. 大学权力结构的两元性

没有哪一种组织可以像大学一样存在着两种权力。科森指出：大学管理表现出“组织权力结构上的一种奇特的二重性”（李立国，2006）。也就是说：一种是传统科层管理者拥有的行政权力，另一种是教师在其权力范围内对学校有关事务作出决策的学术权力。两种权力的并存决定了大学管理上的独特性。埃茨尼指出，这两种控制系统不但在结构上相互分离，而且也是建立在不同的权力系统之上的。行政权力的基础是上级对活动的控制与协调；学术权利的基础是自主性和个人的知识。两种权力的来源非但不同，而且相互对立（李立国，2006）。就院系层次的管理而言，为提高管理效率，行政权力要求不同类型的专家致力于共同使命，需要在外人面前作为单一实体出现；相反，学术权力则更珍重教师的创造性，最终的统一依靠他们的一种社会理想，以及对个人主义的高度重视从而相互强有力地联系在一起。大学在进行战略管理中，必须考虑到两者的平衡，既要防止行政权力对学术事务介入太多，又要防止学术权力对行政事务的过分干预，影响行政机构和行政人员按规章制度处理问题。两者互相协调的基础是遵循知识和学术发展的内在要求，又使大学适应自身运行和外界需要，促进大学的发展。在美国弗莱西普大学，课程计划不是行政管理者杜撰的，也不是有关专家学者深思熟虑的产物，它就像孩子们玩游戏时装豆子用的布袋。新教师到校后开始工作时，就把他们的“豆子”装进袋子里。通过观察已经完成的工作，学院才能弄清楚自己的主张，而不是先有主张，后有行动（罗伯特·伯恩鲍姆，2003）[148]。可见，大学不同于政府和企业组织的科层制管理，也不同于一般的扁平化管理。学院和大学的很多决策并不是由高层管理者作出的，而常常是由教授作出的。因为“他们的技术基础是专业技能，而不是操作程序标准，他们没有固定的决策人，那些不熟练的决策者在决策过程中不断地被更换”。当然，对于教授学术权力的充分尊重也是博弈的结果。正如英国剑桥大学前副校长阿什比（Eric Ashby）勋爵曾经说过，大学的兴旺与否取决于其内部由谁控制。两种权力的制衡既维系了大学的存在，也使大学组织的管理变得比其他任何组织都更为复杂。

二、大学教师的职业属性与劳动特点

（一）大学教师的职业属性

根据《中华人民共和国职业分类大典》（2006 年增补本），将我国社会职业归为 8 个大类，66 个中类，413 个小类，1838 个职业。人民教师被划分为“专业技术人员”，定义为“从事各级各类教育教学工作的专业人员”。按照划分的指标体系，大学教师应该隶属于教学人员中的高等教育教师。基于此，笼统地讲，大学教师可以有如下职业属性。

1. 教育性

我国古代著名文学家、教育家韩愈在《师说》中这样阐释教师的使命，“传道、授业、解惑”，“传道”不仅是传递知识，更重要的是培养正确的主义、信仰和理念；“授业”主要指传授基础知识和基本技能等生存的本领；“解惑”在这里主要指让学生主动学习并在学生提出自己的困惑之后教师再给予解答。需要说明的是，“传道”不是“讲道理”，它关注的是培养人格品质，比如情感、态度、价值观、品德等方面。学生的人格品质并不一定能在考试成绩中体现出来，但却是成全一个人成长和发展的关键要素。教师的“传道”只能通过感染、熏陶、引导、激励、唤醒和鼓舞等途径实现。对学生来说，基础知识和基本技能是生存之本。大学教师的一个重要作用是培养学生的生存本领，但是，无论知识和技能多么重要，要将品德教育嵌入到课堂的教学活动中。除了讲授之外，教师尚需要以自己的精神气质激励、唤醒和鼓舞他的学生。如果说知识教学可以凭借语言的讲授，那么，与人格品质相关的“传道”则主要取决于教师的精神气质。教师可以成为人类灵魂的工程师，他是知识的传播者、智慧的启迪者、心灵的陶冶者。教师育人，不仅要把知识传授给学生，更重要的是以自己的人格魅力去影响学生，使他们成为高尚的人，有智慧的人。“授业”主要是指教师引导学生在学业上达到掌握水平。“解惑”表面上看是“解决困惑”，实际上意味着“先让学生产生困惑之后再进行解答”。传道是教师的首要任务，传道是目的、是方向，授业解惑是进行传道的过程和手段。因此，从教书育人的角度教师要把学生培养成社会需要的人才，教师承担着知识的传授者、教育教学的管理者、学生人格的塑造者等角色（刘良华，2006）。

2. 学习性

最近 30 年产生的知识总量等于过去 2000 年产生的知识量的总和；到 2003 年，知识的总量将比现在增加一倍；到 2020 年，知识的总量是现在的 3 倍到 4 倍；到 2050 年，目前的知识将只占届时知识总量的 1%（金哲，等，1996）[121]。掌握高深的专业知识，是培养高级专门人才和开展科研活动的必备条件。教师必须在全面系统地掌握本学科专业理论的前提下，根据科技发展趋向和经济建设要求，不断积累本学科前沿知识，提高自己的学术水平和科研能力，并将最新的成就引入教学和科研之中。知识在更新换代，要使自己跟得上时代发展的步伐，所以要学习；因为知识在不断“折旧”，已知的知识经过时间的洗礼，逐渐模糊甚至了无痕迹，所以要学习。教师更应学习，为学生做好表率。快节奏的变化将使人们始终置身于一个因已有的知识很快老化过时而需要不断学习的挑战环境之中。在这样的学习化社会里，学习将与人们毕生相随，并成为支撑人生发展的主要力量源泉，不断学习，终身学习，将是学习化社会的重要特征。常言道“给人一碗水，自己应备一桶水”，这“一桶水”所折射的道理显而易见。另一方面，做科学研究也要保持对该领域最新知识的理解和把握，教师要想拥有渊博的知识和较高的人文素养，就不能满足于已有的学历和已掌握的知识，不仅要注重积累，而且要树立终身学习的理念，主动进行知识的更新和“充电”，自觉拓宽知识领域。

3. 学术性

一般来看，学术是指“专门的系统学问”，学术职业主要是指探究知识、发现学问的职业。美国学者欧内斯特·博耶基于学术的功能——发现知识、传播知识、综合知识和应用知识等方面，认为教师的学术职业是以专门化和系统化知识的研究、教学、综合和应用作为工作对象的特殊职业。从科研的角度，将科学发现和发明及其生产力转化作为对国家和社会的贡献性劳动成果。教师应具有的特征是：（1）受过专门知识的训练；（2）受学术劳动力市场的影响；（3）遵从共同学术伦理；（4）以知识作为获得薪酬的条件；（5）有专门的研究领域；（6）具有永久或稳定的生活保障；（7）有标志其水平的具体的职业称谓；（8）能够通过科研成果为国家和社会服务（李志峰，等，2007）。这一职业群体的主要精力是科学研究，他们处于知识自身的目的而去追求知识，并通过国内和国际专业协会来建立声誉，获得职业回报（R. Eugene Rice，1996）[563]。多数教师每周都要工作45～55小时，即使是在休假期间，教师也将承担相当的工作。

大学教师的学术性职业属性必然产生自治和自主的思潮，代表学派是“自主自治的办学观”、“学术自由的大学治学观”，他们所表现出对“自主”、“自治”和“自由”等因素的渴望，都具有极强的自我意识；他们当前的生存境遇往往成为他们角色期望的出发点，这是知识分子的性格的一种必然影响。曼海姆在《意识形态与乌托邦》一书中对知识分子的这种性格作了某种解释，他认为知识分子基本上是一个“社会无根阶层”，因为知识分子在构建自身的知识领域的过程中，所吸收的知识成分来源于不同的社会阶层，同时又可以超越其本源阶层的局限，这样就使其有能力批判、拒斥各种现存的政治观念，维持一种独立的批判性格。西方马克思主义哲学家安东尼·葛兰西对知识分子的性格作了更细致的注解，他认为知识分子是非体制集团的，或者说，不依附于某一利益集团的知识分子富有所谓孤立的“行会精神”，他们不屈从于某种“集团霸权”，具有自己独立的世界观和游离于社会体制之外的超越精神。具体于大学教师，社会期望他们以其独立的人格、强烈的批判意识和对真理的普遍追求，成为社会的良心，期望他们能够叱责腐败、保卫弱者、反抗社会不公，成为弱者的代言人和社会道德的典范（刘开练，2006）。知识的发展具有历史继承性，大学教师不仅要传承优秀知识、技术文化，更需要传承优秀的精神文化，在整理优秀文化遗产的基础上，向众人阐释优秀文化；人类文明的进步在于批判的存在，大学是社会批判的中心，大学教师运用自己理性思维去质疑、反思传统的糟粕及现实社会的不良现象，从而进行最深层次的批判；大学教师不仅是学生的引导者，更应该参与到社会文化活动中，从国家、民族的利益出发，充分发挥自身的聪明才智，在启蒙思想和与人的交流中，引领社会文化朝着健康方向发展；创造是人类本质力量的最高表现形式，是生命的展现，大学教师创造文化的形式体现在自己的学术研究上，大学教师只有不断提高自己的学术研究水平，才能更好地发挥对文化的促进作用（韩栋娟，2008）。

4. 创新性

教师要培养学生的创新精神，首先必须要求自己具有创新精神。教师要改革教学的传统观念，以传授知识为主还是以培养学生的创新能力为主是传统教学观与现代教学观的根本区别之一。传统教学观认为，对知识记得越牢固越好，并把知识作为一成不变的绝对真理来掌握，致使学生的学习没有积极性，其创造性、创新能力得不到重视和培养，长期下去就会受到压抑和扼杀。为了适应知识经济对创新人才的要求，教师就必须改革传统的教学观念，树立现代的教学观，着眼于学生创新能力培养，通过教学把学生身上蕴涵的创造潜能开发出来。长期以来在我们的教育工作中，师生间是一种垂直的教育与被教育的关系，学生处在被动接受教育的地位。在这种不平等的师生关系基础上是不可能有师生间平等的交流的，也不可能有在平等基础的对知识的探讨。学生在这种情形中是被动地接受知识，没有机会表达自己的意见，发表自己的看法，久而久之，学生的创造性被扼杀，不但创新能力得不到良好的发展，就连健康的人格发展也会受到严重影响（杜静，1999）。为了适应知识经济对人的创新能力的高度要求，教师就应当有目的、有意识地建立一种新型的师生关系。一方面，教师要形成尊重学生的良好教风，在教育工作中要真正尊重学生的人格、思想、情感、意志等；另一方面，教师要善于给学生提供表达自己思想、看法、意见、思维等的机会，鼓励他们积极思考、自由探索、勇于创新（刘济良，2000）。

大学教师把主要精力放在教学的同时，还通过参与科学研究、知识创造等，促进了教学与科研的相互结合。因此，大学教师从事的劳动富于探究与创造的特征，是一种具有高水平、高强度的脑力劳动。同时，大学教师的劳动还具有群体协作的特征。一方面，进行高深学问的传授与科研，是一种个人才能发挥、风格展示的独立行为，需要自由支配时间、工作场所的设施和工作方式，以保证其开展创造性的工作。另一方面，教师个体也需和学校各方配合、密切协作，才能使每一位教师在大学生身上的教育作用得到整合和发挥，使大学生得到全面的发展（谢安邦，等，2007）。

5. 社会性

虽然总是用“洁身自好”和“象牙塔”来形容大学教师的为人、教学和研究活动，但是，无论是思想主张还是科学技术，中国的大学教育活动早就对社会产生了深远影响。近现代史中的五四运动、袁隆平的水稻杂交技术、王选的激光照排技术等，大学对社会的影响非常广泛；而其中起关键作用的就是大学教师，同时，大学教师职业的社会属性也是大学教师实现其人生价值的必由之路，也就是说，无论是社会还是大学教师自己，都要求大学教师的职业是面向社会的。

（二）大学教师的劳动特点

大学教师的劳动是复杂的脑力劳动和表述性劳动，它不同于体力劳动和一般的脑力劳动。其特殊性主要体现在以下方面。

1. 劳动动机和需求的特殊性

按照马斯洛的需求层次理论，生理需求、安全需求多属于物质需求，社交需求、尊重需求、自我实现的需求则更多地属于精神需求。一般来说，人们的需求是按照由低到高的顺序逐步实现的，即在物质需求得到满足的基础上增加精神追求。而对于大学教师来说，常常是通过培养出来的学生来表现或实现其自身的价值，具有“人梯”特征，因此，得到学生和社会尊重的需求，也就是精神上的需求常常超过物质上的需求，或者表现出二者等同的现象。大学教师对“自我实现”的重视远远超出其他类别的职业人群。同时，大学教师又是具有知识工作者的特点，具有提出学说和实现知识的潜能，因而，大部分大学教师具有较高的需求层次，往往也注重自身价值的实现。为此，他们很难满足于一般事务性工作，而更热衷于具有挑战性、创造性的任务，并尽力追求完善的结果，渴望通过这一过程充分展现个人才智，实现自我价值。

2. 劳动过程具有相当的个体性

大学教师往往既从事教学，又从事科研，有的还要兼做管理。其共性主要体现学校规章制度的刚性，例如在教学中有课程设置、备课、上课、课时数目等基本要求；科研包括学科标准、课题级别、成果数量及水平等评价体系。这是大学教师劳动过程中应当、且必须服从的“共性”要求。另外，大学教师要按照学校的评价指标体系进行工作，如定期接受各种考核、达到教学时数、完成科研目标等，这些规则对教师发展是刚性的、约束性的，也是对教师劳动标准的底线要求。但是大学教师的劳动更具有明显的个性，即对学术自由的追求、对个人价值的追求、对评估制度之外的弹性空间的开发等；教学的艺术化取向、科研的影响力大小、管理的效率差异等方面。

3. 劳动内容的高深性

大学教师往往有可能成为某一领域的专家，这些人涉及的都是一些高、精、尖的内容，因此是一种耗费心血的工作。劳动是复杂的脑力劳动而不是简单的体力劳动，劳动的自发性强，产品无形，使得外人对其劳动过程无法控制，劳动成果难以衡量，工作过程难监控。

4. 劳动过程的创造性

创造性是大学教师的基本素质之一，也是劳动过程中最重要的素质。大学教师从事的不是简单的重复性工作，而是在易变和不完全确定的系统中充分发挥个人的才干和灵感，应对各种可能发生的情况，推动着技术的进步。

5. 劳动成果识别的周期长

“十年树木，百年树人”，大学教师的工作职责中，无论是对学生培养质量的检测还是科研成果水平的评定，都需要很长时间的实践检验，有的需要几十年甚至更长的时间，因此，大学教师的工作业绩很难即时评定。

6. 劳动的复杂性

大学教师的劳动时间很难界定，没有边界要求，所以劳动时间具有模糊性；对于其劳动成果，往往不能采用统一的量化指标进行衡量，不能简单地以企业的产量产出指标为参照系，数量、时间标准只是一个维度，大学教师的教学效果、育人成果、科研含量、学术造诣等都是复杂劳动的产出，往往很难找到统一的评价指标对其简单下结论，因此老师的劳动成果难以清晰鉴定，教学评价不能仅仅以课时数、课程量为标准，科研评估除了数量指标更重要的是质量要求，评估者总是很难找到一个客观精确的标准鉴定出一个教师或科研人员比另一个教师或科研人员的业绩高（赵应生，等，2005）。

通过以上分析可以发现，大学教师的劳动特殊性主要体现在：动机和需求的多样性、内容的高深性、过程的创造性、性质的复杂性、成果的不易测定性、时空的无限性等方面。因而，大学教师的劳动是一种自主性的个体劳动、有机协作的群体劳动、创造性的脑力劳动。

三、大学教师自主发展的理论研究基础和主要论点

1. 大学教师自主发展的内涵

（1）自主的内涵。如何定义“自主”，是自主发展相关问题研究的逻辑起点。从语义学的角度，自主（autonomy）一词是源于希腊文，主要是“自我”和“法律”的组合，它的基本含义是自己指导自己，不受他人约束，体现了一种对工作的态度。将其应用于人力资源领域，主要是指自我决定、自我规范、权力自由、意志自由、做自己的主人等方面（Scott P. A, et al, 2003）。《现代汉语词典》中将“自主”解释为“自己做主”。《辞海》对“自主”的释义是：“自己做主，不受别人支配。”金美福在《教师自主发展论》中认为自主就是凭自己的主观意识，积极地、自觉地、主动地进行学习的一种精神状态，一种态度。它发自于个人的主观意识，而不是被动的，也不用强迫（金美福，2003）[58]。本研究认为自主的含义应该是“自己主动地决断和行为，而不受他人支配”。

（2）发展的内涵。心理学家卢文格认为，发展是由一种新结构的获得或从一种旧结构向新结构的转化组成的。“发展”在最一般的意义上，是指

事物渐进过程中的“突进”，即事物由旧的形态“飞跃”到新的形态。发展需要两个必不可少的前提：其一，“发展”主体的自我否定所实现的由旧形态向新形态的“飞跃”；其二，“发展”主体自觉到自己能够通过发展而使自己的存在获得更大的“意义”（孙正幸，2001）[7-8]。也可以说，如果不存在允许行为主体向新形态飞跃的“空间”和“机会”，行为主体是不可能发展的；同时，即使存在允许行为主体向新形态飞跃的“空间”和“机会”，但行为主体缺乏对发展机会和发展机会的认识，或者行为主体缺乏发展的意愿，“发展”也是不可能实现的。因此，发展是需要行为主体的自愿和外界提供发展条件两个方面配合实现的。

此外，发展并不是行为主体的意愿与外界条件的简单的静态契合，发展具有行为主体与外界相互影响的规律性和动态特性。一方面，行为主体具有发展的自然要求，但应该向什么方向发展、发展什么以及如何发展需要探索和抉择。其中需要了解外界允许行为主体发展什么和向什么方向发展，还需要清楚自己具有怎样的发展基础和能力；同时，也不排除自己的意愿和能力与外界的即时限制相矛盾时，但行为主体能够预测到外界在不久的将来可能解除这些限制，而这种超前的预断常常更有利于行为主体的发展。另一方面，行为主体的外界并不完全是自然界，更多的是其所处的社会及社会组织，社会及这些社会组织常常通过制度条文规范行为主体的行为；这些规范有些是适宜的，而有些规定则可能在实施中和众多的行为主体，甚至和新发现的自然规律存在冲突，需要调整和改变。因此，外界对行为主体的行为规范也必须在实践中按照自然规律和众多行为主体的意愿适时调整。

综上可得关于发展的结论：发展是行为主体与外界互动的成长过程和结果。

（3）教师自主发展的内涵。经过人类教育活动的长期探索和演变，大学教师的发展大致经历了接受型教师、任务型教师到自主发展型教师三个阶段。关于教师自主发展的内涵，目前有以下几种代表性的观点。

其一，教师自主发展是指教师在自我成长中的主体意识与主观能动性（吴金辉，2006）[9]。

其二，自主发展是教师在其职业生涯中根据时代的变迁、教育形态的变革，不断改变原有的知识、观念，吸纳各种新的知识，各种教育教学观念，提高自己的教育教学科研能力，转变自己角色的过程，是教师自觉主动地追求作为教师职业人的人生意义与价值的自我超越方式（钟启泉，等，2003）[261]。

其三，教师自主发展要求教师在遵循教学规律基础上由自己主观地创造改革，不断探索新的教学途径和方法，优化教学结构，是教师自觉主动地追求作为教师职业人的人生意义与价值的自我超越方式（金美福，2003）。

其四，教师自主发展也可称“主体性发展”，是指教师具有自我发展的意识和动力，自觉承担专业发展的主要责任，通过不断地学习、实践、反思、探索，使自己的教育教学能力不断提高，并不断向更高层次的方向发展（陈振华，2005）。

其五，教师在学校情境中根据教师自我发展和学校发展的需求，由教师自主地确定发展目标、开发利用学习资源、设计发展策略、评价学习结果的一种专业发展的方式（桂建生，2000）。

其六，教师自主专业发展是指：“教师在学校情境中根据教师自我发展和学校发展的需求，由教师自主地确定发展目标、开发利用学习资源、设计发展策略、评价学习结果的一种专业发展的方式。”（钟启泉，等，2003）[261]

其七，持“过程观”的研究者认为，自主发展是指自我寻求和利用反馈、设定发展目标、参与发展活动，并且进行寻踪的过程（London，M.，et al，1999）。教师的自主发展，是在原有的知识水平、能力等方面，自觉主动地学习、探索新知、挖掘更新的教学方法，发挥自己的聪明才智，不断地提高自己，完善自己。强调了自己看问题的独特视角，有自己的创新精神，在教学过程中，张扬自己的个性。

在相关文献中可以发现，无论是通过实证分析还是通过案例推演、理论描述，相关研究人员都在对何谓“教师自主发展”做出解答，而且，迄今为止大家对“教师自主发展”内涵基本达成共识，主要关键词体现在“自我超越”、“不断进步”等方面。但是，现有的关于教师自主发展内涵由于过于强调自主而没有考虑发展的外界条件和作用，而且，大部分的研究工作基本上定位于中小学教师，以“大学教师自主发展的内涵”作为研究内容的还不够系统和全面。

通过前面关于自主和发展的概念界定，本研究认为大学教师的自主发展是指大学教师主动自觉地探索科学规律（包括教育规律），并利用科学规律与外界（包括国家教育法和国家科学技术发展纲要等各种法律法规）相互间动态适应，促进国家教育事业不断成长的过程和结果；在这些过程和结果中也必然包含着大学教师自身的发展。

2. 大学教师职业发展的特点

自主发展不仅是一个自主的过程，而且是自我在与环境互动的关系中发展的，是在对环境的不断适应中，调整自我与环境的关系，不断改变自我，使自我不断走向成熟（金美福，2003）。教师的自主发展具有以下特征。

（1）发展需求和愿望的内在性。教师的自主发展需求和愿望是内在的，这种需求和愿望是根据自我意识，基于个人的人生价值与意义的追求愿望和目标而产生的，称为自我超越的意识，是自我超越的内在依据和动力。这种发展需求和愿望的内在性主要表现为自觉主动性，它是发展个体的主体地位和主体性的集中体现，与被动消极相对应，也是能动性的体现。教师的自主发展是一种自觉的、主动的发展状态，是基于教师的主观能动性的自我超越活动。自觉主动是一种发展的状态，这种状态形成教师的一种日常的生活样式，表现为行为的方式，但实质上是人性中能动性的表现。

（2）发展内容的个体性。即发展首先需要个体的内在动力和潜能，主要不是为了达到外在的标准，即作为行为主体的个人对发展的内容和方向具有兴趣、爱好和才能是发展的重要前提。这里的个体性并非排斥社会性。自主发展型教师是在最大可能发挥个人潜能以在承担和履行个人作为知识人的社会使命方面达到最优化的人。因此，他们的自主发展是个性与社会性和谐发展意义上的。

（3）有限自主性。教师职业的社会属性决定了教师的个人发展必须受到社会大环境影响；除了社会上大的宏观环境，其所在组织（高等学校）的有关政策对其发展的方向与方式具有更直接的影响。因此，大学教师的自主发展必然是有所限制的。在通常情况下，教师在专业方面的自主发展相对较多，其核心基本上是通过教师的自主来实现发展的。这首先意味着教师的发展动力来自于自身，即教师的发展具有内在的需要、情感和意志；同时也意味着教师有一种自主的发展追求和动力，教师能够自觉地实行教育观念的更新、教育信念的深化，进行教育教学行动的创造。以自主为动力，以自主为凭借，教师的发展就不会停留于一般意义的思想武装上，教师会努力地使先进的教育理念浸润于自己的行动中，表现出较多的理性行为。

（4）独立开放性。尽管外界对大学教师的影响很大，但作为有思想和善于思索的大学教师，其行为的独立性是很明显的。大学教师的自主发展体现于教师在发展的各个方面和过程中尽可能地摆脱对他人的依赖，实现独立思维和独立判断，自己根据自己的需要做出选择，自我设计和监督自己的发展进程，而不是按照别人设计好的方向发展。然而，独立性并不等于自我封闭，教师的独立性应该与开放性互为依托，通过开放了解外界的发展进程，通过开放学习和借鉴外界的研究成果，通过开放让更多的人了解并支持自己的发展，并展示自己的价值。

（5）风险性。大学教师在当今的中国基本上还不存在职业风险，但在职业发展中却存在许多难以预料的风险。首先，大学教师按照自主发展的意愿开展相关的科学研究和教学探索以谋求事业的发展和自身价值的提高。但是，大学教师的科学研究成功的可能性通常比专门从事科学研究和技术开发成功的可能性要低，也就是说大学教师的科学研究活动失败的风险比较大。另外，大学教师关于教学规律的探索成果及其推广实施的效果及被认同程度等并不能得到保证。此外，随着知识经济的不断推进以及科教兴国战略的进一步实施，大学教师的社会地位和物质待遇不断提高，家庭和外界的名利色权等思想对大学教师的诱惑和影响都很可能导致他们的发展半途而废。

四、大学教师自主发展与组织目标实现的关系

由于社会分工和技能的复杂多样，私塾先生早就难以满足求学者对知识和技能的系统要求，因此，大学教师必然要隶属于某高等教育组织（如高等学校）。“十年树木，百年树人”的道理早已家喻户晓，而大学教师的言行必然影响一代又一代受教育者，因此国家有关高等教育管理部门必然十分重视对大学教师的各方面素养要求；所在高等教育组织也必然要对大学教师提出相关的要求，也许这些要求无疑会限定教师自主发展的空间。

从表面上，教育管理部门和各个高等教育组织都对教师的行为提出相应的规范要求，而大学教师又比较强调自主的发展，这两者似乎存在许多

矛盾。而实际上，大学教师的职业与其他职业也具有很多相同之处，在大学教师自主发展与其所在组织目标的实现方面具有很多一致的方面和可协调的方式。

1. 组织目标分析

与为教师提供的自主发展的政策空间类型相对应，目前中国的大学主要有教学型大学、教学科研型大学和研究型大学三种类型，不同类型的学校其发展的目标定位也不尽相同。

教学型大学所关心的是通过保持拥有相当的办学规模和有效的知识传授和技能培养，为社会培养实用的知识型人才。因此，教学型大学对教师的要求是以学习能力和表述能力为主。

教学科研型大学与教学型大学有所不同，是在教学型大学的目标追求的基础上，也关注学校的科学研究，希望能够通过学校的研究活动扩大学校知名度的同时，为学校的未来发展拓展一定的空间。

研究型大学的目标定位与前两种类型的学校有一定的差异，主要表现在对学生的科学研究能力的培养方面十分重视，甚至可以说，学生的科学研究能力是研究型大学的主要目标。可见，研究型大学的目标定位表明了研究型大学肩负着为国家培养未来的科学家、发明家和创业者的重任。然而，目前，我国部分教育管理人员和部分学者对研究型大学的理解存在片面的认识，认为“研究型大学是以学术研究为主要任务，教学体现科研，侧重研究生教育，通过科技成果转化而服务于社会来实现大学功能的国内一流、国际知名的大学”，并依次提出了用现任教师研究成果的数量和质量来判断学校是否是研究型大学以及研究型大学水平的评价体系。由此引导以研究型大学为建设目标的高等学校把教师的科学研究能力作为建设目标，而忽略了对学生的科学研究能力的培养。

毫无疑问，从大学的培养目标上可以区分各个大学的层次，但从培养国家建设人才的需求上，三种类型的大学都具有市场空间。而且，三种类型的学校也不是一成不变的，教学型大学有可能向教学—科研型大学转化，教学—科研型大学也可能向研究型大学转化，至于研究型大学是否一直能够保持研究型大学的本色，也需要历史的检验。

2. 大学教师的个人目标分析

中国的教育已经有几千年的历史，知名的先驱者非“孔圣人”莫属。

但“孔圣人”也毕竟是人，现代的大学教师也是人，具有人的一般属性，也具有大学教师的特殊属性。

由于大学教师的知识性，使得大学教师的目标追求比较远大；而由于大学教师的理性特点和教书育人的职业特点，决定了大学教师的远大追求容易落实在其培养的学生身上。因此，在一般情况下，在知识传授的范围内，大学教师对学生进步的关注要胜于自身的收益，也就是说，由于职业特点，大学教师可以认为其所培养的学生的成就中包含自己贡献，因此，学生的高水平成长可以作为大学教师的工作目标之一。这个目标与其所在组织的目标是一致的，与整个社会也是一致的。

也是由于大学教师的知识性，使得大学教师（尤其是研究型大学中的教师）的目标追求并不是局限于其所培养学生的发展水平上。随着知识经济时代的来临，知识的价值凸显，知识带给人的经济利益和物质享受越来越多，大学教师是现实中的人，人的一般属性特征不能不影响到大学教师的行为。其生活状况、社会地位和相应的荣誉和待遇是否能与其知识的拥有量及贡献相对应，是否存在“心理契约”的兑现反差，而且，在市场经济条件下，大学教师的个人发展空间和转变的机会增加，大学教师“教会徒弟，饿死师傅”的“心魔”也难免会跳出来作怪。因此，以自己的知识亲自实现自身价值也可能是大学教师潜在的发展目标。整个目标虽然与其所在组织的目标不是一致的，但与社会的目标并不矛盾。

经过长期学习和科学研究，大学教师必然还会产生另外一个比较远大的发展目标，这个目标就是不甘于做一名普通的学者，而是要成为名副其实的科学家（自然科学类专业）和社会意识自由人（经济管理类专业）。大学教师常常是具有逻辑思维能力、创新意识强和通晓历史、是非观念清楚而又具有独立意志的人，在自然科学领域，他们有可能实现科学的发现和发明，而在社会及社会组织的经济管理领域，也可能产生独到的思想和观点，并且，通今博古的大学教师通过古今对比，很容易察觉社会及社会组织管理者的言行所隐含的真正意图，以“惯为人师”的行为，难免对时政有所批判，并愿意成为社会发展的栋梁。大学教师的这种发展目标与其所在组织和社会的目标是一致的，但可能会引起保守的当局者和所在组织领导的反感。

3. 大学教师个人目标与组织目标的关系

虽然大学教师的自主发展似乎强调独立性，但基于社会人学说和大学教师的知识性，大学教师的自主性能够促使教师建立归属感、增强教师的专业成长动力与责任。自主发展应该使大学教师不断改变原有的知识、观念，吸纳新的知识、观念，提高自己的能力，转变自己的角色的过程。大学教师的自主发展是其专业成长的一个重要途径，是教师主体性的一种重要表现，也是教师职业道德的一个重要内容。它应该是一切自觉为教育事业献身的教育工作者的自觉行动（陈振华，2005）。

大学教师也希望大学能创造一个环境，帮助他们管理自己的职业。如果大学教师有接受发展机会的意愿，对教学态度积极，愿意反省自己的教育哲学，但却遭遇到来自学校或院系政策、规章和程序方面的限制，同样也不会成功（盛子同，2007）。教师工作的方式在不断变化，随着人类社会对知识和技能的不断扩充，无论是教学工作还是科研工作，主要环节都是由过程小组完成的。教师必须为未来做好准备，这些变化表明员工需要寻找信息识别技术缺口，探索提高目前绩效的空间，与该领域的领先者同步，并且参与到能够影响工作和技能要求的组织或者产业的变革中来。团队必须寻找相关信息以保证团队的运作达到本组织或本领域中其他团队或不同产业同样功能组织的优秀标准。组织需要发掘变革机遇，评估不同岗位变化的技术要求，修正培训规则，设计基于组织变革的新发展项目。组织可以提供个体学习的资源，但是个人必须为自己的发展负责。总之，在高校面临着激烈的全球化竞争、动态性加强的背景下，自我发展对于组织来说非常重要。因此，人们需要有对组织目标、绩效要求、自己对组织要求的满足程度的洞察力。他们同样需要组织发展方向、适应变革环境自己作为的信息。他们需要去思考是否转变职业路径会更好。需要持续学习，以保证自己跟得上组织变革的步伐，从而保证自己对组织发展有所助益（London，M.，et al，1999）。

高校的发展和大学教师的发展是相辅相成、相互促进、缺一不可的。高等学校是指根据《中华人民共和国教育法》和《中华人民共和国高等教育法》要求设立的培养普通本专科生及以上人才的专门机构。一般来说高校的组织目标包括办学理念、办学规模、办学质量、学术水平、学科建设、高校的结构、学校功能等方面。而作为与高等学校相生相伴的教师，大学既缔造了大学教师这个群体，大学教师这个群体也推动着大学质量、品位、声誉的提高，推动着大学的发展。大学教师的自主性能够促使教师建立归属感、增强教师的专业成长动力与责任，对任何大学来说，教师是绝不可轻视而具有决定意义的因素，集中体现一点就是“教师是高校的第一要素”。大学和中小学的重要区别在于大学不仅要传授（传播）知识，而且要积累（整理）知识，更重要的是创造知识（探索发现真理），而大学教师正是实现这一功能的载体（盛子同，2007）。高校承担着人才培养、科学研究、社会服务和文化传承创新的重要任务。而教师资源作为高校中最重要的资源，它是高校发展的重要因素，师资队伍的整体素质对高校的生存和发展具有重大的影响。教师是一所大学最为重要的内部支持者，因为教师团体的质量和成就比起其他因素更能决定大学的质量。教师不仅在学术政策方面起着关键的作用，而且在大学日常管理方面也起着一定的作用。教师以各种有意义的、有效的方式参与现代大学的管理可以为高校组织目标的实现贡献力量。

大学是人类文化发展到一定阶段的产物，是社会文化和思想精英们聚集之所，是社会文明和精神的源泉和宝库。大学与人类文化之间有着深刻的联系，其本质是在深厚文化底蕴的基础上传承、批判、引导和创造文化的高等学府。“大学教师是大学的心脏和灵魂”，在人类文明进步的过程中，大学教师为文化的发展和文明的进步做出了极大的贡献。大学教师是大学里的主体，在对文化的传承、批判、引导和创造的同时，促进着受教育者的社会化、个性化、文明化，从而推动了人类社会的整体进步。大学教师的文化使命，更侧重于强调从自身出发，主动、积极地投入到文化的建设中，为人类文化的进步与繁荣完成自己应负有的使命。作为高等教育的主要载体，大学是一个文化机构，担负着传承文化、批判文化、引导文化、创造文化的重要使命，而大学教师正是完成文化使命的主体和主要承担者。大学教师对文化的传承有着重要的、独特的意义（韩栋娟，2008）。杨德广主编的《高等教育学概论》对大学教师的地位与作用作了概括：（1）大学教师是人类科学技术文化宝贵遗产的继承者、传播者、发展者和新科学文化知识的创造者；（2）大学教师通过培养人才、科技开发、社会服务，促进社会物质生产的发展而对人才历史发展起着推动作用；（3）大学教师通过言传身教对校风的形成起着重要的作用，并推动着社会的精神文明建设；（4）大学教师在高校内部的地位与作用，主要是通过教师在教学、科研和教书育人工作中所起的主导作用决定的，集中体现在教师是高校的“第一要素”或主体力量。对任何大学来说，教师是绝不可轻视而具有决定意义的因素。现在，没有人否认教师是大学成功的最重要因素之一。20 世纪 30 年代，时任清华大学校长的梅贻琦先生的一句名言至今仍为人们传诵："所谓大学者，非谓有大楼之谓也，有大师之谓也。"美国哈佛大学前任校长科南特也曾说过："大学的荣誉不在于它的校舍和人数，而在于它一代又一代教师质量。一个学校要站得住，教师一定要出名。"美国加州伯克利分校前任校长麦克·黑姆也说过："保持优秀的大学教师阵营——这是我们大学的核心。"大学的根本活动是教学科研，这些活动只能由教师来承担。教师的自主发展促进了教师的良好发展，教师的良好发展为学校的发展和声誉提供了强大的支持。

此外，我国培养的大学教师具有与众不同的优点。我国的大学教师在从业之前就具有"师者：传道、授业、解惑"的职业观念，这是中国社会的文化所决定的，并且中国社会常用"蜡烛"来形容教师的"燃尽自己，照亮别人"的美好品德，这种主张或形象无疑对中国的大学教师的言行具有无形的约束。而实际上，我国的教育管理部门或高等教育组织也是主张这种观念的，因为大学的首要任务确实就应该以育人为本。因此，中国社会所营造的优秀教师的形象为奠定大学教师的师德基础是非常难得的。正因为如此，在"读书无用论"盛行，教师地位极其低下的"十年动乱"期间，广大教师依然能够"忠诚党的教育事业"，坚持在自己的岗位，为当时中国社会的稳定发挥了非常重要的作用。可见，我国的大学教师的自主发展目标容易与国家的命运联系在一起，只要大学教师的所在组织坚持以国家和民族的利益为首要，并以此来号召和引导，大学教师一定会欣然与组织同甘苦，共患难，表现出具有理性的"士为知己者死"的精神和行为。当然，大学也应当成为教师实现个人价值的场所、展现个人才能的舞台，成为他们人生发展的精神家园。

第二节　大学教师绩效评价的基本问题分析

一、大学管理体制中教师评价

大学教师是国家知识创新的重要力量和高层次人才队伍的重要组成部

分，是高等教育贯彻落实科教兴国战略和人才强国战略的强大生力军和动力源，在全面建设小康社会和加快社会主义现代化进程中起着基础性、战略性的作用。要发挥大学教师的这些重要作用，推进大学管理体制机制创新和制度建设是根本。教师评价是对教师在教学活动中的表现和效果、教师胜任力及其专业发展能力作出的价值判断过程，目的在于提高教学效能和促进教师的专业发展（黎琼锋，等，2007），是大学管理体制改革创新中不可缺少的环节。加之大学教育环境的深刻变革、人民群众接受大学教育需求的深度变化以及大学办学理念的不断提升，对大学教育质量提出了新的要求，对大学教师素质、能力及水平都是极大挑战。教师评价正是大学管理体制改革创新中提高教师水平的一项重要举措，在深层次上影响着高等教育对经济社会发展的支撑作用。

1. 教师评价是提升宏观管理水平的有力手段

我国是人口众多的发展中国家，正面临着工业化、信息化、城镇化、市场化、国际化发展战略和路径的重大转型，为实现现代化建设中的重大目标，就必须搭建高水平人力资源发展平台，切实推进大学教育质量提升战略的实施。同时，经济社会全面发展，人民群众日益增长的上大学的需求，特别是家长对子女接受优质教育、高层次教育、多样化教育的期望很高，使得教育质量受关注程度也空前提高。教师评价是回应这些需要，引导大学教师在结构上普遍适应不同类型、不同层次的人才培养要求，推动优质教师资源的建设和管理，从根本上提高大学教师宏观管理水平的有力手段。

2. 教师评价是提升大学竞争力的有为策略

信息技术飞速发展，要求我国大学不仅要注重人才培养的规模效益，还要重视办学质量标准，尤其要关注与国民整体素质全面提高直接相关的大学教学质量标准。为此，大学管理改革发展中如何采取措施在日趋激烈的人才竞争中居于领先优势？如何更好地利用和发挥国内外人才两种资源的作用？这些都成为急需破解的课题。教师评价是应对这种形势，科学合理地开发、吸纳教师资源，进而提高办学水平、提升学校竞争力的有为策略。

3. 教师评价是引导大学全方位加大人力投入的有效路径

新时期，大学担负着通过培养具有创新精神和实践能力的高级专门人才来有效落实科学发展、科教兴国、人才强国战略的重任。大学教师评价，能够推动教师在教学、科研、社会服务上投入更多精力和智力，带动学生在学习上投入更多时间和努力，促使大学在人才强校方面投入更多资源和支持，切实履行好自己的各项职责和基本任务。可以说，教师评价是引导大学全方位加大人力投入的有效路径。

二、大学教师绩效评价的内涵

什么是大学教师绩效评价？或者大学教师绩效评价的内涵是什么？要回答这一问题，可以从讨论“绩效”开始，然后推及“绩效评价”，再逐步推演到“大学教师绩效评价”的含义。

关于绩效的内涵，现阶段主要有两种观点：第一种观点是基于结果的绩效定义，认为绩效是在特定实践范围内，在特定工作功能、活动或行为上生产出的结果记录（加里·德斯勒，1999）[332]；第二种观点是基于行为的绩效定义，认为绩效是员工控制的与组织目标相关的行为。在这种观点中，绩效是行为，并不是行为的结果，而且这种行为必须是员工能够控制的。因为在实际情况中员工完成工作的情境是不同的，许多工作结果并不必然是员工的工作带来的，所以以任务完成和目标达到等结果作为绩效是有明显缺陷的。我们选定一种理性、可行的整合视角，即把必要的行为状态和合理的结果表现纳入绩效范围。

在讨论绩效的含义后，怎么理解“绩效评价”呢？还需要对“评价”概念略作分析。“从本质上来说，评价是一种价值判断的活动，是对客体满足主体需要程度的判断。教育评价是对教育活动满足社会与个体需要的程度作出判断的活动；是对教育活动现实的（已经取得的）或潜在的（还未取得，但有可能取得的）价值作出判断，以期达到教育价值增值的过程（陈玉琨，1999）[7]”。因此，绩效评价是指对员工或团队的工作行为和结果进行测量的过程，是一个用过去制定的绩效评价指标体系来比较评价员工评价周期内的工作绩效，并最终将绩效评价结果反馈给员工的过程。这个过程可以起到沟通、协调以及控制的作用（赵曙明，2004）[14-18]。绩效评价是人力资源管理的重要职能，是组织决定奖惩、晋升、培训及解雇等人力资源管理活动的重要依据。

在分析“绩效评价”含义的基础上，按照逻辑学原理的种属关系来分析，“绩效评价”是大学教师绩效评价的属，大学教师绩效评价是绩效评价的一个种。在逻辑关系上，绩效评价是上位概念，大学教师绩效评价是下位概念。因而不需再作重复讨论，只需界定大学教师这个群体上绩效评价的含义。

大学教师绩效评价是对大学教师在工作中的表现，也就是教师的劳动过程、劳动行为和劳动结果等进行评价，通过对评价结果的反馈，提高教师教育教学科研水平的综合性过程。这种评价活动在正确的教师评价理念和原则指导下，根据国家和学校规定的任务和目标，按照规定的程序，运用科学的方法，借助现代技术广泛收集评价信息，对教师的工作数量和质量进行价值判断；同时通过评价过程与结果的反馈，促进教师的工作产生更大的价值（王建军，2004）。具体来说，可以从下面几个方面来把握大学教师绩效评价的含义。

1. 大学教师绩效评价是一系列管理活动的连续不断的循环过程

大学教师绩效评价，具体包括绩效计划、绩效考核和绩效奖励等环节。一个绩效评价过程的结束，是另一个绩效评价过程的开始，通过这种循环，个体和组织绩效得以持续发展。与一般的教师评价理论和实践相比，不管是奖惩性教师评价还是发展性教师评价都只是侧重于绩效考核这个部分，大学教师绩效评价更具有系统性和完整性。

2. 大学教师绩效评价是一个强调全体员工参与的过程

大学教师绩效评价中的每一教师都应该设计自己的绩效目标，并与管理者达成一致；管理者的支持和参与是决定绩效评价成败的关键。相比较而言，奖惩性教师评价是一个自上而下的过程，发展性教师评价虽然也强调评价的民主性和全员参与性，但其绩效目标是由上级部门制定。

3. 大学教师绩效评价是一个强调沟通的过程

大学教师绩效评价中的沟通，包括大学和学术组织的价值、使命和战略目标。大学和学术组织对每一个员工的期望结果和评价标准以及如何达到该结果，提供相应的信息和资源，员工之间相互支持，相互鼓励。相比较而言，目前的教师评价中忽略了沟通的重要性。

4. 大学教师绩效评价是一个强调发展的过程

大学教师绩效评价中，一方面，通过组织为每一个教师提供支持、指导和培训，提高教师的素质水平。另一方面，每一个教师自己更能主动学习，相互学习，绩效评价的目标之一是建立学习型组织。相比较而言，目前的教师评价虽然也注重个体的发展，但没有通过教师评价来建立学习型组织的强烈意识。

5. 大学教师绩效评价是一个绩效导向的管理过程

大学教师绩效评价的最终目标是，建立大学的绩效文化，形成具有激励作用的工作气氛。相比较而言，目前的教师评价在本质上的最终目的，多为了鉴定和选择。

三、大学教师绩效评价的功能

功能是事物、活动、技术或方法所发挥出的对对象物的实际影响和作用，是一事物、活动、技术或方法价值的实然体现。功能反映的是两事物间的关系，从作用方向上看，某事物对另一具体事物的功能有积极和消极之分，表现为对事物的促进作用或抑制作用；从表现形式上看，某事物对另一事物的功能有显性和潜在之分，一事物的影响可能是多方面的，在特定情境下有些影响能够明显观察到，有些却并不容易被发现，以缄默的方式存在着。大学教师绩效评价的功能是教师绩效评价所发挥出来的影响和作用，反映着其与教师自主发展、大学发展、学术发展以及高等教育发展之间的关系（董银银，等，2008）。

1. 绩效评价对大学教师自主发展的导向激励功能

关于教师评价与教师自主发展的关系，在基础教育中有较多、深入的研究。特别是20世纪80年代以来，随着管理理论、心理学理论及现代评估理论的发展，人们越来越重视个人在组织中的价值，强调个人自觉、个人激励、个人自治、自我实现等在组织发展中的意义（李当彬，2001）。大学教师绩效评价正是顺应管理理论和心理学理论的发展，建立以教师为本的教育评价思想，通过绩效评价促进教师自主发展。

由于教师绩效评价对教师工作起着一种导向和激励作用，引领教师的发展方向。一般来说，一方面，评什么说明我们关注什么、重视什么，这也有利于教师明确学校的发展目标与方向，明确自己的职责，认识到不断进步、提高不仅仅是自身的愿望，更是学校的必然要求，并使他们知道什么是优秀的绩效（孙友然，等，2006）。另一方面，通过对绩效评价结果的有效运用和反馈，可以激励教师努力工作，同时，教师绩效评价过程也是教师认识自己和反思自身教育教学工作的绝佳时机；通过教师绩效评价对教师进行信息反馈，促进教师自我反思，激发教师的专业自觉，有利于教师的自我改进，促进教师的自我发展和自我完善，从而全面提高教师素质。

2. 绩效评价对大学发展的鉴定改进功能

人力资源管理是大学发展中的基础性工作。根据现代人力资源管理理论，绩效评价是人力资源管理中的重要环节，是组织发展和个人发展的基础，同时也是其他管理环节得以正常运行的重要依据。大学教师的绩效考核，既是大学人事管理工作的重要内容，也是大学人事管理向现代人力资源管理的核心内容之一，还是大学绩效管理的一个不可或缺的组成部分。因此，许多大学都比较重视教师绩效评价工作。

由于随着大学人事制度改革的深化，大学内部将会进一步强化竞争机制，改革固定用人制度，破除职务终身制和人才单位所有制，按照“按需设岗，公开招聘，平等竞争，择优聘用，严格考核，合同管理”的原则，在教师中全面推行聘用（聘任）制度。与此同时，大学分配制度改革的方向是，建立以岗定薪、按劳取酬、优劳优酬、以岗位工资为主要内容的校内分配办法。高校人事制度和分配制度的改革都离不开健全的教师绩效考核制度。教师绩效评价结果往往是教师晋级、聘任和利益分配等的重要尺度，可以为大学的绩效管理改善提供鉴定性资料和决策依据，使绩效管理真正帮助管理者改进管理水平，促进员工提高绩效能力，帮助大学获得理想的绩效水平，进而提升学校的教研质量和核心竞争力。

3. 绩效评价对学术发展的沟通修正功能

大学是学术的殿堂，大学的学术责任在于学术的生产、传播、应用。在大学这种学术共同体中，教师是学术工作的主体，是学术绩效管理的对象，教师的学术绩效事关大学的办学质量（谢冰，等，2008）。在这一意义上，追求教师学术能力的全面发展并不断提高学术水平，成为大学学术管理的出发点。教师绩效评价，在大学的学术发展与教师个人发展之间建立了有效衔接的纽带和桥梁，使得学术组织参与教师职业生涯规划指导与管理，将教师的个人发展纳入学术组织管理的范畴，推动学术组织与个人的共同成长（段果云，2002）。

由于一方面，教师绩效评价是教师和管理者就绩效问题所进行的双向沟通的一个过程。根据绩效管理理论，在绩效评价过程中，管理者和教师首先在共同协商基础上，帮助教师订立绩效发展目标，然后通过持续沟通，对教师的绩效能力进行辅导，帮助员工不断实现绩效目标。在此基础上，作为一段时间绩效的总结，管理者通过科学的手段和工具对教师的绩效进行考核，确立教师的绩效等级，找出绩效的不足，进而制订相应的改进计划，帮助教师改进缺陷和不足，使员工朝更高的绩效目标迈进（冯会利，2006）。另一方面，教师绩效评价也是一个修正过程。在评价教师个人绩效时，自然生成教师所在学术组织的绩效，这会促使教师增强全局观念和集体观念，使教师意识到个人的高绩效与学术组织的高绩效相关，个人应为实现学术组织目标作出贡献，在学术组织发展成长中自己也得到发展、成长，将个人的成长与学术发展紧密联系在一起，将个人目标和学术发展目标紧密联系在一起，从而实现双赢性发展。

4. 绩效评价对高等教育发展的规范调控功能

当前，人力资源是第一资源已成为大家的普遍共识，高等教育的发展也不例外。在由高等教育大国走向高等教育强国的进程中，准确和全面地评价由教师教学水平、学术水平、社会服务水平组成的综合绩效，依然是大学教师管理中的重大课题，并将对大学推动教育体制改革创新、提高教育教学质量发挥积极影响和作用。

由于大学教师绩效评价是把国家对大学教师的要求具体化、行为化、指标化，制定成科学的教师绩效评价的指标体系，评价者根据指标体系系统地收集资料，对影响教师工作质量和水平的各种有效性行为因素进行价值判断和有效的控制，以达到预期的目标（黄朗喜，2008）。因此，教师绩效评价对高等教育发展的意义，既在于明确是非、区分工作优劣程度的规范功能，更在于分析问题、找出原因、做出选择的调控功能，以对高等教育实践活动予以指导，加以控制和调整，寻找改善高等教育教学工作行为的途径，不断提高教师素养，促进大学科学管理，优化大学教师组合，进而提升高等教育实力和整体水平。

四、大学教师绩效评价的特征

大学教师绩效评价需要按规律办事，因而首先需要揭示规律——探讨大学教师绩效评价的特殊属性或特征（吴振利，2007）。大学教师工作的独特性，决定了大学教师绩效评价的一些特征。

1. 综合性

大学教师绩效评价主要以教师绩效表现（以教学科研结果）为依据，但现实中有些教师绩效结果是很难进行简单衡量的，因为教育的效果有迟效、后效和速效与近效之分。相对于速效与近效的教育而言，迟效与后效的教育才更有价值，才是更有力、更具绩效的教育（吴振利，2007）。从大学教师绩效评价的角度来，无法忽视但十分重要的绩效，往往在多年以后才能真正体现出来。这种延迟性的成效体现，使得大学教师绩效的评价一定要综合考虑教师教学、研究、社会服务中的迟效、后效和速效与近效的各类表现，要兼顾现实表现与潜在表现、当前表现与长远表现、成果表现与状态表现，力求获得说服力强的评价结果。因此，对大学教师绩效的评价，不能只看眼前，只求近利，只唯一时之表现，而是要综合地、全面地分析评判，纳入到较长一个时期内考量，所谓“十年树木、百年树人”就是对大学教师绩效评价综合性特征的最好诠释。

2. 多维性

大学教师在教学、研究、社会服务等诸领域中表现出的绩效，既有显性的也有隐性的，既有短期的也有长期的。以大学教师的教学绩效为例，主要表现为两个方面：一是要体现在促进学生学业的长进上，学生知识的积累、全面能力的提升、学习能力的不断提高等方面；二是要体现在学生的养成教育，如人格形成、人生观、世界观和价值观的形成以及人性的育成等方面，即教育方针所表述的德、智、体、美、劳全面发展。因此，教师的教育教学行为是大学生由“人”到“才”过程中的主要力量，因此，大学教师的教育教学的能力既要把握自己的主业、主攻方向，同时，也要兼顾其他方面的专业与技能，只有这样，才能使其的教学能力不断提高，使教学绩效呈现多样，才能培养出复合式、多样化的人才。与此同理，大学教师在其研究、社会服务方面也是如此。这也就决定了对大学教师的绩效评价也必须是多维的，而这种评价多维性的导向，也使得大学教师必须不断地提升素质，才能适应职业的要求。当然，大学教师绩效评价的多维性也绝对不是评价内容的无边界性，只是要强调教师绩效表现的多维性，决定了绩效评价的多维性，要尽可能地囊括各各领域的重要环节和主要方面的表现。

3. 客观性

大学教师绩效评价立足于教师的客观表现和客观成果，这是评价有效与否的分水岭。从大学教师的教学业务来分析，教师绩效评价既要衡量教师的教学活动对学生产生了什么样的影响以及影响的深度和广度，还要考虑这种影响是不是学生与社会所需要和期待的，是不是本学科所要求和应该实现的（吴振利，2006）。一名教师在一些方面对学生产生了较大影响，但那又不是其专业范畴，对绩效的评价就要认真讨论；反之，他如果在教育教学对学生影响很大，但却又不是学生所需求的与社会所期待的，也要进行认真评判。总之，评价的客观性是以其教育教学行为对学生产生的实际影响为依据的，依据事实性效果得出评价结论是至关重要的。当然，大学教师绩效评价以客观结果取向并不意味着唯结果取向，正如其综合性和多维性所显示的特性，也兼顾过程性的客观表现。

4. 复杂性

大学教师绩效评价的复杂性源于教育的复杂性，因为高等教育教学本身是高度复杂的，所以教师绩效评价就难免复杂。教育是人类社会发展和个体人生旅途不可或缺的要素，是联结人与社会的重要纽带，教育还联结着人类文明的历史、现实和未来，教育是人类社会所特有的更新性再生系统，教育可能是人世间复杂问题之最（叶澜，1998）。例如：教育本质的多样性、教育因果关系的非线性、教育功能的相对性、教育活动过程的动态性和教育结果的不确定性、教育影响因素的多样性、学校组织的复杂性、教学设计和课程控制的复杂性（王强，2003），等等。对于如此复杂的职业，我们无法简单地评说一名教师比另一名教师的水平高在哪里，也很难判断一名教师比另一名教师工作绩效多多少。教师职业的特点和劳动属性，决定了其劳动的高深性和复杂性，学术性实践性都很强，对教育经验的倚重，对艺术性、创造性、创新性的需求，使我们认为教师的教育教学是一门科学、是一门艺术。在教师的个体层面，教育教学既需要理性，也更需要爱心、激情、灵性等。这一切，决定了大学教师绩效评价是一个复杂的过程，而不能简单地看待。

5. 相对性

大学教师绩效评价是事实判断基础上的价值判断，必须以事实说话，而且事实必须清晰、准确地被表述出来，这就需要通过具体、精确的数值与数据进行量化呈现，进行数值测量显得必不可少（吴振利，2007）。这种以测量得到的精确数值与数据，成为有权威性与说服力的评价依据。与此同时，评价还要在这些测量的基础上，赋予测量数值结论以价值。这当中，测量的精确性和准确性是评价水平的重要标志，因此要求测量要尽量减少误差，评价要如实、恰如其分。但数值理论表明，无论精确或是准确都是相对的、近似的。一方面，大学教师职业的特点和劳动属性，决定了对一名教师的评价仅以数值测量的精确度为基础是很难做到的，特别是在人文社会科学领域，数量测评办法往往难以做到，这使得大学教师的评价过程只是一个相对比较的过程，很难量化体现；另一方面，体现评价标准的价值尺度是根植于社会与文化当中的，存在于人际的沟通与交流当中，价值尺度往往是流变的过程，不同社会和文化背景下，价值尺度是有变化、有差别的。评价的价值尺度只能具有普遍性意义，较难体现大学教师个性化的特征，对于教师个性特征下的教学科研活动和活动结果的评价，相对性更是其基本特征之一。

第三节　基于教师自主发展的教师绩效评价的组织行为理论基础

大学教师是拥有丰富专业知识和创造潜力的群体。大学教师的学术追求应该是没有止境的。教师能否充分挖掘自身的潜能，追求更高的人生目标受很多因素的影响。在现实生活中，如何管理这些高层次的人才，如何衡量他们的工作，提高他们的工作效率，是一直困扰人们的话题。行为科学认为，人的动机来自需要，由需要确定人们的行为目标，激励则作用于人内心活动，激发、驱动和强化人的行为。激励理论是行为科学中用于处理需要、动机、目标和行为四者之间关系的核心理论，它是教师绩效评价理论的重要依据；它说明了为什么基于教师自主发展的绩效评价能够促进组织业绩的提高。激励理论被人们普遍接受的分类方法是按其所研究的激励侧面及其行为关系的不同，可以划分为内容型激励理论、过程型激励理论和行为改造型激励理论（邓仪，等，2006）。

一、内容型激励理论

内容型激励理论着重研究激发人的动机的因素。由于该理论的内容主要是围绕人的需要问题进行研究，所以又被称为需要理论。这一理论主要包括马斯洛的"需要层次理论"、赫茨伯格的"双因素理论"（张昊民，等，）[81]等。

1. 需要层次理论与教师优势需求

最具代表性需要层次论是由美国人本主义心理学马斯洛提出来的。他认为，人类的需要是有等级层次的，从最低级的需要逐级向最高级的需要发展。需要按其重要性依次排列为：生理需要、安全需要、社会需要、尊重需要和自我实现需要（刘洪，2007）[255]。并且提出当某一级的需要获得满足以后，这种需要便中止了它的激励作用。根据马斯洛的需要层次理论分析高校教师的需要在以下几方面表现比较强烈：一是渴望社会、领导、同事、学生的尊重，渴望对其自身价值认同的自尊和被人尊重的需要；二是渴望学习、进修，不断更新知识体系，实现自身持续发展的需要；三是渴望施展才华，取得成就，实现自己理想发展的需要。但教师之间的需要并不完全相同，而是体现了一定的层次性和差异性，主要因为：由于教师之间年龄、性别、文化修养、专业素质、职位等方面的差异，其需要也存在着一定的差异。在不同成长时期、生命的不同阶段，由于生理、心理发展的成熟度不同以及主客观条件的变化，需要也会发生变化。如年轻教师可能关注的是学历结构、住房等问题，中年教师最关切的可能是职称、成就、子女入学等问题。在学校内部，不同工作系统人员的需要是不同的，同一系统中不同年龄层次的人员在某一阶段由于本身或外部因素的影响，其需要也各有差异或产生变化。因此，学校管理者要认识到教师的需要是有层次的，而且教师在不同阶段的需要也是在变化的；管理者需要深入了解不同个性特点的教师在不同阶段的优势需要，进而提出有针对性的激励措施。

2. 双因素理论与教师幸福感

双因素理论又称激励—保健因素理论，是由美国心理学家赫茨伯格提出来的。他认为，组织中存在着两种不同类型的激发因素，一类是促使人们产生不满的因素，称为保健因素；另一类是能促使人们产生工作满意感的因素，称为激励因素。保健因素指和工作环境或条件有关的因素，如工作条件、公司政策、管理水平、人际关系、薪水等，这些因素与不满意相联系，如果缺少了这些因素，员工就会感到不满意，这类因素的改善可以预防或消除员工的不满，但是即使这类因素的状态水平较好，也不会使员工产生满意感。可见，在保健因素没有到位之前，激励要素是没有用处的，保健因素是员工满意度的基础；激励因素指和工作内容紧紧联系在一起的因素，如“工作本身的兴趣和挑战性”“工作上的成就感”等。这类因素的改善，往往能给员工以很大程度的激励，产生工作的满意感，有助于充分、有效、持久地调动员工积极性（黄育妆，2003）。

从激励的角度看，保健因素是前提，保健因素不加以改善，员工一定会产生不满，但改善后也只能消除不满，无法使员工产生满意感；同样，并不是满足人的一切需要都能够调动积极性，特别是对于教授和优秀青年学者，他们大多已经有一定的收入保障，工作的挑战性常常被排在较高的位置，他们喜欢寻找办法解决问题，他们在工作中得到的主要奖赏来自工作本身；也就是说这些激励因素不加以改善，虽不会产生不满，但教师一定不会产生幸福感，教师十分看重支持与鼓励，他们希望别人觉得自己干的工作很重要。只有满足了这些激励因素才能真正激励教师。因此，对于大学教师的管理，一定要善于区分两类不同的因素，详见表 2－1。积极满足保健因素，尽可能消除教师的不满；同时，要激发教师工作的兴趣，赋予教师责任，让教师有幸福体验和成就感，从而提升教师工作业绩。

表 2－1　保健因素和激励因素

保健因素（外在因素）	激励因素（内在因素）
• 工作环境或条件 • 工作的安全感 • 薪金 • 行政管理机制与制度 • 人际关系 • 个人生活保障 • 职务、职称和地位	• 工作兴趣 • 工作职务上的责任感 • 工作本身的挑战性 • 工作中得到的认可和赞赏 • 工作的发展前途 • 工作上的成就感 • 个人成长、晋升机会

二、过程型激励理论

过程型激励理论是研究从人的动机产生到最终采取行动的心理过程的理论。它的主要任务是找出对行为起决定作用的某些关键因素，弄清它们之间的相互关系，以预测和控制人的行为。这一理论主要有弗鲁姆的期望理论、亚当斯的公平理论等（张昊民，等，2007）[86]。

1. 期望理论与教师价值追求

期望理论是由美国心理学家弗鲁姆提出来的，在马斯洛和赫茨伯格研究的基础上，他提出："一种激励因素的作用大小取决于两个方面：一是人对激励因素所能实现的可能性大小的期望；二是激励因素对其本人效价的大小。激励力量等于期望值和效价的乘积，即：激励力量 = 期望值 × 效价，其中，所谓'希望'是指根据过去的经验，对获得某种结果概率的判断；所谓'效价'是指此人对这个激励因素的爱好程度，即对他所要达到目标的价值的估计（刘洪，2007）[256]。"

也就是说，激励力量是个人对一个目标的预期价值与他（她）认为实现目标可能性的乘积。其中，激励力量指工作动机的强度，表示某一目标所产生的推动被激励者作出绩效的力。效价，即目标价值，指某一目标对于满足个人的需要所具有的价值或意义。期望值（期望概率），指一个人对达到目标可能性大小的主观估计（刘洪，2007）[256]。从上述公式可以看出，只有当期望值和目标效价都很高时，激励程度才会高，若有一个因素很低，整个激励程度必定也低。

此外，期望理论解释了激励员工的三组关系（Stephen P. Robbins，2003）[465]，如图 2－1 所示。

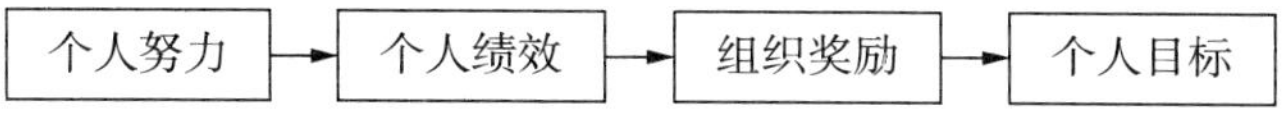

图 2－1　期望理论的期望—激励模式

①努力—绩效关系：个体感到通过一定程度的努力可以达到某种工作绩效的可能性。

②绩效—奖励关系：个人相信达到一定绩效水平后即可获得理想的报酬和奖励。

③奖励—个人目标关系：从工作中获得的绩效和奖赏对于个体的重要程度。如果这种奖赏对于个体很重要，个体会不断地追求个人的目标以获得奖赏。

适宜的目标才能激发个体的动机。对于教师适宜的目标既包含着教师要做什么、个人实现的可能性有多大，也包含着教师对于这个目标实现后的奖赏是否看得很重。基于教师自主发展的绩效评价是建立在教师自我反思与建构基础上，它既关注了教师自身的兴趣与潜能，又及时通过绩效评估后的奖赏激励教师设定新的目标，让教师充分认识目标，提升教师的价值追求十分重要。正如期望理论所提出的，只有当员工清晰明确地知道为了达到这一结果需要做什么时，这一奖赏才会对员工工作绩效产生影响。

2. 公平理论与教师满意度

公平理论是由美国心理学家亚当斯提出来的。他认为激励中的一个重要的因素是个人对自己所获的报酬是否感到公平，在工作过程中，职工的行为取向、积极性高低、满意感多少，不仅受其所得的绝对报酬的影响，还受到相对报酬的影响。在任何一个组织中，由于社会分工的存在，组织成员不是完全独立的个体，而是协作性劳动的一分子。在这种环境中，职工个人都会计算自己投入（包括劳动投入、资历、知识、能力、经验、职称等）与产出（也称所得，包括物质报酬、金钱、表扬、赞赏等）的比值，并且用它与自己的过去以及他人进行纵向、横向的比较。而个人公平感的产生，依赖于个人的投入与所得同他人的投入与所得相比较的结果。如果比例与他人相同，就会产生公平感，继续在同样的产出水平上工作，带来激励作用；如果比例低于他人，则会产生不公平感和不满，挫伤个体的工作热情，带来消极作用；如果他们认为报酬要比认为是公平的偏高，则他们可能会工作得更加努力（李国琼，2000）。

公平理论的实质是讨论劳动和所获报酬之间的比值，即个人所做的投入（或贡献）与他所取得的报酬（所得到的结果）之间的平衡。亚当斯认为，在组织机构中，员工最关心的是奖励措施的公平和公正，即希望自己所付出的代价得到应有的报偿。可见，公平理论是从人们得到的报酬与贡献的比例关系出发，来研究报酬分配的合理性或公平性及其对员工工作积极性的影响。因此，在管理中首先要高度重视对于教师提供应有的报酬。其次，尽可能实现报酬的相对公平性。最后，当出现不公平现象时，要做好工作，积极引导，防止负面作用发生。特别是在难以通过物质补偿时，适时通过增加教师的心理收入，让教师得到慰藉。

三、行为改造型激励理论

内容型激励理论的重点是研究行为产生的原因，即激励的起点和基础，分析人们的内在需要和动机是如何推动行为的；激励的过程理论着重研究从人的动机的产生到采集具体行动的心理过程中的激励问题；而行为改造型激励理论则重点研究如何改造和转化人的行为，使积极行为如何得到巩固，使消极行为如何得以转化。行为改造型激励理论主要包括斯金纳的强化理论、海德的归因理论等。

1. 强化理论与教师的自我正强化

斯金纳的强化理论认为，“人的行为的结果对动机有反作用。如果行为是好的结果，这就能对动机起正强化作用，即能使人的行为得到加强和重复；如果行为的结果使动机得到削弱，这就对动机起负强化作用，会使人的行为削弱或消失”（Stephen P. Robbins，2003）[459]。强化理论的关键在于它不考虑诸如目标、期望、需要等因素，只关注个体采取某种行动后带来什么后果（Stephen P. Robbins，2003）[459]。

大学教师热衷于自己的工作，在乎同行对自己工作的评价。管理者需要在他们目标完成过程中不断强化他们工作的投入与热情，肯定他们取得的成绩，并给他们自主权，从事自己感兴趣的工作，并允许他们按照他们认为有效的方式安排工作。只有从这样一些方面予以强化，教师们才能真正不断挑战自我，完善自我；相反，对于一些不良的行为也要及时加以惩罚，防止不良行为的蔓延。例如，在学术规范方面，要有惩戒，要对教师有及时的负强化，防微杜渐。

2. 归因理论与教师的自我反思

海德的归因理论是关于人的某种行为与其动机、目的和价值取向等属性之间逻辑结合的理论。归因可分为两类：一是情境归因；二是个人倾向归因。情境归因是把个人行为的根本原因归为外部力量，如环境条件、社会舆论、企业的设备、工作任务、天气的变化等。个人倾向归因，是把个人行为的根本原因归结为个人的自身特点，如能力、兴趣、性格、努力程度等。

在管理工作中当教师完成任务受挫折时，管理人员要及时了解教师的归因倾向，帮助他们进行客观合理的归因，只有这样才能使他们正确认识自己，总结经验教训，调整工作方式与目标。总之，良好的反思习惯有助于教师更好地自我管理，让智慧得到最大限度的发挥。

总之，大学教师是一个特殊的群体，他们素质高，有自己的专业特长，不盲目崇尚权威，崇尚平等，有追求，富于想象与创造，有独立精神，自主性强，大学管理者要想有效地管理这个特殊群体，提升他们工作的业绩面临着巨大的挑战。知识管理专家玛汉·坦姆仆经过大量研究后认为，对于这种知识员工有四个驱动因素：对于个体成长的关注约占总量的34%；工作自主约占31%；业务成就带来的满足约占28%；金钱财富只占7%左右（刘卫民，2006）。通过组织行为学理论的分析，我们也可以看出，无论成熟的还是成长中的大学教师都有强烈的追逐成功的愿望，随着社会的发展，教师的成长离不开学校资源，离不开一个良好的合作团队。管理者要建立共同愿景，营造一种宽松自由的氛围，让教师在组织中体验成长和成功的快乐，提升精神追求，在工作中享受，在享受中工作。

第三章

大学教师绩效评价的国际比较

有关一个国家的大学教师队伍管理的法规与政策，要受其所在国家、所在学校的宏观管理体制和微观运行机制影响和制约。大学教师评价制度同样如此。综合分析西方主要发达国家对高等教育的管理权限与体制，一般分为相对集权和相对分权两种类型。第一种是美国、加拿大、英国等为代表的相对分权的国家类别，大学在各项教师管理事务中享有高度的自主权。第二种是法国、德国、日本、韩国、新加坡等，与中国有一定程度的相似，为相对集权的国家（地区），国家对高等教育干预程度较高，其中一些国家的教师还具有公务员的法律地位。在上述两种大学宏观管理背景下，第一类国家的大学教师评价制度体现了较强的自主特色，而第二类则体现了较强的政府意志。本章通过对美国及加拿大、英国、德国、日本、韩国、新加坡七个国家的教师评价制度的比较研究，分析归纳了这些国家大学教师绩效评价制度的一般模式和基本特征，整理提炼了当前国外大学评价制度所呈现出的趋势与走向，以及对中国教师评价制度的借鉴意义。由于亲身参与实地考察调研，本部分的研究重点是对美国和日本大学教师评价制度的相关情况的比较全面的介绍，其中，由于美国与加拿大管理方面的相同性特点，两国的情况合并在一起进行研究。

第一节　美国、加拿大大学教师绩效评价制度

基于教育基本制度和管理体制的特点，美国、加拿大没有统一的教师评价制度，但就每个独立的高校而言，都极为重视教师评价，建立了科学、系统、严格的教师考核评价体系。美国、加拿大高校教师评价制度的基本模式包括评价标准、评价程序、评价方法、评价指标、评价结果的使用等方面。

一、美国、加拿大高校教师评价制度的基本模式

（一）评价标准

据美国联邦教育部的有关规定，美国教师评价的共同标准（包括基础教育）是：根据“不让一个孩子掉队”（No Child Left Behind）项目计划，从事教师职业必须符合三个条件：一是必须具有教师资格，二是必须具有学士以上学位，三是必须符合有关标准和要求。高校教师的评价标准远远高于这个共同标准。概括而言，美国、加拿大高校教师的评价标准包括教学、研究和社会服务三个方面，这三个方面在教师评价体系中所占的比例一般为教学 40%，研究 40%，社会服务 20%。同时，各类高校具体的评价标准因各校主要职能的不同而不同。研究型大学首先看重教师的学术成就，其次是教学，最后是贡献；文理学院则视教学比科研更重要，社区学院几乎把教学效果和教学质量当作教师评价的唯一标准（教育部人事司高等学校教师评价体系研究课题组，2006）[31]。

一般来说，教师评价的标准包括三个层次：学校标准、职称标准和院系级标准。以休斯敦大学教师评议会办公室编撰的《休斯敦大学教师手册：休斯敦大学专业技术职务晋升与终身（制）评审政策（2006—2007）》中描述的休斯敦大学专业技术职务晋升与终身制评审的标准为例。

1. 学校标准。作为研究型大学，休斯敦大学最基本的标准是其在学术

上有所成就。教师最好能在其教学、科研和学生服务方面达到最高的标准。候选人必须在教学方面展示其出色的才华，并在其研究领域有广博的知识和独到的见解并做出了突出的贡献。该候选人还应有一些发表文章、评审的陈述或者其他一些公共交流的链接。服务方面，包括为建系所做的努力，参加学校活动或校外的专业组织。

2. 职称标准。如果授予终身教授（tenured professor），必须要求他（她）在其学术领域有高的建树或者创造性的成就。他们必须是称职的老师，并能够给学生提供适当的帮助。对候选人个人材料的评审为系或院里的同级评审，要结合对候选人不熟悉的外界评审员的意见。评价必须能证明候选人在学术上有杰出的成就，并符合评定终身教授的标准。申请的个人文书必须能证明其在学术、创造力、教学和服务学生方面有突出的表现和杰出的贡献。

3. 院系级标准。各院系对专业技术职务晋升与终身（制）评审要有相应的标准，确保候选人在学术领域有出色的表现。评定标准必须经院长批准。同时，教务长办公室也要对院或系里呈上的评定标准进行审定。

（二）评价指标

美国、加拿大高校教师评价的指标各具特色，但也有其共性，即大多数高校都是从教学、科研、社会服务三个方面进行评定。从休斯敦大学《专业技术职务晋升与终身（制）评审指南》（Promotion and Tenure Guidelines）的有关内容，可以看出美国高校教师评价各项指标的基本要旨。

1. 教学指标。教学指标主要考察教师教学和学生辅导工作等方面所做出的工作，包括：

（1）课程、项目的发展与改进。教师对课程发展所做出的努力可以从课程提纲、教师建议、课件等方面看出。项目的发展包括给学生提供意见和建议、指导研究生科研、跨学科项目的发展等方面。

（2）其他方面佐证当事人在教学、学生学习以及教学中所取得的学术成就。

2. 科研指标。科研指标主要考察教师的研究、学术成就和其他创造性的成果，主要包括：学术方面创造性的著作、即将发表的文章、代表作、发表评论和技术报告等。科研获得资助和拨款的情况、其他学术方面取得的成就。

3. 社会服务指标。对系、学院、学校提供的服务；对专业、学生作出的贡献；一些能够加强其专业的活动，包括在专业组织中的领导职务、对社区和公众提供的服务等。

可以看出，休斯敦大学教师评价指标全面具体而又有所侧重，尽可能涵盖了能反映教师教学、科研和社会服务的各个方面水平的指标，同时又突出了评价的重点指标，有利于真实客观地评价教师的综合素质和专业水平。

（三）评价方法

美国、加拿大高校教师评价的一般方法是：教师自我评价，即按照学校对其要求自我评价教学、科研、社会服务情况；同事和同行评价，即教师之间相互评价；学生评价，即学生对教师教学等情况的评价。加拿大维多利亚大学称这种评价方法为自我评价、同事或同行评价、学生评价相结合的“三角原则”（Triangle Principle）。“三角”在教师评价中所占的比重基本上是均等的。校长、院系主任根据“三角原则”，综合三方面意见确定考核等次。

1. 自我评价。以休斯敦大学教师评议会办公室编撰的《休斯敦大学教师手册：休斯敦大学专业技术职务晋升与终身（制）评审政策（2006—2007）》中描述的评价方式为例：候选人首先对自己进行自我评价，并提供一份简短的个人陈述，其中包括他（她）的学术目标、成就和对未来工作的指导。候选人可以阐明他（她）事业的各个方面是如何形成一个完整的、成功的整体以至于能在教学、学术和服务学生方面取得一定的成就。除此之外，候选人还须向系里提交评审材料，包括简历和各项评价指标要求的材料。

2. 同行或同事评价。

同行评价。系里收到候选提交的自我评价材料后，系主任负责向外界的评审人诚邀评审信。评审信的数量有多有少，但最低不能少于3封。普林斯顿大学和麻省理工学院发出的评审信都在10封以上（注：本节所述美国、加拿大高校教师评价制度相关资料，除特别注明外，均取自赴美、加考察访谈记录）。对外界评审员的资格要求非常严格，必须达到一定的级别

（教授）并在国内有一定的知名度，不能是候选人的合作者、导师或者是朋友。给外界评审员的邀请信必须包括对候选人所在的系和其工作的简要描述。并包括回信的具体时间。作为职称和终身制评定程序的一部分，候选人不能看到外界评审员的回信。因为外界同行对候选人的教学和社会服务情况不甚了解，因此同行评价的重点是科研方面。一般来说，评审信半数以上推荐才能再往上推荐。

有的学校，如普林斯顿大学和麻省理工学院在院校级层面对教师进行评价时，同行评审还要进行一次，但评审信的发送对象与系级层面不同。可见，美国、加拿大高校都极为重视外界同行的评审意见。

同事评价。同一所学校、同一个院系的同事对候选人各个方面的情况都比较了解，而且美国、加拿大高校竞争十分激烈，同一个职务有很多人竞争，因此，同事评价是十分苛刻的。这种评价方法有利于全面了解候选人的情况，特别是候选人的优缺点，因此，也是一种十分重要的评价方式。

3. 学生评价。学生评价的重点是教学评价，这种评价方法在美国、加拿大很普遍，已上升为一种制度（教育部人事司高等学校教师评价体系研究课题组，2006）[40]。学生评价数据应包括对教学评价的总结。教学效果排名包括所有助理教授或副教授级别的课程。要晋升正教授的教师只需提供在上一次晋升之后或近十年的教学课程评价。结果应该总结于一个表格内，包括对所有课程的评价、课件以及调查评价反馈的等级。

加拿大多伦多大学规定，学生要填写关于课程经历和课程实践方面的调查问卷（The Course Experience Survey，CES），对教师担任的所有课程进行评价。课程经历调查包括对教师个人的评价、课程组织和结构、课程资料、课程内容、实物资源（图书馆和信息技术的运用）、教学技术、教学效果、重要的学习体会等；课程实践调查包括学生参与课程的陈述和课程本身的陈述，要求学生对评价的课程进行整体衡量，评价的标准十分细致，从“十分同意”到“课程不合适”分为七个等级。试抽列出多伦多大学课程实践调查的部分问题：

我发现自己对所学课程的内容和思想产生质疑并试图进行分析。

我认为指导教师的主要角色是解释所有课程内容而不是让学生去思考。

指导教师尊重学生和他们的想法。

通过这个课程的学习，我解决问题的能力提高了。

从以上问题可以看出多伦多大学重在考察教师的教学内容、教学方法和教学效果，以及学生对课程的体会和收获。学生的意见将作为教师评价结果的重要参考依据。

（四）评价程序

美国、加拿大高校的教师评价的具体操作程序一般包括系内评价、院级评价和学校评价。如休斯敦大学《专业技术职务晋升与终身（制）评审政策》对以上三个程序的评审前准备、评审期间（过程）等都作出了详尽的规定。再如普林斯顿大学《教员章程、评审程序及其他相关规定》中对教授的任命与晋升做出了如下规范：所有关于教授聘任或晋升的提议都要以书面形式由系主任提出并送交至院长，经院长转交至校长。教授的聘任应经所在院系的教授与终身副教授组成的委员会正式讨论通过（需要有正式投票评选的会议）。教授晋升的提议应由系主任提出。校长向教师顾问委员会提出有关教授聘任的提议，经与顾问委员会协商，校长向理事会提出合理的推荐建议。副教授、助理教授的任命与晋升与教授的相关规定类似，只是院系讨论时委员会的组成有所不同。

（五）教师评价委员会

在对教师进行聘任、晋升等评价活动时，由规定资格的人员组成的评价委员会具有举足轻重的地位。美国、加拿大大多数高校都有类似的委员会，委员会的评价意见是评价结果的决定性因素。以加拿大西安大略大学为例作一些介绍。西安大略大学设立了由选举产生的终身教职委员会，由5名终身教授组成，任期为3年。委员会主席是由5名成员选举产生，具有丰富的经验。委员会一共要召开三次会议：第一次会议讨论申请人提交的材料，看是否需要其提供更多的信息；第二次会议请申请人所在系的负责人对申请人的基本情况、优缺点和职位需要进行陈述；第三次会议是集体讨论，每位成员提出对申请人的意见，并进行投票。委员会主席会将会议讨论结果形成一个文件，从教学、科研和社会服务等方面对教师进行评价，并提出书面的评价意见供校长或董事会参考。

（六）评价结果的使用

美国、加拿大高校教师评价的结果是教师聘任、晋升、加薪的重要依据。在各级教师职务聘任和晋升时，都要对教师进行综合评价，评价结果不合格不能聘任或晋升。前义关于美国、加拿大高校教师管理的基本情况部分已经提到，在公开招聘后，须经过严格的评价过程才能聘任。聘任之后，教师一般须在试用期岗位上工作相当长一段时间。如麻省理工学院规定，招聘上岗的助理教授刚开始要经过3年以上的试用期，在试用期第4年或第5年经过评价合格才能晋升为副教授；第7年又有一次评价，通过评价结果决定能否从无终身职副教授晋升为终身职副教授。如果评价结果认为不合适晋升，则学校不再聘任，教师到其他学校寻求职位。普林斯顿大学与麻省理工相类似，助理教授的聘期也是6年，分两个阶段，每个阶段期限为3年，第一阶段结束后要对助理教授进行评价，合格才能续签合同，进入第二个阶段；六年聘期结束后通过评价决定能否晋升。

教师评价结果也是决定能否加薪和加薪幅度的依据。如休斯敦大学规定，评价合格者的工资可以加2%—4%，少数优秀者可以有10%的增幅。除此之外，评价结果还是提供经费、提供助理和服务等的参考依据。教师评价结果更为深远的意义在于，通过教师评价促使教师提高自身素质，促进教师队伍建设，从而达到提高高校教学、科研和社会服务水平的目的。

（七）对终身教职任职后的评价

如前所述，终身教职是美、加高校管理制度的重要特征。在取得终身教职以前，教师需要经过严格的评审，经过层层选拔和较长的试用期，才有可能取得终身职位。评价程序和方法与其他教职的评价大体相同，但是评价标准和指标要求更高，程序更严格。正因为有严格的教师评价体系的保证，取得终身教职的教师绝大多数是教师中的佼佼者，代表了教师的最高水平。然而，部分教师在取得终身教职后工作热情下降，不思进取，或者专注于学术研究，而忽视了教学和社会服务的要求，终身教职制度的弊端日益明显。因此，在整个社会充满竞争和流动的环境下，抨击终身教职制的呼声越来越高（李长华，2002）。

针对终身教职的弊端，高校正在采取各种方式进行改革，其中，进行终身教职任职后评价是最重要的改革方式之一，同时也成为高校教师评价制度的重要内容。美国大学于20世纪70年代开始导入终身教职任职后评价，注重评价教师业绩和促进教师职业生涯的进一步发展，相关的政策文件于1986年被美国大学教授协会采纳，到20世纪90年代这种评价制度得以较大规模地推行（教育部人事司高等学校教师评价体系研究课题组，2006）[44]。不过，多数高校将终身教职任职后评价作为矫正性的而非惩罚性的，目的在于帮助教师改善绩效，只有在警告改进无效的情况下才会将其解雇（李长华，2002）。如美国休斯敦大学每3年对取得终身教职的教师进行一次评价，如果2年内教师没有任何科研成果，院系和学校会与教师进行谈话并提出改进措施，如果再过2年还是没有任何改进，则会酌情考虑让其主要从事教学或被解雇。加拿大西安大略大学的做法是，每年进行一次终身教授任职后评价，并建立了包括教学、科研和社会服务三个方面的“维持标准”，对终身教授3年内的表现进行评价。教学方面，设立了7分制标准，教授3年内的平均分要达到5分；科研方面，3年内要发表一篇高水平论文，一年主持或参加一次高水平的学术会议；社会服务方面也建立了相应的评价标准。如果终身教授达不到“维持标准”，院长和系主任会采取积极的办法促使他改进，但并不一定解雇。

通过以上分析可以看出，对终身教职任职后的评价，目的并不是在于解雇，而是促进教师发展。因此，在某种程度上，把终身教职任职后评价视为维护终身教职制的一种有效手段更为合适。如何更好地完善职后评价制度，并借助这种评价制度为长期以来实行的终身教职制度注入活力，是美国和加拿大高等教育正在努力探索的问题。

二、美国、加拿大教师评价制度的主要特点

通过以上对美国、加拿大高校教师管理基本情况和教师评价制度的介绍和分析，我们可以看出，美国、加拿大高校教师与学校是双向选择、自主平等的关系，学校对教师实行合约管理，在保障享有充分的学术自由和较好的福利待遇的同时，通过建立科学、系统、严格的教师评价制度，促进教师队伍优胜劣汰、竞争有序、运转高效、富有生机和活力。美国、加拿大高校教师评价制度的主要特点表现在：

（一）评价标准注重分层分类

以学校、职称和院系三个层次的标准对教师进行评价，实际上是建立

了学校的共性标准、院系的特殊标准和对教师的职务标准相结合的教师评价标准体系，既保证了学校教师队伍的整体质量，又保证了院系发展的个性需求；同时，通过设立严格的职务标准，把好入口关，有利于选择最合适的教师担任最适合的岗位。

从教学、科研和社会服务三个方面指标进行评价，契合了高校在经济社会发展中的主要功能，能对教师作出较为全面的评价。教学与科研息息相关，两者互补并加强了学校的学科建设。教学固然是学校的重点，但科研能把最新研究成果和工业、经济、社会的最新发展动向带到教材、个案研究中来，能有效地提高教师和学校的专业技术能力，丰富行业经验，更好地为社会服务。社会服务能够充分反映出教师与社会的互动关系，鼓励教师利用专业知识为社会服务。因此，美国、加拿大高校教师的评价指标大多以这三个方面为主，只是具体内容和侧重点略有不同。以科研指标为例，特别是对研究型大学来说，学校的声望、地位和影响是由论文数量和质量决定的，教师的评价结果最大的比重也是科研指标。所以，研究型大学将发表的著作和论文作为衡量教师水平最重要的指标，“不发表就玩完”（教育部人事司高等学校教师评价体系研究课题组，2006）[21]。

（二）评价方式采用“三角原则”

教师自我评价、同行和同事评价、学生评价相结合的“三角原则”是这些国家对教师进行评价的主要方式，这种评价方式比较科学。原因在于，教师本人、同行和同事、学生是与教师活动联系最紧密的人，也是对教师能力和素质最有发言权的人。教师的主观上对自己的综合评价、同行在科研方面的评价、同事比较挑剔的评价、学生在教学方面的评价组成了一个科学的评价方法系统，体现了主观评价与客观评价的结合以及教学、科研和社会服务评价指标的统筹结合。

无论是自我评价、同行或同事评价、学生评价，具体的操作内容和程序是非常细致和科学的。以同行评价为例，美国、加拿大高校对外界同行的评价十分重视，同行资格的审定、评审信的数量和内容、同行评价结果的使用都有明确的规定。这在很大程度上保证了评价结果的客观公正。

（三）评价程序严格规范

美国、加拿大高校教师评价程序一般包括系内评价、院级评价和学校评价三个层次，层层把关，只有通过了前一个程序，才能进入到下一个程序。每一阶段的程序都有严格的规定。如休斯敦大学《专业技术职务晋升与终身（制）评审指南》中关于系内评审作出了如下规定。评审前，院长必须在每年一月的最后一个工作日之前向教务长办公室提交专业技术职务晋升与终身（制）评审的政策和程序。评审期间，系级评审委员会负责进行评审并写出对候选人推荐的意见。系主任负责独立的评审，并纠正评审中所产生的程序方面的错误。如果评价并不赞成候选人晋升为终身制教授，候选人可提供新的材料和证明以对委员会或是系主任的决定申请重新考虑。重新评审并不能对评审组本身的专业评价提出质疑。在重新评审过后，评审组会以书面形式答复候选人。系主任负责把委员会投票、他们的评价、系主任的决定和复审信呈交院长。院级评审和学校评审与此相类似。

通过分析我们可以看出，系内评审程序十分详尽，包括评审前政策、方针和教师评审材料的准备，系主任和委员会的职责，评审意见，申诉等。周密、严格的评审程序与专业性的评审委员会，保证了评审结果的合法性和公正性。

（四）教师评价成为高校的行业自律规范和规则

美国、加拿大高校虽然没有全国统一的教师评价制度，但是现代高校管理制度的改革发展，必然促使高校根据自身特点，建立各具特色而又有共性的教师评价体系，教师评价已成为高校的行业自律规范。美国、加拿大高校都建立了各自的教师评价制度，虽然有一些差异，但是在评价制度的框架体系、主体内容、评价方法和程序上大致相近。这是一种没有上升到国家或教育主管部门统一制度但高校都认可的规则。在美国、加拿大任何一所高校任教，都必须按照这种规则，接受考核和评价。

教师评价之所以成为美国、加拿大高校的行业自律规范和规则，是因为教师评价与教师、学校和院系的发展紧密相关。如教师评价标准和评价指标的制定与学校和院系的主要职能和战略发展目标密不可分。评价指标参照教师的职责制订，而教师职责又是从学校的使命与抱负演化而来，这样就保证了学校的发展目标层层向下分解从而落实到实处，通过评价教师工作可以检验学校战略的实现程度。因此，评价体系不仅关注教师个人的职业发展，同时也通过院系计划、交流和院系人员共同参与的管理来推动院系和学校的发展。

另一方面，教师对学校应尽的义务涉及许多方面，通过评价指标的设立为教师提供了一个了解他们在院系和学校的主要责任的过程，明确了他们的主要努力方向，使得教师在寻求个人发展的同时能与学校的发展目标保持一致。评价过程使被考核者了解到各方面的反馈信息和反映他们的工作及成就的不懈努力。对评价结果的反馈能使被评价者充分认识自身工作的成就与不足，了解学校、院系、同行、学生对自身工作的评价信息，从而在今后的工作中不断改善。

第二节　英国大学教师绩效评价制度

英国大学教师的评价一般从三个方面来进行，即研究、教学和管理。传统上，研究是最主要的，不仅因为它是最容易测量的，而且也因为它是对于大学教师职业发展最重要的指标。在实际层面上，许多大学仅仅以研究进行评价，通过研究成果和专利来进行考核。对于教学，则在每一个教学周期结束后通过从学生那里得到反馈进行评价。

一、英国高校教师绩效评价制度基本模式

（一）评价目的、功能和领域

教师评估是教师与其评估人定期对其工作成绩和表现进行分析和讨论的过程，它以提高教师业务素质、促进提高为宗旨，其中最主要的部分是正式的评估讨论。评估按其目的的不同可以分为奖励评估、潜能评估和绩效评估三种形式，后者是最基本的方式。教师评估应结合三种评估的特点，以下列要求为目的：（1）对教师的工作绩效作一定程度的客观评价；（2）确定个人和组织发展的优势和潜能；（3）完善组织人事管理和规划；（4）找出教师培训发展的需求；（5）激励教师为实现组织目标努力工作；（6）促进教师职业发展和提高；（7）检查学校的组织管理的有效性（张彦通，1996）。

通常情况下，英国大学教师评价大多与教师的培训与发展需要联系在一起。学校鼓励教师在年度“评价性面谈”（appraisal interview）时与系主任沟通，在此基础上自我制定发展目标，并在下一年度评议和修订这个发展目标。这些发展性的教师评价在新教师身上体现更为明显。例如，在伯明翰大学，在新教师试用期，学院院长需要为新教师写出年度进展报告，在年度教师发展评议时新教师可以与院长正式面谈，评议过去一年取得的成绩、预定目标的完成情况和训练要求（顾建民，2007）[123-124]。斯塔福德郡大学（Staffordshire University）的教师评价方案具有以下功能：帮助个人在符合大学需要的情况下获得更好的职业发展；讨论及确定对于当前和今后工作的培训及发展需要；改进每名员工的绩效；是一个正式的机会来确认个人的成就，并庆祝成功；是一个增进工作联系及改进组织工作的机会；是一个澄清作用和责任的机会；确定系（部）发展与个人的联系。

在曼彻斯特大学，为了达成大学的2015年远景目标，大学进行绩效和发展评价来促进研究、教学和管理取得更大实效。这种评价不仅对于个人是重要的，而且对于组织的发展也是至关重要的。这种绩效与发展性评价的核心原则在于：

1. 这种评价是每名成员都参与的一种正规的年度评价；
2. 要设定相互认同，可达成的目标作为指导和平衡个人的贡献；
3. 确认发展需要和计划来使个人、小组和大学的目标更容易达成；
4. 决定个人和小组朝向目标达成所需要的资源；
5. 监督为达成上年度评价目标所取得的进步。

曼彻斯特大学的绩效评价与个人贡献和职业发展的渴望联系在一起。这种年度评价所涉及的领域主要有：在过去12个月里各种活动和环境中所取得的成就；将来的绩效的持续发展对于个人和机构的相互之间的利益；关于这些问题达成一致。评价不仅要肯定教师取得的成就，还要确定训练的需要，找出可能对于教师、系及学校取得成就带来障碍的问题，同时帮助被评价者。评价主要集中于个人对自己成就的自我评价和确认个人的技能。评价最终要形成的结果包括：对于近来所取得成就的总结达成一致；对下一阶段的目标达成共识；对于学习或发展目标和方法（或者与其相联系的任何资源）达成共识。

绩效和发展评价为教师提供了一个和自己的直接管理者就自己工作情

况进行直接讨论的机会。对于被评价者可以从过去、现在和将来三个方面来思考自己取得的成就、遇到的问题及发展的需要。

关于过去取得成绩的领域要考虑以下问题：目标、任务、优先着眼点在过去时间已经完成的情况；自己已经取得了哪些成绩；什么对这些成功尤为重要；自己最骄傲的是什么；自己最乐于哪部分工作及为什么。对于自己没有取得成功的情况要考虑以下问题：目标、任务、优先着眼点在过去时间已经完成的情况，哪些问题发生了；它们是如何出现的；什么样的行动可以阻止这些问题的发生；是否存在你可控制之外的问题阻止你取得成功；哪部分工作你最不喜欢。思考在过去所参加的会议，进行的在职培训，参加的训练课程，大学课程等活动，并思考它们对你是否有用及在工作场所如何进行学习。

对于当前工作要思考以下问题：当前的工作任务及目标；当前的工作量是否是可能应对的及有什么帮助的需要；有没有特别的培训需要；在未来十二个月里有什么样的目标、优先考虑的问题或者任务；为了达成这些目标和任务需要哪些帮助，比如设备、信息和时间等；有没有可以预见的对于达成这些目标会带来障碍的问题；什么样的发展或培训可能是有用的；考虑一下比如新的培训项目，读书，电子学习，会议等，实施这些发展性活动对于个人和组织有什么样的益处。

（二）评价实施的主体

英国大学教师评价一般都由大学成立专门的领导机构，如在曼彻斯特大学成立大学教师高级管理小组和大学教师评价小组，在斯塔福德郡大学成立教师发展和服务小组，这些机构负责对教师评估进行领导和组织。评价方案的制订实施，具体评价人的选择，评价结果的分析和汇总等其他相关工作均由这些专门的小组负责。具体的评估者往往是被评价者的直接领导者或其他高级成员，他们往往对于被评价者负有责任并能对被评价者施加有效的影响。因为对于评价来说，评估者应该有足够的信心和权威来对被评价者施加影响。

在斯塔福德郡大学，评估文件中明确要求评估者应该比他们各自所负责的被评价者水平更高并且有一些直接的管理责任，对被评价者的工作绩效和发展能够施加一些影响。如果被评价教师对于指定的评价者有所忧虑，那么可以指定评价者的管理者来对其评价。评估谈话进行往往在被评价者与自己认为合适的评价者之间来进行。

（三）评价过程

评价应该是一个交换信息、经验和反馈的过程，是一个正式的机会来确认个人的成就的机会，帮助个人改进绩效的过程，帮助个人建立目标的过程，帮助个人职业发展的过程；是一个讨论大学的组织和运营的过程。

评价的过程虽然各大学具体操作存在不同，但各大学都经过精心准备，仍有很多共同点。下面以斯塔福德郡大学为例，详细阐述该大学教师评价的过程，力图使人们对于大学教师评价过程开展的全貌有所了解，从中看出英国大学教师评价的一些特点。斯塔福德郡大学教师评价基本包括以下几个步骤。

第一步对评估者进行培训，使之熟悉评价方案，对于评价所涉及的领域和需要注意的问题进行全方位的准备，培训不仅包括过程培训，而且包括技能培训。

第二步是师资培训和服务小组就如何实施来年的方案进行交流并达成一致。

第三步是师资培训和服务小组负责指定具体的评价者及评价的日期进行说明。

第四步是评价者和被评价者提前见面，向其提供相关文件的复印件，包括评估表格和相关说明，对于评估讨论所涉及的问题和过程等回答被评价者的问题。

第五步是被评价者把评估表格完成并返回给评价者。评估表格被设计成问卷的形式能够帮助被评价者思考评估讨论所要涉及的问题，被评价者应该在评估进行前提交给评价者，最好是能提前一周。评估表格提前完成有助于评估谈话能够有针对性和有价值。

第六步是评价者完成评论和相关准备。在评估谈话进行之前评价者应针对被评价者提供的材料添加相关评论。评价者应该考虑表格所涉及的领域，并进行自己的评价及观察。如果评估者没有提前看到被评价者完成的表格，最好的补救方法就是进行讨论时将表格带来。

第七步是进行评估讨论。大多数评估谈话持续一到两小时以确保谈话能覆盖所要谈论的所有问题。评估者应该鼓励被评估者展开讨论及提出问题。关于行动和潜在的训练需要都应该被记录下来。

第八步是制定关于工作目标和培训需要的行动计划。在评估谈话中，许多信息被分享。行动计划是一个工作文件，能够使双方抓住培训目标及发展的需要。评估活动记录是一个正规的关于评估的记录。达成的共识应该建立在现实的时间考量之上。

行动方案应该分为两个部分。第一部分是目标和行动。这部分包括具体的工作，相关方案，质量改进和发展性工作；第二部分应该是培训和发展需要。在讨论过程中，或者评价者或者被评价者能提到培训发展需要。当然，不是每个人都有这种需要，这不是绝对的，所以说不一定为了使评估谈话有价值而简单地写上这种需要。而且培训发展不是简单地参加培训课程和会议而已。而一旦培训和发展的需要确定，就要涉及具体的细节，采取什么行动及需要的帮助等问题。

第九步是评价双方对于行动方案进行签字确认。如果被评价者对方案存在异议，他可以找到评估者寻求澄清。双方都要保留方案的备份。评估谈话和以前的表格应该是只有评估双方知道，只有最终的行动方案是上交的。

第十步是行动方案上交。行动方案应该上交给教师发展与服务小组中的负责协调与收集培训需要的人，这个人通常是高级管理集团的一名成员。行动方案上交是为了对这些方案的可行性、可能遇到的困难及所涉及的预算等问题进行分析，确保信息搜集的准确。

第十一步是不定期的继后评价。为了防止评价完成了形成的方案被丢在一边，活动过期等问题发生，评估者要不定期与被评估者见面，双方能够确认依据方案所取得的进步。

第十二步是当评价结束后，师资培训和服务小组收集计划方案及相应信息来对培训发展方案进行改进，为教师提供相应的培训和发展的机会。

二、英国大学教师评价的特点

（一）以教师发展为着眼点，侧重发展性评价

英国大学教师评价更多的是以教师的发展为着眼点的，教师评价的目

的更多的是促进教师的发展，对教师提供适当的培训。牛津大学1989年首次采用教师评价方案，并于1996年和1998年对评价方案作了改进。其方案有两重目的：一是为教师反思正在做什么和计划做什么提供机会，二是为教师建议学校采取切实措施改进工作环境和工作条件提供机会。为了保证评价的真实性和有效性，评价方案与教师的奖惩、续约或晋升没有任何关系。

曼彻斯特大学的评价方案明确标明了其是绩效和发展评价方案，要求评价结果不与工资挂钩以保证评价的真实性和公正性，同时评价不与晋升联系在一起，也是为保证评价公开、诚实和建设性。为了体现发展性，这种评价更多是为教师发展提供帮助，而不是与惩罚联系在一起。

（二）教师评价方案实施的精心准备

英国大学实施教师评价往往经过精心的准备，从成立专门的评价领导小组到培训具体的评估者都经过细心的准备。英国大学对教师评价往往制订具体的方案，方案的制订本身就是严格评估的结果。方案往往几经修改，方案制订考虑多方面的因素，如果第一年遇到问题，第二年就要重新修订。而对于实施评估者，要经过系统的培训，对于评估的目的，评价所涉及的领域，评估所需要的技能等进行专门的培训和指导。斯塔福德郡大学对于评估者所提供的指导文件详细地说明了评价所涉及的各种问题，对于评价的进程进行了详细的说明，从中可以看出组织者对于评价进行了细心的准备和高度的重视。不仅对于评价者提供指导，英国大学对于被评价者也都有相应的指导，这种指导是保证评价得到有效进行的重要条件。

（三）以评估面谈为主要形式

英国许多大学教师评价都侧重于以评估谈话为主要形式，这种谈话是一种评价性面谈，是评价者与被评价者一对一的谈话。每名被评价者被指定一名评价者，然后双方就评价所涉及的各种问题进行深入的讨论。评价者往往是被评价者的管理者，对于被评价者有相当的影响力。这种面对面的讨论对于双方都有一定的要求，要求评价双方能够围绕着需要讨论的话题进行。评价者对于整个进程要有所把握，对于被评价者提到的发展需要等及时进行记录。评价者要熟悉被评价者，熟悉大学的政策等，同时知道哪里可以给被评价者提供帮助。而被评价者对评价要进行充分准备，所要提交的文件及时提交，也要熟悉和了解评估谈话的进程。只有双方密切配合才能保证评价的真实性、有效性和富于建设性。评价是一个给予和接收信息的过程，是一个面对面分析和解决问题的过程，是一个评价者给被评价者帮助和指导的过程，也是一个交流价值和观点的过程。

第三节　德国大学教师绩效评价制度

德国高校每年需要对教师进行考核，尤其是评定为教授的考核，更为严格，有许多条件的限制。“当高专教师须在学校以外实际工作三年，而在研究型大学取得博士学位后还要有相当长的时间的助手工作，合同可长至6年。在这段时间要做研究，并且撰写出论文成果，取得授课资格和做学术工作的许可（Venia Legendi），此后才有可能成为教授。”（徐毓龙，2001）

一、德国大学教师考核与评价的主要内容

德国教师评价的严格主要体现在教授的招聘过程中，因为应聘教授必须在别的学校，不能在原来学校应聘，这就使得应聘本身成为对教师最为严格的评价。教授招聘过程的评价标准如下。

（一）科研

个人科研成就的评价主要通过两种方式。第一，根据制定的能衡量其学术成果的标准来分析和评价。这些标准除了一般出版机构出版物的数量、厚度和篇幅，还有著名出版机构出版物的数量，根据现有资料推断出申请者的科研能力和未来能够取得的学术成果，在评价过程中出版的杂志文章和专著所占的比重根据专业的特点而有所不同。为了能从出版物的数量上推断出其学术水平，出版机构已对文章内容质量做了严格的审定。除了出版物以外，一定数量的演讲、获得第三项资金的数量科研的进展、专利的

数量和学术奖金都对评价起了很重要的作用。第二，根据评审的具体情况，引入外部同行专业人士对申请者进行评价，他们可以提供对申请者的科研和教学成果的个人评定。选择同行专业人士时没有固定的标准，但一般情况下，涉及其博士生导师和取得大学授课资格时所在学院的声望，在国际、国内专业领域的学术声誉，是否有与申请者学术合作的经验等方面。

（二）教学

教学能力的评定首先依据所有申请者都应完成的大学讲课课时和被证明的教学经验经历，与此相关的大学生投票也起一定作用，当然不只是聘任委员会中的大学生来评价其教学能力，聘任学校的所有大学生都可以参加。申请者指导学生完成的毕业论文数量及验收的考试等都可以作为审查其教学能力的依据。

（三）自我管理

除了专业知识外，还要求申请者有一定的管理能力，在这方面，框架法和各州高等教育法规定大学可以通过试验确定新的聘任方法（陈纪芹，2008）。

教师通往大学教授的道路是漫长的而且是不可测的，在高校取得第一个学位后，要经过平均总计 12 年的学术成长阶段：博士阶段（4—5 年）和博士后争取教授备选资格阶段（7—8 年）。获得教授备选资格的学者不得在本校初次应聘教授职位；C3 教授不得在本校竞聘 C4 教授，这使得德国大学教授保持了高水平，这种机制本身就是一种质量保证和评价考核的原则。而教授职位只有空缺才会招聘，由于教授职位相对固定，所以教授职位的获得往往是在激烈的竞争中通过长时间考察和层层淘汰后授予的，对于中层人员具有很大的不确定性。而一旦被聘为教授，则获得了职业安全保障，成为国家公务员，终身拥有。而且由于只有 C4 教授的特殊津贴与工作业绩有一定联系，而大多数教授的工资是同工龄和职位联系在一起的，所以对教授的评价客观上对教授的约束作用很小。

二、德国大学教师考核与评价的特征

在德国高等教育管理制度和运行体制下，大学教师考核评价的特征，主要由教师聘任制度和教师薪酬分配制度的特点所决定。长期以来，德国缺乏全国统一性的教师评价标准，正式的评价在实践中也不普遍实行。直到20世纪90年代初，也只有13%—15%的教师主要是教授接受评价（顾建民，2007）[123-124]。

在德国大学，除教授是终身制外，其他教师均为任期制。教授的职位根据各系、各专业岗位设置需要而定，并经州议会予以审批。因此，一个学校的教授名额是固定的，而且是公开的。一般一个讲座只设一名教授，如果教授一旦被聘用，就可以一直工作到退休为止。德国的正式教授没有任期，为国家公务员，原则上都是终身教授。事实上，德国90%以上的教授都是终身制，被解聘的原因只有一个：犯了有悖公共道德的重大错误。除了教授以外，学校其他各类人员都实行公开招聘，并实行任期制。这种终身制的背景下，大学教师的考核主要侧重于聘任评价，对于任期内的考核要么流于形式，要么不被重视。这是其第一个特点。

另外，与美国不同的是，德国高校教师工资的竞争性不强，一旦教师和学校签订的是哪级教授的合同，那么在该学校任职期间是不能晋升的；若要申请晋升，只能向其他高校应聘申请，不过这样的薪金制是要在德国拥有高素质教师队伍为背景下才能实施的。目前高校教授的工资收入实行的是一种多等级的、由基本工资加家庭补贴构成的工资形式，并且不分工作类别和范围。教授每工作两年，便晋升一级工资，一共可晋升15级。除此之外，教授还有相应的聘任津贴、留岗津贴和特殊津贴。可以说，这是一个基本不受教授实际工作业绩调控的工资体系。首先，在不同工资等级的教授之间缺乏其工资差别所依据的职等差别；其次，虽然教授的聘任津贴、留岗津贴和特殊津贴等在理论上是与教授的业绩相联系的，但教授个人工资的提升主要是依据他当时所应聘的职位以及他的工龄，他当时应聘的职位越高，工作的时间越长，他所得到的工资就越高。德国高校校长联合会认为，这种缺乏灵活性和业绩意识的工资制度必须加以改革。

2002年，德国的高等教育法修正案决定引入新的薪酬制度，即教师薪水将与其工作表现和业绩挂钩，这也意味着德国传统的薪水与年资挂钩的工资制度将被取消。新的薪酬制度规定教师薪酬由基本工资和奖金构成。基本工资是统一的，而奖金将与工作表现挂钩（张勤，2008）。

第四节　日本大学教师绩效评价制度

总体来说，日本大学教师的评价在亚洲的高校中是具有先进性和代表性的。但是由于日本的传统文化色彩较浓，在大学教师评价中许多特点是其独有的，而对于其本身来说，也由于这种传统文化的影响，想要进行评价方面的改革也存在着相当大的困难。日本政府和文部省对于其高校的改革非常重视，力度和决心也可见一斑，因此将这种改革进行下去的方式以及具体的方法，都是值得借鉴的。

一、日本大学教师绩效评价基本模式

（一）评估原则

日本高校教师的绩效评价原则主要是评价标准和评价结果公开原则、参加型相互评价原则、本人及周围人认可和满意原则（张荆，2005）。

冈山大学自 2003 年开始实施教师个人评估制度，在日本国内引起较大反响。该大学的最近一次教师评估公布于 2003 年，包括助手、讲师、助教授、教授在内的 1183 位教师参评。冈大提出以下 5 项评估原则：一是依据 2004 年开始实施的《国立大学独立行政法人法》和 1947 年颁布的《学校教育法》中关于大学评估的相关法律精神，对本校在职教师进行评估；二是将评估结果作为判断本校是否达到中期目标的依据；三是将评估作为提高本校教育科研活动的动力；四是评估应考虑对社会的说明责任；五是评估应反映本校的教学科研实际情况（葛新斌，等，2004）。

（二）评估内容、领域和方法

教师评价制度的总体框架由工作成绩、特殊贡献、总体评议三项构成，具体的评价方法是对教师的工作态度、出勤情况、担当的职务等进行综合评判，然后分出 A、B、C 三个等级，由校长记入工作评定书。评定的结果既不通知教师本人也不与人事调动、工资升降相挂钩，只用于对教师一般性的指导和帮助。由于这种制度对教师的制约和管理功效不大，1999 年 3 月日本对此评价制度进行了改革，将工作评价改为业绩评价，实行业绩与人事升迁、工作调整挂钩的新评价考核制度。评价框架由能力、积极性与工作态度、业绩构成。评价内容包括：教师对教科书、日常生活、人生道路等方面的指导能力；教师对教育工作的态度和热爱程度；作为教师的责任感，等等。评价的方法也由原来的校长评价变为教师与校长会面确定自己的教学目标，然后由教导主任进行第一次评价、校长进行最终评价，并且加入家长和学生的评价以使评价达到全面性（齐琳，1999）。

值得提出的是，冈山大学的绩效评价案例详细剖析了日本高校教师的评价体系。教师评价分为教育活动评价、科研活动评价、社会活动评价和校内管理活动评价四个大的方面，采用量化评价与定性评价两种基本方法。评价周期为每 3 年 1 次。用于量化评价的各类数据则由教师个人根据学校提供的“个人评价调查表”，每年填写并提交到本部门负责人处。各学部、研究生院负责人对本院教师进行“特别优秀”、“超过平均水平”、“达到平均水平”、“有问题需要改进”、“需要改进”5 层次评价，并且公开所有教师的评价内容，见表 3－1（葛新斌，等，2004）。虽然对评价结果是否与待遇、聘任等相挂钩没有明确说明，但通过这个案例可以对日本高校的教师绩效评价有个大体的印象。

表 3－1　日本冈山大学教师绩效评价内容

教育活动评价	自我评价	教育目标及其合理性说明	教学目标是否符合该领域教学理念，是否符合学生、社会需求。应该改进的地方（200 字）。
		实际达成情况	对实际教学中的目标达成情况进行自我评述（400 字）。
		教育内容上的评价	为完成教学任务设计了什么样的教学内容，这些内容是否是完成教育任务的充分必要条件（200 字）。
		教学方法评价	为完成教育目标使用了何种教学方法、教材、设备，是否有效？特点及应改进的地方（400 字）。
		成绩评价方面	为考察教育目标完成度，使用了什么样的评价方法？是否有效？应改进的地方？（200 字）。

续表

教育活动评价	自我评价	对学生的指导	对学生的学习及改善学习环境作了哪些努力？效果及应改进的地方？(200 字)。
		教学所用时间	教学时数所用时间、个别指导时间、研究指导时间以及为进行这些指导的准备时间等。该项内容属于定量评价。
		其他	其他对自己教学活动的补充说明（200 字)。
	数据提示		（1）课程：课程讲义、学生人数、试题、演示材料、学生作业、成绩表； （2）本科生论文指导：个别指导资料、指导效果、学生评价； （3）研究生研究指导：研究生指导的相关资料、指导效果、学生评价； （4）临床指导、课外活动、社会服务等学生活动指导提供相关资料。
	学生评价		（1）对学生进行问卷调查，教师对问卷进行分析（200 字)。 （2）教学改进计划（200 字)。
	实践记录		为改善教育活动所进行的努力、教学时数、个别指导的学生人数、为改进教育所争取的课题及辅助经费、教育活动相关奖励、参与教学改革程度。
科研活动评价	发表文献		（1）论文、系列丛书、专著、译著等发表文献的书名、论文名、出版社、出版日期、本人负责部分； （2）学术杂志编辑、论文查阅等相关工作。
	口头发表		（1）各类学会的口头发表，包括题目、学会名称、召开地点、时间等； （2）大型学术会议、特别讲演、邀请演讲等的时间、地点、名称、题目等； （3）其他讲演会、小型研究会； （4）各类学术会议的组织工作，包括具体负责的内容等。
	艺体建筑		（1）展览会、演奏会、体育比赛、艺术展览的时间、地点、规模、获奖情况； （2）建筑设计、文物修复等的相关资料。
	其他		（1）广播电视节目的出演情况、专利获得情况、学会获奖情况等。
	科研经费		（1）各类纵向、横向、产学联合课题经费的获得情况； （2）委托研究、共同研究、委托科研经费管理等。
	其他		对自己研究活动的补充说明（200 字)。
社会贡献	（1）终生学习等相关社会活动的支援；		
	（2）校外审议会、委员会的工作承担情况；		
	（3）校外各类调查、研究会等活动的工作承担情况；		

续表

社会贡献	（4）医院等机构的临床指导、医疗实验等工作；
	（5）留学生指导、国际互访、邀请国外学者、参与国际活动等；
	（6）对企业的技术支持、新技术开发等产业支援活动；
	（7）其他对自己社会活动的说明（200字）。
学校管理	（1）研究科长、学部主任、中心主任、图书馆长、评议员、校长助理等；
	（2）校委员会、专门委员会、其他校内管理贡献；
	（3）其他所属机构的管理活动；
	（4）所属研究室的管理活动。

（三）教学、科研、社会服务评价实施的现实情况

1. 教学评价

日本大学教师长年存在重研究、轻教学的传统。但近年来，日本出生率不断降低，各大学为争夺有限的生源，开始将关注的重点转向教学。为此，从20世纪90年代开始，逐渐引入了学生参与的教学评价制度。在2000年，日本的大学审议会向日本文部科学省提交的《21世纪的大学形象与今后的改革方向——在竞争环境中闪耀个性的大学》咨询报告中，在第二章“关于指向大学个性化的改革方案”就明确提出，要对教师的教学过程进行评价，从而可以看出日本在这方面的重视程度。

目前日本对教学活动的评价，在其原则和指标上，还算比较完善，认为教育目标要符合该领域教育理念、符合学生和社会需求，并将教学所用时间、教育内容、课程、本科生论文指导情况、研究工作研究指导和临床指导等作为评价的指标。这些指标既包括定性的，也包括定量的，使得评价的操作具体化。在方法上，除了导入学生参与的教学评价制度之外，还提到要避免重科研、轻教学，可以采用教师制定教学大纲、组织教师互相听课、组织研讨会等方法来进行（胡建华，2001）。但是在应用及反馈上，目前所查阅的文献中，都没有具体的研究成果列出，这将使评价的效果因为没有及时的反馈而不能发挥应有的作用。

2. 科研评价

日本大学对于教师的考核与褒奖最看重的是科研方面，因而属于科研倾向型。其考核比例，科研部分占据39%，而教学和社会服务分别是19%

和7%（陈忠暖，2000）。

另外，在大学自治原则下，日本高校拒绝进行来自外部的评价；在学术自由原则下，教师则拒绝他人通过评价对自己的学术研究进行干涉。因此，通过冈山大学的案例可以看出，对于日本高校教师科研活动的评价，只有在发表文献、口头发表、科研经费等指标上的规定，缺少在原则、流程和反馈上的研究。

3. 社会服务评价

在这一方面，目前还没有重点的研究结果。冈山大学的案例也只有在社会服务的具体内容上列举了一些，而没有明确地指出评价的原则、指标、流程和反馈。但从前面提到的日本大学对教师的绩效评价中社会服务方面的比例只有7%，远远低于教学和科研方面，可以看出，日本高校教师的社会服务方面的评价在整个评价的体系中还没有引起重视。

4. 其他方面评价

一些大学把教师在行政上的工作作为评价的另一个方面。要求评价教师在校内负责的各种职位的工作质量及贡献度。另外，冈山大学的评价案例中提到了学校管理的方面，这是其特有的评价内容，虽然它没有具体说明评价的方法和反馈，但是作为评价的一个新方面，具有借鉴意义。

日本高校教师绩效方面的评价也表现在晋升前的考核上，即通过对教师录用之后的绩效进行评价而决定是否可以晋升。日本的助教留校后仍然面临淘汰的危险，在3—4年内，如果能力不佳或缺少提职的机会，则必须离校（袁祖望，2000）。日本高校对教师的晋升考核指标表现在学历、学位条件；任现职的最低年限；教学和科研水平的确定三个方面（袁鸿，等，2001）。

二、日本大学教师评价的特征

（一）对教师评估采取公开原则，注重多方面听取意见

日本大学教师评估制订方案时广泛听取多方意见，其中包括大学教师自身的意见。评估始终本着公开的原则。评价方案的实施经过细心准备，评价标准是评估各方都明确的，评估所涉及的方面要求评价者要作详细的说明。评估过程是日本对高校教师人事的评价交由校内外相当数量成员组

成的“教员人事评价委员会”进行，坚持评价标准和评价结果公开、参加型的互相评价、本人和周围人认可和满意三原则（陈丽桦，2007）。评价的公开、公正是重要的，因为长期的大学教师公务员的传统，对于教师的任何评价都可能受到多方面的阻力，大学教师主张学术自由，对于评价的实施就提出了更高的要求，这使得评价不能脱离各自学校的实际，评价要有一定的可信性和公正性，而公开性是公正性的必要条件。

（二）对大学教师的评估尽量客观全面，尽可能多方面地评价教师的工作

为了促进每个职员主体能力的开发和业务的发展、最大限度地灵活使用人力资源、使大学组织的机能高效，引入了能力评价和业绩评价这两个新的评价体系。能力评价就是以职务完成能力的发挥度为参照基准，将职务工资与职务能力工资分开，有效地促进教师主体能力的发挥和潜在能力的开发；业绩评价以目标管理的手段评价，根据绝对评价、相对评价、目标评价和目标达成度等综合指标进行评价。每个大学可能根据各自不同情况采取适合自己本学校的方法，从教学、科研、管理、社会服务多方面对教师的工作进行全方位的评价。多种手段的动用及互相评价和教师自己对于评价结果要认可等原则是使评价结果客观、真实和有效的重要条件。

（三）在评估结果是否与教师聘任、待遇直接挂钩等问题上谨慎行事

长期以来，日本大学教师人事制度的一个基本特征就是实际上的终身制，即一旦经过考核被大学录用为正式教师（尤其是副教授以上）之后，只要没有因刑事犯罪被判处徒刑等特殊情况，可以一直工作到退休。1949年通过实施的《教育公务员特例法》为国立、公立大学教师享有的各种权益（包括任职、工作、进修、待遇等）提供了法律保障。这种制度虽然解除了大学教师的后顾之忧，并被许多日本学界人士认为是“大学自治”、“学术自由”的基本保障，但在长期的实施过程中也产生了不少影响大学提高教育与研究水平的问题。其中最突出的是“近亲繁殖”，缺乏活力。1997年4月日本政府制订了《关于大学教师等的任期制的法案》，提交国会讨论。众议院与参议院分别在同年5月22日、6月6日通过了法案。《关于大

学教师等的任期制的法案》于6月13日正式公布。实施教师任期制的改革在日本大学中尚处在起步阶段。实施教师任期制的大学数量还不多，而且仅限于少量学科。日本大学界对实施教师任期制改革采取如此慎重的态度，其原因一方面是慎于改革这种大学传统仍在发挥着作用，另一方面是大学界，特别是相当数量的大学教师，对任期制持反对态度（胡建华，2001）。

许多大学引入了任期制，但是仍然不是普遍的现象，在大学教师评价与教师聘任的关系上也很松散，决定是否再聘用时，如何评价教师的研究特别是教育成效，是一个还没有很好解决的课题。如果评价标准模糊不清，就很可能掺进许多主观判断，甚至产生出“资深教授”独断的局面。在教育待遇方面，由于传统工资制度深入人心，基本工资大体是按资历来确定的，晋升根据年资和业绩考核，但在评价与工资挂钩上采取很慎重的方式。

第五节　韩国大学教师绩效评价制度

一、韩国大学教师绩效评价制度

韩国的大学教师制度实施的是教育公务员制，即国立、公立大学的教师拥有教育公务员资格（符合高等教育法第2条规定的各级学校）。根据韩国教育法及有关法令，不论公立还是私立的高等教育机构，都必须接受韩国人力资源部部长的指导和监督。教育部要干预高等学校很多具体的事务，国家对大学的控制力很强，负责处理如控制学生名额、审核师资、课程设置及批准学位授予条件，教师资格审定，以及规定统一课程等事务。由大学校长组成的大学教育协议会协助教育部对大学的管理进行协调，这一点在20世纪60至90年代表现十分突出。现在这一情况已大为改观，开始强调大学办学的自主性，即学校自治。

韩国高校教师的绩效评价，各个大学根据其不同情况采用不同的教师评价制度，并改革大学教师晋升的标准。一些大学为了提高竞争力或者建立世界一流的大学而进行综合的评价，这种评价涉及七大领域和120个项目

（杨金成，1997）。其领域提到教育领域、科学研究领域、社会服务领域等，这与教师的绩效评价方面是相同的。因为这些领域的具体内容均落实到了指标上，并且给出了各自的权重值，所以，虽然是对韩国大学提出的评价方法，但是在对韩国大学教师的评价研究上，也可以起到借鉴的意义。

（一）教学评价

韩国大学教学方面的评价，提出通过建立良好的教学环境而形成大学责任、独立和合作意识，因此要提高教学效率；如果在教学质量上，如教学风格、对教学缺乏评议等方面存在许多问题，便不能称为世界一流大学。这些评价方法仅在理念认识和研究层面被认可，但没有具体的操作，对实施之后的反馈也没有相关明确的说明。在指标上，教学领域（120 表示教学领域总值，下同）的具体指标及权重值，如教学目的（14），教学课程（40），教学（32），学生（34）是关于评价内容的一些反映（杨金成，1997）。

（二）科学研究评价

与教学评价方面一样，在科研方面也没有研究结果指出具体的做法，而多数只是观念上的认同。国际专家组对汉城国立大学（SNU）如何建设成为世界一流大学的评价建议报告中指出，SNU 的某些系具有竞争力，但总体来说每位教师每年 SCI 论文数比较少，教师用于科研的时间也比较少。韩国“BK21 工程”（Brain Korea 21 Project）的第二个目的就是要通过提高大学科研能力，提高韩国大学的世界排名，而且韩国的聘任制改革也注重改善教师的工作环境，为教师多出成果创造条件。对韩国大学科学研究领域（70）可借鉴的评价指标及权重值是：研究成果（22），研究条件（22），研究支援体制（26）。

（三）社会服务评价

韩国大学社会服务方面的评价与教学和科研方面相比，是受到轻视的。因此，在对韩国高校教师的评价研究中，这一方面的研究结果更加少见。社会服务领域（30）可借鉴的评价指标及权重值是：社会服务（14），对外协作（16）（杨金成，1997）。

从整体上来看，在大学绩效评价方面，韩国对大学教师所从事的教学、科研和社会服务三方面的评价要求及指标是很难见到的。唯一的进步是在对大学评价时作出了有关这三方面领域的划分。而且对于教师的教学和科研方面存在的问题虽然都有所提及，但也只是停留在观念层面。这反映出韩国对于大学教师绩效评价开始关注，但仍缺乏具体可行的评价制度和实施方法。

二、韩国大学教师绩效评价的特点

在韩国高校教师招聘评价方面，主要是关于“聘任制”的提出过程以及对它的评价，而对聘期内的绩效考核评价则不受重视。由于韩国特殊的历史，其聘任制由“二战”结束后的终身雇佣，发展为 1975 年的限期聘用，再到 1987 年改革后形成的聘任制与终身雇佣制并行。经过不断发展，韩国对教师聘用制作过一些调整，但是韩国教师享有的社会威望和物质保障一直都是较高的情况一直没有变化。大学教师有稳定的学术环境，有助于提高其学术水平。但是这种聘任制的结果是，在终身雇佣制度下，大学教师一经被聘便具有终身制性质。“老资格”教授的权威性极大，与年轻教师之间保持森严的上下级关系，禁锢了学术的自由创新和发展；教师晋升采取严格的定编定岗、论资排辈的做法，使得韩国的大学教师之间出现“一心一意等待上司死掉”的现象，既无法提高教师的发展积极性，也不利于大学重用年轻人才；相当数量的非专职教师被聘用，虽然缓解了某些学科师资不足问题，节省了经费支出，但不可避免地影响了教学质量。2000 年的改革，提出以契约制代替终身制，打破大学教师的铁饭碗；打破“助教授—副教授—教授”这一晋升模式，这是在终身制制度上的一大突破（姜英敏，2001）。

此外，在大学教师绩效评价内容方面，也还一直存在着教学与科研间的矛盾，尽管各大学着手促进两者的平衡发展，但仍未找到很好的办法。在评价社会服务这点上，许多大学参考企业的考核制度，并且越来越重视研究成果及教育的人才与现实应用相结合，同时对教师提出更为全面的要求，但根本上扭转轻视社会服务的倾向并没有见到实际成效。

第六节　新加坡大学教师绩效评价制度

一、新加坡大学教师绩效评价的内容

在新加坡大学教师的绩效评价方面，对教学的评价是受到重视的。有学者认为教师的绩效评价对肯定成绩、发现不足，促进教师全面发展，提高全体教师的教学科研及服务社会的质量与水平有着相当重要的作用。以新加坡南洋理工大学的教师评价为例，主要是通过对工作目标实现程度和有效性进行的。评价的内容涉及教学、科学研究及学校、社会的贡献三方面。评价的途径包括：学生评价、同行专家评价、评价委员会和提升及任期委员会的评价等。其中教师的任职、晋升和科研经费的调拨方面，校外的同行评价起到相当重要的作用，这样可以更少地受到同行间利益冲突的影响，对评价更加具有说服力。评价的结果与加薪、晋升、续聘相关（吕杰，2004）。

此外，新加坡高校教师绩效评价中最突出的特点是非常注重学生对教师工作情况的反馈，并以反馈作为评价教师绩效的一项重要指标。南洋理工大学采用的学生评价反馈表对教师留用起到了关键的作用，每位教师每学期都要选一门要教授的课程，学生在反馈表上不需要写姓名，反馈表的发放、回收和统计都由管理人员统一执行。学校以此来考查教师是否适合担任教学工作，一般 3 年为 1 个周期，如果 1 个教师 3 年中反馈表的平均评价分不到 3 分，他将会被解聘。新加坡国立大学也推行一种学生反馈问卷制度，作为一种辅助措施来评价教学，并协助校方进行教学改革（吴如漪，2001）。

另外，有些学者认为对教师工作业绩的评价情况是其是否可以晋升的关键，同时校长是对教师评价起主要作用的角色（范谊，1995）。但是这种说法因为没有注明是对高校教师的晋升制度评价，所以在参考时应当有所取舍。

1. 教学评价

新加坡的高校非常重视教学的评价和反馈，各高校除了有自己的评价指标，每两年还要请国外著名专家评价。在对教学质量进行评价时采用两个标准，一是学生对教学所做的评判；二是国外督学教授对学生考试成绩和论文成绩的评判（李文长，等，1998）。这些虽然没有具体到指标层面上，但是从中可以看出，新加坡对于教学评价的重视程度和指导思想。

此外，新加坡南洋理工大学对教师的授课评价采用学生填写反馈表（student feedback on teaching）的方法。该表的评价栏目有 7 项，除总体评价外，其余 6 项的评价准则为：组织（教师对教学的组织），知识（教师对所授课程内容的掌握程度），讲解（教师的介绍/讲解是否能激发学生的学习兴趣），清晰（教师能否清晰地表达其思路/想法），切题（教师采用相关示例来解释课程内容），激情（本身对授课有无激情）。对每一项都按 5 分制进行评价，5 分为最好，1 分为最差（章毓晋，2004）。这种方法所运用的指标、应用的流程都有很大的借鉴意义。

2. 科研评价

新加坡大学对其高校教师的科研进行评价的标准是看一个教员出版了多少本书，发表了多少篇文章，特别是在国际学术杂志上发表了多少篇文章。发表文章少的教员不但没有可能晋升，同时绝大多数很难保住现有的教师职位（李文长，等，1998）。

3. 社会服务评价

社会服务作为招聘条件的一个方面已被明确下来，在绩效评价中尚未有明确的规定。

二、新加坡高校教师绩效评价的特点

新加坡由于国小人少，目前公立高校仅有 2 所大学和 4 所学院。新加坡的大学虽然建校时间都较短，但在教学条件、研究设施、师资力量及专业设置等方面，基本上与国际一流大学并驾齐驱，从总体看表现出国际化程度高、职业化程度高和现代化程度高的特征。新加坡大学用人制度的一大特点，就是实行合同管理。大学与教师按照“平等自愿”的原则，通过签订聘用合同，以法律形式确定大学和个人之间的责权关系，明确双方责任、义务和权利。合同内既包括学校为教师提供的职位、薪水、福利待遇、工作条件、生活条件、聘用期限等，也包括教师应当承担的任务、需要达到的工作目标，等等。合同效力对双方是等同的，双方的权利、义务是相互的。从其教师人事管理的特点可以看出，新加坡对于教师评价的制度建设还是比较完善的，但主要还是在其聘任评价中花了更多精力，聘任的条件、过程、职位的划分、任期的类型是其主要的内容。在绩效评价方面，主要是针对教学、科研、社会服务三方面进行，但也存在不均衡问题。对教师教学水平评价的重视程度是相当高的。对于科研，主要是从著书立说角度强调。对教师社会服务的评价，仍没有一个完整的办法，只是有一些原则性的要求，在评价的实施中较少受到关注。在评价方法上，学生评价、同行专家评价、评价委员会和提升及任期委员会的评价等被广泛采用，其中，校外的同行评价扮演着很重要的角色。与此同时，评价结果的运用上，与加薪、晋升、续聘相互关系密切，特别是在年终奖金方面，更是如此。

第七节　大学教师绩效评价政策的国际趋势与借鉴意义

一、大学教师绩效评价政策的国际趋势

对比上述各国大学教师管理和教师评价制度，可以看出，目前国际上大学教师绩效评价制度的政策主要呈现以下四个方面的特征和趋势。

一是国外高校一般都将公平、公正、透明的教师评价体系看作是高校管理架构中不可或缺的部分，并且纳入教师管理的系统体系之中。聘任制度和绩效管理制度的设计，都在考虑其对教师的激励和约束作用，引入竞争机制和提高教师的流动性，既要有利于学术的自由发展，又要保障教师队伍优秀人才的吸引与留用。

二是国外高校教师评价指标确立的指导思想与高校的定位与发展战略高度保持一致，是学校发展目标落实到教师个人身上的直接体现。评价指

标体系不仅起到了目标导向的作用，而且还有利于教师自身的发展，并能确保学校教学工作的质量和科研、服务工作的开展，从而推动了高校的发展。

三是评价指标相互支持和相互推动，既要重视科研，但也不能忽视教学。此外，充分发挥教授治校的优势，以服务评价指标引导教授参与学校的学术管理、年轻教师的指导和社会服务等与其学术和教学不直接相关的工作。

四是国外高校教师评价体系重视教师的参与度和评价方式的科学性，评价过程中教师充分参与，不但有自我鉴定，而且有机会与上司直接交流，甚至提供了教师对评价过程和评价结果有不同意见的申诉渠道。评价结果不但与教师的个人收益相关，而且关系到教师的事业开发，体现了发展性评价的指导思想。

随着我国高校人事制度改革的不断深入，我国许多高校积极学习国外先进的教师管理体制，在教师聘任、晋升、评价等工作中积极借鉴国外先进经验，取得了显著的成绩。如实行聘任制，在教师评价工作中引入同行专家评议机制、教授会议等。但是，与发达国家相比，我国教师管理和教师评价制度还不成熟，许多学习国外经验的措施没有真正做到位，“形似而神不似”。“他山之石，可以攻玉”，进一步学习借鉴和消化吸收国外高校教师评价制度的先进经验和管理理念，对于正在逐步完善制度，深入推进教师人事制度改革的中国高校而言，具有十分重要的借鉴意义。

二、国外大学教师绩效评价政策的借鉴意义

1. 建立科学完善的高校教师评价指标体系

高校教师评价的指标体系是教师聘任、晋升和绩效评价的前提。没有科学完善的评价指标，就没有科学合理的教师评价制度，也就没有好的教师队伍。

借鉴美国等国外大学教师评价指标体系的经验，高校教师评价指标体系应把握好这样两个层面的问题，即一是将教师评价指标与教师个人、院系和学校的发展目标相结合，根据教师个人职业的发展需求、院系和学科的特色要求和学校的主要发展目标设计教师评价指标。只有符合以上三个

方面要求的教师才能聘任或晋升。二是根据第一层面的评价指标，对教师进行教学、科研和社会服务等方面的综合评价。教学、科研和社会服务的评价指标体系应反映教师的真实水平和发展潜力，如科研指标重点应考查其著作和论文的质量，实行代表作评价。同时，院系和学校的职能和发展需求不同，对教师评价的指标侧重也不同。如与社会发展联系较紧密的院系和学科，除考察基本的教学、科研和社会服务情况外，还应重点考察其研发能力。

2. 完善同行评价制度，不断提高教师评价的专业化水平

我国许多高校越来越重视同行评价，采取同行评价和教授会议评价，淡化行政评价的色彩，尊重学术评价的权威性。在教师评价制度的建立和改革工作中，需要进一步借鉴国外同行评价制度的经验，不断提高教师评价的专业化水平。

实行同行评价和教授会议制度，关键在于选择专业、公正、高效的评审专家。一般而言，评审专家要具有较高的专业知识水平、敏锐的洞察力和较强的判断力，熟悉被评价内容；同时，具有良好的资信和科学道德，认真严谨，秉公办事，客观公正，敢于承担责任。遴选评审专家应遵循随机原则、回避原则，并实行任期制。实际操作过程中，在邀请校外评审专家的数量和人选、教授会议的组成和会议主席的选择等方面，应该很好地把握。

3. 充分重视学生评价

国外高校非常重视学生对教师的评价意见，学生评价在教师评价方法体系中占有独特的地位。在我国，大部分高校对学生评价不够重视或评价方法不太合理。部分教师轻视教学，教学态度不认真，课堂教学流于形式，引起了学生的强烈不满，教学质量便无从谈起，培养学生的目标便无法实现。重视学生评价，将学生评价意见作为评价结果的重要依据，有利于促使教师重视课堂教学方法和与学生的交流互动，从而改变部分教师重科研轻教学的倾向。在重视学生评价意见的同时，要改进学生评价方法，更多地切合不同课程的实际，对公选课、专业基础课、研究生指导课应该有不同的评价方法，如在学生填写的课程调查问卷设计上应该有所体现。

4. 将竞争机制适度引入教师评价体系

美国、加拿大教师评价体系的重要特征是引入竞争机制。教师间的竞争非常激烈，职位的获取和晋升都必须经过竞争。教师必须不停地学习新的知识与技能，更新知识结构，才能在竞争中立于不败之地。

将竞争机制引入教师评价体系，就要把竞争全面引入教师的聘用、晋升和绩效考核机制中，面向全社会进行招聘和选拔，并在教学、科研和社会服务等方面对教师进行定性和定量的考核，评价不合格的不得聘任或晋升。只有在教师评价体系中贯彻竞争原则，才能真正做到评价结果的公平与公正，才能为每个教师提供最能发挥其才能的岗位，才能促使教师自觉地提高自己，投入新一轮的竞争。由于教师行业的特点与属性，竞争也是要适度的，不能强化，竞争中的引导作用也十分重要，避免极端化倾向。

5. 通过考核评价建立真正“能上能下”、“非升即走”的教师聘任制，促进教师队伍的合理流动

美国、加拿大高校在教师的聘用中实行合约管理，建立了终身教职和非终身教职相结合的教师职务体系，在规定的年限职务“非升即走”，形成了较完整的人事管理体系和良好的用人机制，很多做法值得我们借鉴。在我国，虽然有些高校在这些方面作出了探索和努力，但是由于体制环境等各方面的原因，绝大多数高校教师职务仍然是终身的。其中，对教师评价考核观念上不够重视，操作上缺乏有效方法，忽视考核结果的应用等，使得教师工作做得好与坏仍然没有一个科学规范的标准，抑或是使考核评价走向只重量不重质的极端，缺乏促进教师专业发展的导向作用，从而形成考核是考核、任职是任职“两张皮”，形式上相关，但实质上关联程度低，通过考核评价调动教师的积极性的杠杆作用依然没有充分发挥。因此，借鉴国外通过考核评价建立真正“能上能下”、“非升即走”的教师聘任制，也是建立大学绩效评价制度的一个目标。

第四章

中国现行大学教师绩效评价制度现状分析

第一节 中国大学教师评价制度的历史沿革

新中国成立以来，我国的高等教育经历了60年的发展历程，特别是经过改革开放30年的深入发展，大学的管理体制和运行机制逐步建立，各项管理制度进一步建立健全。这当中，作为大学管理制度重要组成部分的教师的考核评价制度，与其他相关的教师人事制度一样，也大致经历了初步形成、受挫瘫痪、恢复改善、发展提高四个不同的历史时期，呈现出不同时期的特点，其考核方式、指标体系、组织方式、管理实施、结果运用等方面的内容，随着各个时期高等教育的发展重点和教师队伍的特征，不断地在发展中完善，在规范中提高，在创新中发展。尤其是从20世纪90年代中后期开始，随着社会主义市场经济体制的逐步建立和完善，以用人和分配制度改革为核心内容的高校人事制度改革不断深化，改革逐步向纵深探索与推进，迫切需要科学、公正、客观、准确的考核评价结果作为各项人事制度改革的前提和基础，从此，教师评价考核工作被赋予了更为重要的历史使命。

一、大学教师绩效考核评价工作的初步形成时期

新中国成立初期到“文革”前（1949—1965 年）这段时期，是教师考核工作的初步形成阶段。这一时期，我国高等教育处在一个调整、形成，并初步发展的阶段。这一时期是我国高等教育体制改造的时期，我国的高等学校无论是在职能定位、学科设置，还是在组织结构、教师队伍管理方面，主要学习了前苏联的经验。1950 年教育部颁布的《高等学校暂行规程》规定：“大学及专门学院教师，分为教授、副教授、讲师、助教四级，均由校（院）长聘任”；“教学科研指导组为教学的具体组织，教研组主任，领导及检查本组的教学工作与研究工作”；系主任“总结本系教学经验，提出有关本系教职员任免的建议”。这个时期对教师个人的职责、工作量都没有作出明确要求。到 1955 年，教育部根据《高等教校暂行规程》发布了《高等学校教学研究指导组各级教师职责暂行规定》和《高等学校教师教学工作量和工作的试行方法》，对大学教师的职责和应完成的工作量作了具体的规定，明确“高等学校教师的基本任务是完成教学工作，教学法工作和科学研究工作，每个教师都有培养学生成为具有一定的马克思列宁主义水平，忠实于祖国，忠实于社会主义事业，身体健康和掌握先进科学和技术的人才的责任”。并根据岗位的不同，对各级教师的职责作了详细规定，主要是明确了各级教师在一年中应完成的教学工作量。从此，我国高等学校教师的考核工作开始有了明确的依据和可操作的工作量计算方法。1961 年 9 月，中共中央印发《中华人民共和国教育部直属高等学校暂行工作条例（草案)》，第一次明确提出：“学校应该定期地对教师进行考核。教师的教学职别（教授，副教授，讲师，助教）的确定和提升，要根据他们担任的教学任务、教学质量和学术水平。对其中优秀的，应该不受资历、学历的限制”；“高等学校教师的根本任务必须以教学为主”；“生产劳动，科学研究，社会活动的时间应该安排得当，以利教学”。《条例》的实施，首次为教师考核形成制度提供了政策保障，明确了教师职称的确定和提升要以考核为

基础，并初次提出了实绩考核的思想。

这一阶段教师考核有如下特点：一是以职务聘任和晋升考核为主，职务的确定和提升以思想政治条件学术水平和业务工作能力为主要依据，实行领导考核和群众考核相结合的方式；二是考核内容以教学工作为主；三是考核结果直接与职务的聘用和晋升，超额奖励工资挂钩，具有一定的激励作用。当时的职务聘用与晋升注重全面考核，以思想政治条件、学术水平和业务工作能力为主要依据；对考核结果的应用，不光注重精神鼓励，而且有一定的物质调控手段。这一时期教师的考核工作对高校师资队伍的整顿、形成和发展奠定了一定的基础，起到了积极的推助作用。但受当时大的历史条件的影响，仍然有很大的局限性。

二、大学教师绩效考核评价工作的受挫瘫痪时期

“文革”时期（1966—1976 年），为教师考核工作的受挫瘫痪阶段。1966 年，“文革”开始，教育成为重灾区，我国各级各类高等学校停止了办学活动，一批高等学校被撤销，部分高校教师被下放到农村、工厂、“五七”干校接受改造。在此期间，我国高等教育事业基本上处于停滞瘫痪状况，教师队伍建设受到严重冲击，高校的各项正常工作次序被完全打乱，教师的评价、考核、晋升工作完全处于停顿状态。

三、大学教师绩效考核评价工作的恢复改善时期

从“文革”结束到 20 世纪 90 年代后期（1977—1998 年），为教师考核评价工作的恢复改善阶段。“文革”结束后，百废待兴。为了拨乱反正，落实党的知识分子政策，国家先后采取一系列重大政策措施加强教师队伍建设，诸如：1978 年作出的恢复职称评审制度的措施；提出了恢复职务等级工资制度的决定；1984 年教育部印发了《关于高等学校贯彻执行高级专家离退休若干问题的暂行规定的实施意见》，明确建立教师退休制度；1985 年国家教委颁布《普通高等学校人员编制的试行办法》，初步建立编制管理制度；1985 年，颁布《高等学校教职工工资制度改革实施方案》，实行以职务工资为主的结构工资制，把工资分为基础工资、职务工资、工龄津贴和奖

励工资四部分，与此同时，许多大学也结合本校实际，积极开展探索多种分配形式，如实行浮动岗位津贴、创收提成、奖酬金等分配形式，探索搞活校内人事分配机制；1986 年，中央职改小组批转国家教委《高等学校教师职务试行条例》，启动教师职务聘任制改革，实行教师职务聘任制度，取消职称身份评审；进入 20 世纪 90 年代后，国家加大推进教师管理法制化的力度，1993 年颁布实施的《教师法》，规定实行教师资格制度、职务制度、聘任制度等；到 90 年代中后期，随着推进高校管理体制改革步伐的加快，特别是国家全面实施“211 工程”等重大工程项目，国家教委制定关于部署高校放权的 16 条和《关于高校内部管理体制改革的意见》，积极推进以人事分配制度为主要内容的校内管理体制改革。因此，这一时期作为填补政策空白的关键时期，国家关于高校人事制度建设的各种政策不断出台，使得这个阶段大学制度建设的热潮空前活跃，各大学维护和提高办学自主权、加强自我制度建设、规范内部规章制度的积极性也空前高涨，涌现了上海交通大学等一批教师人事制度改革的先锋。这当中，由于大学考核评价制度与各项人事制度的紧密关联性，其自身的发展开始逐步走上一个良性的、制度化、规范化的轨道。

1978 年，国务院批转了教育部《关于高等学校恢复和提升教师职务问题的请示报告》，提出恢复职称评审制度。在这一文件中，对教师恢复和提升职务作出了一些具体规定，提出“对提升对象的政治情况，教学水平和科研成果，要进行认真考察，广泛听取意见，真正把在群众中有威望的，在学术上有成就的优秀教师提升起来”；“提升教授、副教授的条件，一般按原有规定执行。对少数确有真才实学，在教学科研方面有重大贡献，或有重大发明创造的教师，可以跨级提升”。1979 年 12 月，教育部在广泛征求意见的基础上，发出了《关于一九七九年下半年高等学校教师提高和提升职称几个问题的通知》和《关于当前高等学校确定与提升教师职称工作中应注意的几个问题的补充通知》，再次提出要“坚持标准，保证质量”、“全面考核，择优提升”、“认真做好考核和自下而上逐级评审的工作，全面权衡，不可偏废”。这些规定表明，教师职务晋升考核在恢复的同时，考核的重点也发生了变化，“文革”前是以考核教学为重点，在这个时期已提出要对教学和科研一并认真考查；“文革”前在考查政治思想、业务水平的同时，提出对资历和教龄要加以照顾，在这个时期提出在教学科研方面有重大贡献者，可以破格提升，这体现了晋升考核中注重实绩的思想。教育部在完善教师晋升制度的同时，推出了《关于高等学校职责及考核的暂行规定》，《规定》中指出："学校应该定期对教师进行考核，认真做好教师的考核工作，有利于调动广大教师的积极性和创造性，充分发挥各级教师的职能作用，努力完成教学、科学研究等各项任务，同时，定期考核也为安排教师的工作和教师培训、提职、升级提供依据。"《规定》对各级教师职责、考核依据、考核内容与方法、考核的组织领导和考核结果应用作了较详细的规定。这部文件的颁布实施，标志着我国高等学校教师考核工作进入了制度化、经常化和正规化。在此基础上，教育部相继发布了《关于实行高等学校教师工作量制度》、《高等学校教师教学工作量超额酬金暂行规定》等政策文件，突出强调了教师考核工作在新时期高等学校师资队伍建设中的重要性，其中指出："在明确各级教师的职责、任务和平时的考绩的基础上，实行定期考核。教师完成工作量的情况要记入《高等学校教师工作量等级表》，存入教师业务档案，作为教师工作安排、培训、提职、升级的依据之一。"对教师工作量的定额、计算标准、超额奖励的实施办法文件中也作了明确规定。这意味着教师考核工作不仅在定性评价方面得到了规范和完善，客观定量评价方面的重视程度也在不断加强；对考核结果的奖惩不仅体现在精神方面，物质待遇方面的配套措施也在逐步配套。

1986 年 1 月，为适应当时经济体制改革和科技、教育体制改革的需要，克服职称制度本身的缺陷，中共中央、国务院转发《关于改革职称评定、实行专业技术职务聘任制度的报告》，提出"改革的中心是实行专业技术职务聘任制度，并相应地实行以职务工资为主要内容的结构工资制度"。同年 2 月，国务院颁发的《关于实行专业技术职务聘任制的规定》中再次强调，对聘任的专业技术人员应定期或不定期地考核，考核的成绩记入考绩档案，作为提职、调薪、奖励和能否续聘或任命的依据。同年 3 月，中央职称改革工作领导小组转发了《高等学校教师职务试行条例》，对各级教师的职责、任职条件、任职资格评审的机构及程序，教师聘任及任命的原则和程序及任期等方面作出了明确规定。这表明我国高校教师职务聘任和晋升中的考核评价工作日趋严谨和规范。至 1991 年 4 月，教育部又发布了《关于高等学校继续做好教师职务评聘工作的意见》，首次明确提出："不同类型和层次的高等学校承担着不同的任务，具有不同的特点，因而执行《高等学校教师职务试行条例》时，应该区分类型和层次，制定相应的各级教师职务任职条件的具体要求”；在评审教师职务任职资格时，要“根据学科特点，正确处理教学和科研，理论与实践的关系”，“继续采用评审与考核相结合的办法，既要评审教师的学术水平，更要考核教师任现职期间履行职责所取得的工作实绩”。该《条例》的出台不仅再次强调了考核在教师聘任工作中的重要性，还表明了考核工作开始进入制度化、规范化的轨道。1993 年 2 月，中共中央、国务院印发了《中国教育改革和发展纲要》，提出“要积极推进以人事制度和分配制度改革为重点的学校内部管理体制改革。在合理定编的基础上，对教职工实行岗位责任制和在分配上按照工作实绩拉开差距。改革的核心在于，运用正确的政策导向、思想教育和物质激励手段，打破平均主义，调动广大教职工积极性，转换学校内部运行机制，提高办学水平和效益”。这部文件的发布为我国高校体制改革创造了一个良好的政策环境，为考核工作的创新提供了契机，指明了方向。1993 年 10 月《中华人民共和国教师法》实施，该法规定“学校或者其他教育机构应对教师的政治思想、业务水平、工作态度和工作成绩进行考核”，“考核结果是聘任教师晋升工资、实施奖惩的依据”。1995 年 3 月，颁布的《中华人民共和国教育法》规定：“国家实行教师资格、职务聘任制度，通过考核、奖励、培养和培训，提高教师素质，加强教师队伍建设。”这两部法律的颁布，是我国教育事业发展史上的里程碑，标志着我国教育工作进入法制时代，教师考核评价从此有了最基本的法律依据。

综上所述，“文革”结束后到 90 年代后期这一阶段，我国的大学在国家政策的指导下，根据学校自身的实际情况，不断进行探索实践，制定了一些实施细则，进一步完善了职务聘任和晋升考核，建立了定期业绩考核制度。一般而言，各高校均由校内相应职能部门根据各自业务范围直接考核教师个人，如人事部门对教师进行职务晋升和年度考核，年度考核一般参照国家事业单位职员考核方法，对教师进行德、能、勤、绩全方位的考核，相对而言，晋升考核更重视教师工作实绩的评定；教务部门对教师教学工作的质与量进行全面考评；科研部门负责全校教师科研工作的考查。这个时期的教师考核工作主要有以下几个特点。（1）考核方式以职务晋升和年度考核为主，在坚持全面考核的同时，突出了实绩考核的思想，打破了以往强调照顾教龄和资历的做法，更注重择优晋升。（2）考核内容发生重要转变，朝着教学、科研并重的方向发展。这期间，我国大学教师的职责也随之进行了调整，由单纯的教学工作到同时要从事学术研究和开展社会服务工作。主要的考核内容包括：教学工作、学术论文、承担项目、实验技能等。（3）考核工作趋向制度化、正规化、科学化。在这个时期，除了晋升考核，还有各项业务工作的定期考核，一般每年或每学期进行一次；考核工作由主管校长组织教务处、科研处、人事处等相关职能部门进行；还提出了要按学科特点，对教师进行分类型，分层次考核的思想。

应该说，这个时期的教师考核工作对“文革”后我国高等学校师资队伍的恢复和加强起了很大的推动作用，但对于我国社会当时改革的大环境而言，高等教育体制改革的步伐仍是非常缓慢的，教师考核工作依然存在一些待解决的问题。（1）考核方法还不够科学、系统，考核结果客观、公正还存在一定差距。虽然在此阶段对教学工作量有了一些量的测算，但对教学质量、学术水平高低仍以主观定性评价为主，缺乏科学测评，考核结果欠缺说服力，可比性不强。（2）考核工作没有起到应有的指挥棒作用。虽然要求坚持实绩考核的原则，但由于配套措施不够完善，落实不力，业绩考核往往流于形式，没有发挥杠杆调节作用，竞争激励机制有待健全。（3）考核工作较片面。学校各职能部门一般各自为政，对教师教学、科研、社会服务工作的考核缺乏全面统筹，因此难以对教师工作业绩进行全面衡量，也难以对教师进行横向对比，各高校重视的仍然只是职务晋升考核，招聘考核、续聘考核、绩效考核尚未引起学校行政主管部门的足够重视，更没有上升到制度层面去考虑。虽然有的学校制定了相应的规章制度，但由于整个社会配套机制不健全，这些考核也往往形同虚设，没有落到实处。

四、大学教师绩效考核评价工作的发展提高时期

20 世纪 90 年代后期至今，为考核工作的改革发展阶段。这一时期是我国高校从事制度改革开始向纵深发展时期。随着社会主义市场经济体制的逐步建立和完善，1998 年，教育部组织实施长江学者奖励计划，提出了“按需设岗、公开招聘、平等竞争、合同管理”的用人原则和“以岗定薪、优劳优酬”的分配原则，这一制度模式成为世纪之交高校人事制度改革的突破口和基本思路。2000 年，中共中央颁布《深化干部人事制度改革纲要》

后，按照中央的整体部署，《中组部人事部关于加快推进事业单位人事制度改革的意见》、《人事部关于在事业单位试行人员聘用制度的意见》、《中组部人事部教育部关于深化高等学校人事制度改革的实施意见》、《人事部教育部关于深化中小学人事制度改革的实施意见》、《人事部事业单位公开招聘人员暂行规定》等改革指导文件先后出台，各地区、各高校把事业单位人事制度改革摆在重要地位，开展了大量卓有成效的工作并取得了重大进展，人事制度改革对事业发展、队伍建设和调动各类人才积极性创造性等，发挥出越来越重要的导向与保障作用，高等学校、中小学人事制度改革呈现持续协调健康推进的态势。1999 年以来，以北京大学、清华大学、浙江大学、中山大学为代表的一批国内著名大学，相继实施以校内岗位津贴为基础的岗位聘任制度，取得了明显成效。这些高校有的积极探索岗位管理办法，使岗位性质与岗位分级相结合、岗位责任与岗位待遇相结合；有的高校实施校内岗位津贴制度改革，在岗位津贴分配中坚持“向关键岗位、优秀人才倾斜”的原则，实行了基本工资、岗位津贴和业绩奖励三位一体的收入分配机制。这一阶段的改革被有关方面誉为在高等学校人事制度改革中进行了一场“静悄悄的革命”，充分调动了教职工的积极性和创造性。

到 2006 年，国家从整体层面推进事业单位改革的步伐逐步加快，提出整体考虑事业单位分类、财政投入、用人、收入分配、社会保障制度五项配套改革，其中有的单项改革，如收入分配制度改革已全面推开，事业单位分类、养老保险改革试点已经部署。特别是 2006 年，国家进行了改革开放以来的第四次工资制度改革，按照“整体考虑、分别实施、制度入轨、逐步到位”的方针，全面实施岗位绩效工资制度，改革的实施步骤细化了岗位工资等级，进一步强化了激励功能。2007 年人事部、教育部印发《高等学校贯彻〈事业单位工作人员收入分配制度改革方案〉的实施意见》，基本工资套改工作现已顺利完成。伴随这次工资制度改革，国家第一次提出实行事业单位岗位设置管理制度，2007 年人事部、教育部印发《关于高等学校岗位设置管理的指导意见》，明确了高校岗位设置的基本原则、岗位名称、岗位等级及结构比例基本标准。同一时期，《教育部直属高校岗位设置管理暂行办法》制定颁布并在直属高校全面实施，到 2008 年 12 月，教育部直属高校岗位设置与首次聘任工作平稳顺利完成。

在这些大的宏观背景下，国内高校的人事制度改革的探索与实践不断向纵深推进。这一阶段大学人事制度改革的核心是推行全员聘任制、进行收入分配制度改革以及试行岗位管理制度，改革的基本原则为：按需设岗、公开招聘、平等竞争、择优聘任、合约管理、按劳取酬、优劳优酬，这都需要以公正、准确的考核结果作为前提和基础。因此，教师考核评价工作比以往各个时期都受到重视，无论是理论界还是实践领域都对此投入了更多的关注、更多的重视。在这一时期，一些数学方法被运用到教师考核评价工作中，大学教师考核评价工作步入了定量和定性相结合的阶段，教师的绩效考核与绩效评价逐渐成为高校人事管理工作的重点，许多大学开始通过运用教师绩效评价结果，来作为教师职务晋升、薪酬分配的重要依据。1999 年推出的“长江学者奖励计划”制度，在“长江学者”的考核上，提出“特聘教授岗位实行严格的聘期目标管理。聘任学校每年对受聘特聘教授岗位职责进行考核。考核结果报教育部备案”。“教育部组织有关同行专家对特聘教授履职情况和科学发展情况进行定期或不定期的评价”。这是现代人力资源绩效管理中典型的目标管理模式。“长江学者奖励计划”的出台应该说为今后我国大学的人事体制改革，如教师聘任、薪酬分配等方面明确了方向。在这一计划的带动下，一些大学也开始对高层次人才实施目标管理模式：根据聘期签订聘任合同，明确教师在任期内应该完成的任务，聘期结束后根据合同检查职责履行情况。如南京大学的“人才特区”计划，就实行了比较特殊的考核评价办法。

2000 年 6 月 2 日，《中组部人事部教育部关于深化高等学校人事制度改革的实施意见》规定：“进一步健全考核制度，加强聘后管理。结合年度考核工作，采取适当形式，对聘用（聘任）人员应履行的职责任务进行考核。经考核不能胜任本职工作的，或聘方所提供的条件发生重大变化时，可以通过解聘、辞聘等形式，解除聘用合同，终止聘用关系。同时，被聘人员也有权要求学校按照聘用（聘任）合同的规定提供教学、科研等工作条件。”2002 年 7 月 6 日，《人事部关于在事业单位试行人员聘用制度的意见》规定：“建立和完善考核制度。聘用单位对受聘人员的工作情况实行年度考核；必要时，还可以增加聘期考核。考核必须坚持客观、公正的原则，实行领导考核与群众评议相结合、考核工作实绩与考核工作态度相统一的方法。考核的内容应当与岗位的实际需要相符合。考核结果分为优秀、合格、基本合格、不合格 4 个等次。聘用工作组织在群众评议意见和受聘人员领导意见的基础上提出考核等次意见，报聘用单位负责人员集体决定。”“考核结果是续聘、解聘或者调整岗位的依据。受聘人员年度考核或者聘期考核不合格的，聘用单位可以调整该受聘人员的岗位或者安排其离岗接受必要的培训后调整岗位。”

2003 年 12 月，《中共中央国务院关于进一步加强人才工作的决定》规定：“建立以能力和业绩为导向、科学的社会化的人才评价机制。”“完善人才评价标准，克服人才评价中重学历、资历，轻能力、业绩的倾向。根据德才兼备的要求，从规范职位分类与职业标准入手，建立以业绩为依据，由品德、知识、能力等要素构成的各类人才评价指标体系。改革各类人才评价方式，积极探索主体明确、各具特色的评价方法。完善人才评价手段，大力开发应用现代人才测评技术，努力提高人才评价的科学水平。”2007 年 5 月，《关于高等学校岗位设置管理的指导意见》规定：“聘用合同期满前，高等学校应按国家有关规定和受聘人员的履职情况认真考核，及时做出续聘、岗位调整或解聘的决定。”同时出台的《教育部直属高校岗位设置管理暂行办法》规定：“要根据学科的不同特点、岗位职责的不同要求，建立符合高校工作规律，以促进绩效改进和人才发展为导向，由品德、知识、能力、业绩等要素构成的考核评价办法。聘用合同期满前，学校应按国家有关规定，认真考核受聘人员的履职情况，及时做出续聘、岗位调整或解聘的决定。对签订短期和中期合同的受聘人员，应坚持以聘期考核为主，重点考核受聘人员履行岗位职责和聘用合同的情况。对签订长期合同的受聘人员，应通过适当方式考查了解其工作的进展情况。”

2010 年 5 月，中共中央、国务院颁布的《国家中长期人才发展规划纲要（2010—2020 年）》规定：建立“人才评价发现机制”，其目标要求是：“建立以岗位职责要求为基础，以品德、能力和业绩为导向，科学化、社会化的人才评价发现机制。完善人才评价标准，克服唯学历、唯论文倾向，对人才不求全责备，注重靠实践和贡献评价人才。改进人才评价方式，拓宽人才评价渠道。把评价人才和发现人才结合起来，坚持在实践和群众中识别人才、发现人才”。同时提出的主要任务是：“健全科学的职业分类体系，建立各类人才能力素质标准。建立以岗位绩效考核为基础的事业单位人员考核评价制度。分行业制定事业单位领导人员考核评价办法。完善重在业内和社会认可的专业技术人才评价机制。加快推进职称制度改革，规范专业技术人才职业准入，依法严格管理；完善专业技术人才职业水平评价办法，提高社会化程度；完善专业技术职务任职评价办法，落实用人单位在专业技术职务（岗位）聘任中的自主权。”同时提出，“探索技能人才多元评价机制，逐步完善社会化职业技能鉴定、企业技能人才评价、院校职业资格认证和专项职业能力考核办法。”

2010 年 7 月，中共中央、国务院颁布的《国家中长期教育改革和发展规划纲要（2010—2020 年）》规定：建立“改革教育质量评价和人才评价制度”，提出“改进人才评价及选用制度，为人才培养创造良好环境。树立科学人才观，建立以岗位职责为基础，以品德、能力和业绩为导向的科学化、社会化人才评价发现机制。强化人才选拔使用中对实践能力的考查，克服社会用人单纯追求学历的倾向”。

这个阶段教师考核评价的一个显著特征是考核指标开始关注教师工作的内容与产出，并运用数学方法确定了相应权重，使得考核标准和考核结果能以数量化的形式得以体现。关于这个阶段教师考核评价的主要特点和存在的问题，正是对现行大学教师绩效评价制度所体现和反映的主要特征和存在问题，这里不再详述，将在下一节中进行系统阐述。

通过以上对我国高校考核评价工作的历史回顾，可以看出我国高校教师考核大致经历了初步形成、受挫瘫痪、恢复改善、发展提高四个不同的历史时期，其考核方式、指标内容、组织形式、实施程度、结果运用等方面也在不断发展完善，逐步向着科学化、制度化、规范化的方向发展。

第二节　现行大学教师绩效评价制度及其主要特征

评价主客体关系及各自的角色，决定了评价制度的设计理念、方向以及相应的评价原则、方法、模式应采取何种形态。一般地，从教师评价的本义来讲，评价的主体选择从以下范围产生：教师本人、系主任、资深教师、学院领导、学院学术或教学委员会、大学学术或教学委员会、人事处、科技处、教务处、研究生院、学生和校外专家。由于中国大学的性质和公有制属性，制度的设计和政策制定的层面，主要有国家立法机关、国家有关部门、大学和院系，分别承担不同任务，教师只是一定程度上的参与者。国家立法机关、国家有关部门一般制定有关教师评价的法律和部门规章，从宏观政策层面提出教师评价的最基本原则要求，大学主要制订教师考核评价的具体实施办法，人事处等行政部门会同院系负责组织具体操作。因此，在中国，大学是教师评价的主体，教师作为评价客体，是被政策执行对象。在这样一个前提下，现行大学教师评价制度的有关基本原则、评价指标、评价方法、评价模式、评价结果的运用等，都是基于组织目标的实现和组织管理的要求而确定的，因此，在一般情况下，这种形态更多是用“考核”的概念，用“评价”概念相对少一些。

一、现行考核评价的基本原则

德才兼备、以德为先原则。大学的社会主义办学方向，大学教师所承担的主要职责，决定了教师绩效的评价一定要有利于学校实现教育目标和管理目标，有利于端正高等学校的办学方向，有利于树立正确的教育质量观、人才观。这种方向性的要求，即大学教师思想政治素质的要求是教师绩效评价的首要原则，它关系到教师绩效的服务方向和性质，关系学校各项工作的进步和事业的整体发展，也关系到学生的根本利益。《教师法》第三条规定：“教师是履行教育教学职责的专业人员，承担教书育人，培养社会主义事业建设者和接班人、提高民族素质的使命。教师应当忠诚于人民的教育事业。”因此，在教师绩效评价中，学校通过强调每个教师的思想品德、工作态度、教书育人和教学科研能力、业务水平工作的结合，以充分发挥评价的导向作用。

统一指导与分类指导相结合原则。长期的计划体制下，大学作为国家事业单位，其公有制性质和公益属性，决定了大学教师评价制度的制定和实施运行的办法，要体现出国家宏观管理统一规范必要性的要求。《高等教育法》第十三条规定：“国务院统一领导和管理全国高等教育事业。省、自治区、直辖市人民政府统筹协调本行政区域内的高等教育事业，管理主要为地方培养人才和国务院授权管理的高等学校。”同时，第三十七条规定：

“高等学校根据实际需要和精简、效能的原则，自主确定教学、科学研究、行政职能部门等内部组织机构的设置和人员配备；按照国家有关规定，评聘教师和其他专业技术人员的职务，调整津贴及工资分配。”这一规定是高校办法自主权的体现，也为分类指导提供了法律依据，同时加强分类指导也是适应高等教育根据社会经济的发展需要，促进大学按照其内在发展的规律，根据类别划分，实行自我优化、自我发展模式的要求。

定性与定量相结合原则。中国大学管理的特点、文化历史传统的背景、大学考核工作实践的经验，都得出这样一个结论：在对教师工作绩效进行评价时，把定性与定量有机结合起来是一种可行办法。在教师评价中，有些评价要素的标准可以量化，就可采用定量分析，这使得评价分析能比较准确地反映客观实际，防止主观性。但同时，教师职业的思想性、实践性、长期性的特征面前，在评价教育活动的质量和效益时，采用定量的方法就很困难，特别是关系到教师的思想、情感、意志等时具有模糊性。如果只是用精确的数字去表示本身是模糊性质的事物，这不仅不客观，而且也是不科学的。因此，在进行教师绩效评价时，如果只重视定量评价而忽视定性，或者相反，都是不科学的，在实际的评价工作中也是难以行得通的。

公开、平等、竞争、择优原则。从考核评价制度在大学实行以来，客观公正、实事求是、竞争择优就一直被作为主要的评价原则。教师评价中的过程的评审环节十分重要而又很复杂，关键是要做到公开透明、公平公正、保证质量。基于组织目标要求的现行教师评价机制中的评审过程，首先在评审具体标准条件上体现公平性，条件面前人人平等。其次是评审程序上要规范有序，特别是在评审委员会的组建上，既体现出各个方面的利益代表，也要体现出一定的竞争性要求。再次是制定评审办法上，由于大学专业的特殊性，必须要强调重在业内认可，由同行专家为基础组建评审委员会，体现专家内行“说了算”。最后是强化监督机制不可或缺。纪检监察部门对评审工作的监督，评审结果公示制度和接受教师、社会的监督制度，也是体现这一原则的主要内容和根本保障。

激励与约束相结合原则。这体现了现行教师绩效评价制度的政策导向问题。“奖勤罚懒”是体现管理文化的一个十分重要的要求。人事管理制度能否真正发挥作用的关键就是能否充分调动与激发人的积极性、主动性和创造性，这符合组织激励理论最基本的原理。教师绩效评价的根本目的要着眼于教师的发展和成熟，这一目的的实现，需要一个不断激励的过程，这也使许多大学把奖励性的教师绩效评价作为学校实现教育和管理目标的重要手段。与此相对应，现行的大学教师绩效评价更重视其管理性，一般的管理经验认为，通过绩效评价，对一个教师约束或惩戒的评价结果，似乎其显示的作用比奖励的作用还要有影响力，“杀一儆百”“杀鸡给猴看”等传统管理理念的影响，使得不少大学的管理者们把更多的精力投入到对教师的约束措施上，以增强评价制度的效力。但随着大学民主进程的加快，促进大学教师自主发展的理念的不断深入人心，这种强化约束的做法和观念迫切需要进一步调整、更新。

二、基于法律规定、国家政策、大学要求的教师绩效评价指标体系

1. 国家法律、政策对于考核指标的基本要求和依据

法律法规是确定大学教师评价指标的最基础依据。在依法治国战略下，处在大学教师管理的法制化环境之下，有关教师评价的衡量准则和评判标准，都是要以法律规定的教师任职资格、岗位聘用规定的任职基本条件为基础的，都不能违背与之相关的法律法规。确定教师的绩效评价指标，就有必要了解教师的任职资格和岗位职责。

从基于大学教师资格的角度。教师资格是国家对专门从事教育教学工作人员的基本要求。《教师法》第十条规定：“国家实行教师资格制度。中国公民凡遵守宪法和法律，热爱教育事业，具有良好的思想品德，具备本法规定的学历或者经国家教师资格考试合格，有教育教学能力，经认定合格的，可以取得教师资格。”《高等教育法》第四十六条进一步明确规定：“高校实行教师资格制度。中国公民凡遵守宪法和法律，热爱教育事业，具有良好的思想品德，具备研究生或者大学本科毕业学历，有相应的教育教学能力，经认定合格，可以取得高校教师资格。不具备研究生或者大学本科毕业学历的公民，学有所长，通过国家教师资格考试，经认定合格，也可以取得高校教师资格。”高校教师取得前款规定的职务应当具备下列基本条件：（一）取得高校教师资格；（二）系统地掌握本学科的基础理论；（三）具备相应职务的教育教学能力和科学研究能力；（四）承担相应职务

的课程和规定课时的教学任务。教授、副教授除应当具备以上基本任职条件外，还应当对本学科具有系统而坚实的基础理论和比较丰富的教学、科学研究经验，教学成绩显著，论文或者著作达到较高水平或者有突出的教学、科学研究成果等。

从基于大学教师的岗位职责的角度。中国高等学校教师职务试行条例非常明确规定了各个不同层次教师的岗位职责，其中对教学、科研和社会服务有清楚的界定。根据《高等学校教师职务试行条例》（职改字〔1986〕第11号文件），教师职务设助教、讲师、副教授、教授，各级职务实行聘任制或任命制，并有明确的职责、任职条件和任期。尽管该条例是1986年制定的，至今已20多年，中国的高等教育伴随经济社会的全面发展，教师队伍的整体结构已经发生了巨大的变化，教师的地位和义务也已经发生了深刻的变化，该条例的规定已经不能完全适应现今对教师工作职责的要求，迫切需要重新修订。但由于种种原因，新的教师职务条例仍没有出台。尽管如此，从该职责条例对绩效评价的指标的确定仍具很强的指导性，依然是目前教师绩效评价指标体系制定的基本法律依据。《高校教师职务试行条例》关于教师岗位职责的基本规定，这成为目前为止大学研究制定教师评价考核指标时的一个基本依据。尽管这一试行条例早就需要修订，同时，其规定中，基本上是定性描述，相对抽象，没有对教师工作量的指标提出具体的、可供操作的规定，但仍基本勾画了评价指标体系的基本要素点，成为各大学制订指标时的主要参考依据，许多大学也是从这一条例规定的岗位职责开始，逐步完善本校的绩效评价的指标体系。

2. 大学确定基本指标体系的主要内容与类型——从数量指标和质量指标两个维度

一般来说，在国家法律基本规范的前提下，在一所大学教师绩效评价指标体系的确定过程中，学校人事部门制定基本框架和规章制度，院系制定具体指标和实施细则。如果是基于“考核”的视角，人事部门组织的年度绩效考核评价主要是从“德、能、勤、绩”四个方面考核教师在聘期中的表现。这四个方面的考核评价内容，依然处于一个定性评价的范畴，对于一所大学的管理者来说，具体的评价一名教师似乎还存在难以达到真正实效的情况。当然，学校在进行这四个方面的考核内容的实务操作时，还有一些具体的办法，但给教师的感觉往往是在“搞形式、走过场”，实际上对教师的触动并不大，更谈不上促进其自主发展。在这种情况下，许多高水平大学纷纷把这种“考核”逐步转向“评价”，从一个整体的组织活动转变为针对个人的管理行为。尽管这种转变的界限是难以把握的，但其意义却是非同寻常的。在这个前提下，考核的许多内容、指标被具体化了，被赋予个性化色彩，教师绩效评价实现量化的可能性就出现了，加上原有定性的内容，基于组织目的的大学教师绩效评价的指标体系的类型变得相对清晰。经过大致归类，这些对大学教师进行绩效评价的指标，如表4－1所示。

从表4－1可以看出，基于“评价”的视角，教师绩效评价指标可以从数量指标和质量指标两个维度得到反映。除师德指标外，教学指标、科研指标、社会服务指标均在数量和质量层面包含有具体的指标内容。从这些指标的要求来看，基本上每个指标都能通过量化分析的过程，使不同教师的工作业绩呈现出不同特点，因而为确定教师评价结果的多样化、个性化带来可能，这也就使评价变得“有意义”了；组织能掌握每位教师的真实情况，教师也通过评价过程了解自己的长处与不足。那么，这种指标体系到底是如何确定的？每个学校又是如何去操作的？现行大学教师绩效评价制度中，指标体系的设计到底是一种什么样的状况呢？本章的第三节将从实证研究的角度进行专门描述。

表4－1　大学教师绩效评价指标类型

指标类型	师德指标	教学指标	科研指标	社会服务指标
数量指标	职业道德 学术道德 学术规范	本科生授课 研究生授课 指导实验 指导课程设计 指导毕业实习 指导毕业设计 出版教材	科研项目经费 发表论文 申请、获得专利 科研专著 参加会议 举办讲座	学校或学院的公益工作 为同行企业服务 作为本学科相关杂志编委 兼任本专业委员会相关职务
质量指标		由学生的感觉决定 由同行的感觉决定 教学获奖 本科教学评估中的指标	发表论文的等级 科研项目的等级 科研成果获奖等级 学术地位	为学院作出的贡献大小 得到社会或企业的认可 由同事决定指标做出评价

三、绩效制度的流程、方法、技术和结果的运用

1. 流程和主要绩效评价方法

绩效评价的流程上，国内高校各不相同，但基本程序却有相似之处，主要经过以下几个阶段：首先是个人撰写年度述职报告（填表），然后上交职能部门或是上级领导进行考核，之后由高校考核小组审定并公示，最后反馈到个人。

绩效评价方法与采用的方式，主要采用定量方法、定性评议、排序方法、评分表、目标管理、关键事件法等方法。根据本研究开始时，从 2005 年 7 月—2006 年 6 月进行的调查研究工作中得到的数据（本调研的详情将在第三节具体说明），从抽样来看，排在第一位的是运用定量方法，其他依次是定性评议、目标管理、评分表、关键事件法、排序方法。但这当中，还有一些是综合运用上述方法，如定量与定性相结合的方法，多数学校采取了这种办法。还有不少学校选择把定量方法、定性评议、排序方法并结合起来使用。具体抽样调查结果如图 4 - 1 所示。

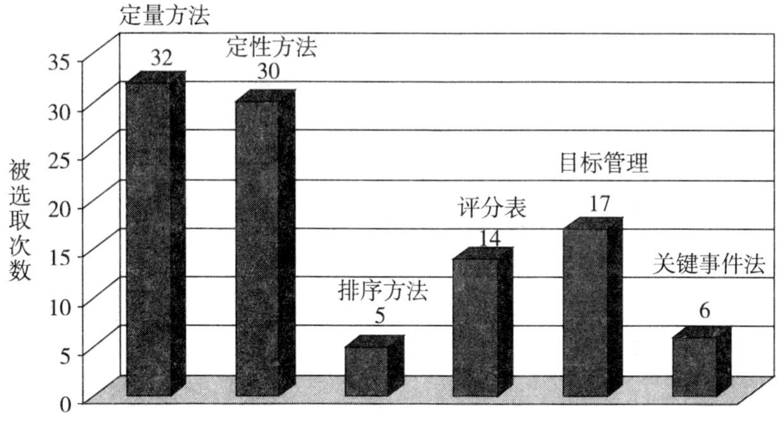

图 4 - 1　教师绩效评价时采用的方法

2. 绩效评价主要技术

在绩效评价技术上，大多数高校采用了人工填表、计算、审核与通过计算机网络实现两种方式，目前我国大多数高校还没有建议专门的绩效评价信息管理系统，评价绩效时所采用的方式还以传统的人工填表、计算、

审核的方式开展。在表3－1基于数量指标和质量指标两个维度指标体系范畴内，高校分别运用不同的评价技术。这当中，打分表的办法就是一个被普遍使用的办法。下面以清华大学为例，对这种评价技术进行介绍。这种评价不是对教师的一个全方位的评价，而就其中一项业务的具体评估，这种评估所采取的办法，也可以作为教师评价的技术来运用，其成效从另一个侧面也能得到反映。

绩效评价的技术难点。因为不同专业的评价指标有所不同，很难量化是第一个难点；其次评价指标量与质的平衡问题上，定量评价与学术成长规律的矛盾，将质和量综合评定较难；第三是教师类型的分类上，如教学性、科研型、教学兼科研型教师的界定上，绩效评价的难点是教师类型的细分，如何更好地量化脑力劳动，避免短期行为和浮躁现象；第四是工作长期性与周期性和年度考评短期性的矛盾，如何将短期评价和长期评价结合起来是个难点，因为教学科研工作具有周期性和长期性特点，与年度考核的短期性有矛盾，教学科研工作质量标准难以确定，学术价值难以量化计算；第五是由于有些专业特点的原因，造成了如生产周期长，有许多指标很难在一个聘期内定量考核的难点，另外教学与科研的折算方面也很难。上述困难，有些属于技术性，有些是体制性。

3. 考核评价结果的运用

一般地，现行大学教师绩效考核评价制度的年终考核结果按等级划分为优秀、合格、基本合格、不合格四个等次。而教师的聘期因校不同，一般为三年，作为人事制度的重要组成部分，评价制度是岗位制度、聘任制度、薪酬分配制度、福利制度、奖惩制度中的一环，考核评价结果的运用，就是使这些制度之间发生关系，共同起到管理教师的作用。目前，大学教师绩效评价结果的运用领域主要还是集中在教师相关的职务晋升、薪酬分配、奖惩约束三个方面。而这三方面内容是与教师的切身利益直接相关的，他们的积极性、创造性能否被激发与调动起来，评价结果的导向作用显现得比较明显。除此以外，教师绩效考核评价结果的运用，对于教师人事制度的优化完善、对于学校教学科研机制的改进也有明确的作用和影响。

一是教师绩效评价的结果与教师的聘任、续聘甚至解聘直接挂钩。在教师聘任的程序中，考核评价是一个必要环节。现在，我国高校人事管理基本上实行教师职务的聘任是由考核结果来决定的。对于一名教师来说，在一个聘期内，其绩效评价结果完整连续的记录是非常重要的。要考查出教师的工作业绩与能力是否与其职务职称真正相符，是否和其行政职务、与其教学（科研）岗位相适应，考核评价是必不可少的。同时，在教师聘用过程中，合同管理的重要性决定了必须进行考核评价，才能使合同管理的程序正常进行下去。在合同约定的条款内，考核评价结果决定了教师的聘任、续聘甚至解聘的结果是否能够按约定执行。国家对“长江学者”特聘教授的考核评价结果的运用就是一个有力的例子。教育部规定，对于在聘期内到岗工作时间不足的特聘教授（长江学者），教育部将撤销其“长江学者”称号，停发并追回已发放的特聘教授奖金，聘任学校应解除与其签订的聘任合同。特聘教授因聘期内考核不合格或其他原因不适宜继续工作的受聘人员，学校根据协议解除聘用合同。

二是教师绩效评价结果与教师的薪酬分配，与岗位津贴补贴以及年终奖金直接挂钩。高校多年来的改革实践表明，这种结合是直接促使教师考核评价制度在高校不断被推广的主要原因。如“合格和基本合格者按完成工作量情况发岗位津贴，不合格，扣发岗位津贴”等政策表述，已成为学校内部收入分配制度的主要规定，学校内的各类人员，包括教师对这样一种管理方式是能够接受的。用教师绩效评价结果来确定薪酬（奖金）标准是相对客观、公平的制度，这也是教师绩效评价的重要意义所在。虽然教师普遍具有较强的自我发展需求，但采用绩效付薪制度仍然是激励教师努力提高工作绩效的重要内驱力。高投入的科研、教学工作需要有高的薪酬（奖金）水平，而高水平薪酬反过来又可以保障教师安定的生活和平和的心态。而这种高水平的薪酬（奖金）水平的依据是考核评价的结果。一些学校的院系还根据考核评价结果确定下一年度岗位津贴的标准，特别是对教师影响很大的年终奖金也是根据教学、研究、服务工作的实绩折算的工作量分配的。这种关系下，高校如果让绩效评价结果与教师的薪酬分配相脱离，目前是做不到的，也是难以想象的。

三是教师绩效评价结果与奖惩措施直接挂钩。考核与奖励的结合是一般意义上人事管理的基本原理。同样，在大学中对教师奖励、表彰、约束、惩处等管理行为，一般也主要是基于考核评价的结果。从奖励的角度，学术奖励、学术休假是教师最为关心的，因此，很多高校把这两条作为激发教师积极性的主要措施。近些年来，学术休假对教师的吸引力越来越大，采取这样的奖励方式，使得教师对绩效考核评价结果变得更加重视。一些学校也采取了具体的办法，使评价结果与学术休假相结合。如武汉大学规定，中级以上职务的教师受聘5年以上，经考核合格的，可享受6个月的学术假，学术假期间可在国内外专职从事学术研究工作。与此同时，评价结果与约束管理措施紧密结合，也使管理的权威进一步加强，如出现连续几年的不合格，将采取解聘的措施，在许多学校已经采用，其效果也是不错的。

四是教师绩效评价结果的综合分析成为改进教师管理制度的重要依据。前已述及，绩效考核评价是高等学校人力资源管理的重要内容，与其他的管理制度，如招聘、调配、晋升、培训、薪酬福利、绩效管理以及劳动纠纷处理和合同管理等一起，构成了大学教师人事制度的整体。因为所有的教师管理活动，都离不开对教师工作绩效的评价，教师的评价结果的好坏，一方面影响其他制度对教师作出的管理决策，另一方面，也为更好地改进管理水平、完善制度措施提供有力依据。因此，分析好、运用好教师绩效评价的结果，对教师薪酬福利、职务晋升、岗位聘任、进修培训等制度提供很好的参照系，是很有益处的。大学的人事管理者应该充分认识到这一点。

五是教师绩效评价结果的综合分析成为学校教学科研工作机制改善的重要基础。对教师绩效评价的实施，是围绕着学校的教学科研而展开的，其目标体系的设计也是以学校教学科研的业务为依据的，所以从组织的角度，教师评价根本目的是为了不断地提高教学科研的水平，而这需要一个高效率的教学科研机制运行来保证。通过教师评价，不仅可以使教师明确自己的工作业绩，发现在教学科研工作方面存在的不足或薄弱环节，同时，为教师完成好这些任务所提供的教学科研机制到底如何，评价结果可以充分反映机制所存在的问题，通过进一步的改进，在帮助教师明确改进教学科研工作目标，实现绩效任务的同时，更好地为学校提高教学科研质量提供坚实保证。

四、现行大学教师绩效评价的主要特征

从上述分析和研究结果，从共性的角度，可以得出目前我国大学教师

评价，呈现出以下几个方面的主要特征：

一是组织计划性。在前面有关章节分析我国大学及大学教师的属性、职能及特征时，可以清楚地看到，公办大学都属于国家事业单位的范畴，也就是体现公有性和公益属性的非政府国有组织。因此，它的管理体制和运行机制，决定了作为其管理制度的一个方面的教师评价制度也深受计划经济体制的影响。这当中一个鲜明的特点，就是进行绩效评价时的组织计划性。按照管理学原理，计划有四个重要表现，即“有效消除不确定性的影响，使组织成员都知道该如何去做；引导组织向组织目标靠拢；使组织运行经济和高效；便于管理人员进行控制”（包国宪，等，1998）[101]。现行大学教师绩效评价制度所体现出来的管理方式，与上述四个计划的表现是符合的。这也使得评价制度呈现出以组织的目标为中心的特点，而不是以教师的发展为出发点。尽管许多大学在制定绩效评价制度，设计评价指标和模式时，提出把促进教师专业发展作为一条重要原则，但就现行大学教师绩效评价制度的整体形态而言，还是基于组织角度而不是教师角度。

二是绩效导向性。也就是绩效评价目标的导向性。主要是指考核评价工作是以绩效为目标和衡量标准的。这当然也是所有绩效评价共有的特征。构建组织的绩效目标模型，其根本目的是寻找到能够促进组织资源优化配置、提高组织成长业绩、实现组织持续发展的组织人力资源管理机制和方法。在这种导向下，无论对于教师还是大学组织，都毫无例外地把实现组织业绩、提高组织运行效率放在一个十分突出的位置。在这种背景下，一方面，组织目标实现被保证了，达到预期效果，教师们也通过评价结果的运用，在职务晋升、津贴分配中满足了属于自己的物质需求，但在另一方面，也使得教师和组织都会不可避免地产生了功利化思想，在形成一切绩效优先的组织文化氛围中，指标成为指挥棒，定量评价也成为教师绩效评价的主要方式，教师也会产生追求指标、数量的动机和倾向，这也给大学管理、对教师发展、对评价制度的科学完善带来许多意想不到的深层次问题。

三是程序单向性。大学组织是教师评价的主体、教师是评价客体，评价程序呈现出自上而下的特点，并且这种自上而下是单向的、不可逆的。除了从许多大学的评价流程所具有的共性上可以清楚地看到这一点外，在绩效评价评价活动最初动因、指导思想、方法模式、指标制订、结果运用等各个环节上，都无时无刻不打上组织决定的烙印。这当中，教师的作用也能有限地发挥，诸如指标制订过程中征求相关专业教师的意见，评价结果运用时还要向教师反馈协商等，但在关键步骤和核心环节，特别是在评价最基本的理念上，组织所发挥的作用始终是自上而下的。当然，一所大学的管理的确有其复杂性，不按照自上而下的程序也是不行的，没有组织统一整体的推进，学校教师评价是无法开展的。但至少有一点，就是这种单向性是可以改进的，如坚持自上而下和自下而上相结合就是一种制度良性的反映。目前，也有不少大学正在进行这些方面的探索和改革，诚如此，必将促进现行大学教师绩效评价制度的日趋完善。

四是内容复杂性。这是教师评价制度所具有的共性特征，在中国现行大学教师绩效评价制度上也体现得十分明显。这种复杂性主要体现在指标确定的复杂程度上。一方面，大学教师职业特点反映出的思想性、学术性、长期性、复杂性、实践性，使得大学教师绩效评价的指标体系必须是多元的、开放的、复杂的，另一方面，由于大学学科的复杂性，使得教师绩效评价指标体系呈现出多维性，即需要沿着多种维度或领域去分析或评价。如教师的绩效，除了教学数量之外，还有教学过程和教学质量的绩效；此外，还需要对其科研水平和社会服务进行综合评价等，并且各维度的权重还不尽相同，评价的侧重点会有所不同。因此，教师绩效不是一个单一维度能够概括的，必须要设计多个评价指标，从不同侧面不同角度分别进行评价，这才是科学的。

五是形式多样性。中国的国情和高等教育发展的历史，决定了大学水平的千差万别，特点各异。尽管目前中国大学分类研究尚没有一个清晰的界定，但分类分层的思想在高等教育领域已十分盛行。由此，各大学从本地本校的实际出发，采取不同于其他大学的形式开展教师绩效评价工作。这有两点重要原因，一是国家至今尚没有一部系统完整的、专门针对大学教师绩效评价的法律、专项法规，即便是作为国务院教育主管部门的教育部，也没有一个关于大学教师绩效评价的专门文件，各校只能在最基本的法律规定和部门政策要求下，自主确定评价形式；二是作为在高校产生绩效评价管理的最初原因之一的大学岗位绩效津贴的标准，在中国没有一所大学与其他学校是相同的。这就决定了每所大学所采取的评价形式是不同的，是呈现多样性的特征。本研究认为，这种多样性是值得提倡的，这对大学保持特色、增强自主办学权利，进而对促进大学教师的自主发展也是非常有利的。

第三节　对现行大学教师绩效评价制度的调研——基于指标体系的分析

绩效管理最核心的环节莫过于绩效评估，而绩效评估最困难的莫过于确立衡量的指标体系（张福成，等，2007）[273]。进行教师绩效评价的研究，对我国大学教师绩效评价制度的现状分析，一个十分重要的内容就是对指标体系的实证分析。因此，本研究把实证分析的重点放在了评价指标体系的制定与运用情况方面。

需要说明的是，围绕这一研究主题而开展的调查研究使用了问卷调查的方法。调研过程主要是基于教育部“高等学校教师评价体系研究”资助项目，开展高等学校教师评价体系研究，由华南理工大学课题组进行统计分析，研究周期为2005年7月—2006年6月，历时一年。作为项目研究的一项任务，其重要步骤之一是了解中国高校教师评价的现状，尤其是绩效评价体系的基本情况。因此，在2005年10月—2006年1月期间，由教育部人事司对教育部所属的75所高等院校人事管理部门发放了调查问卷，要求由负责教师绩效评价工作的人事处领导填写问卷。调查共回收问卷42份，回收率为56%，涉及13个省份及2个直辖市的教育部直属高校。其中15所为综合性大学，其余27所为专业性大学。总体分布情况如图4－2所示。经统计，问卷数量以北京的高校为最多，共计11所，占回收问卷总数的26.2%；上海、湖北高校各5所；江苏、陕西、山东高校，各3所；四川、湖南、广东各2所；辽宁、吉林、黑龙江、安徽、浙江、福建各1所。从学校所在地区、规模层次、学科结构的比例分析，调查所取得数据基本上代表了教育部所属高校的基本现状。问卷的调查内容包括三个部分：第一部分是关于高校基本信息的调查，主要考察各高校目前的师资、学生人数以及办学宗旨等方面情况；第二部分是关于高校教师招聘评价方面的情况；

第三部分则是关于高校教师绩效评价方面的情况。本研究采用的数据是其中第三部分的调查内容。问卷中针对教师绩效评价部分的问题设计，是遵循“绩效评价指标提出和内容——绩效评价具体操作——绩效评价结果应用”这样一条思路进行的。从问卷中涉及的绩效评价指标体系分析，所调查高校的教师绩效评价指标管理基本情况和内容包括以下几个方面。

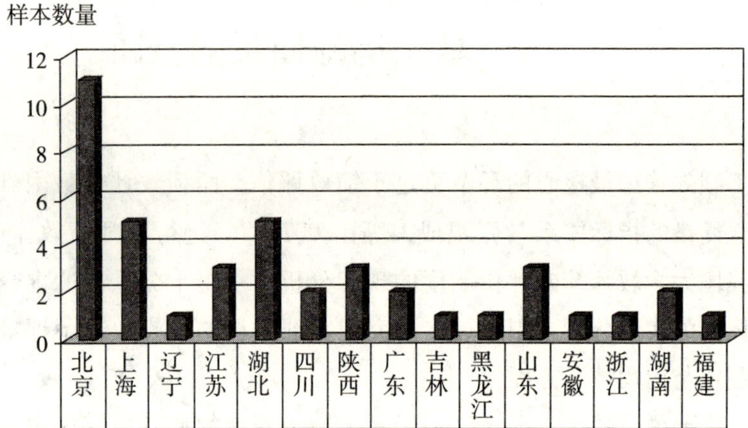

	北京	上海	辽宁	江苏	湖北	四川	陕西	广东	吉林	黑龙江	山东	安徽	浙江	湖南	福建
■ 样本数量	11	5	1	3	5	2	3	2	1	1	3	1	1	2	1

图 4－2　调查所涉及的高校数量及所在地分布情况

一、绩效指标的提出

绩效指标体现了各高校的绩效评价理念，因此，问卷首先调查了各高校教师绩效评价时所依据的评价理念。从问卷中发现：高校在设计教师绩效评价体系时遵循的绩效评价理念，有 78.6% 的高校选择“以人为本，有利于教师成长”；69.0% 的高校选择“绩效优先”；19.0% 的高校选择“承担社会责任”；54.8% 的高校选择“营造和谐的治学环境”；52.3% 的高校选择“尊重专家意见发挥院系的作用”。总体而言，目前绝大多数高校将“以人为本”与“绩效优先”作为设计教师绩效指标时遵循的基本评价理念，这也从另一个侧面说明了目前我国高校教师绩效评价日趋人性化与客观化。

其次，在关于设计教师绩效评价指标体系时高校遵循的绩效评价原则问题上，有 54.8% 选择“统一指导与分类指导相结合”；85.7% 选择“定性与定量相结合”；35.7%选择“发展性评价为主导”；47.6%选择“过程评价与结果评价相结合”。分析各高校遵循的评价原则之后发现，“定性与定量相结合”原则是被最广泛采用的评价原则。这意味着目前我国教师绩效评价体系的可靠性与科学性已经较过去根据上级直接评定教师个人绩效或单一采用定性评价有了较大提升和改善。

最后，绩效评价指标和标准的提出。在评价指标由谁提出的问题上，有16.7%的高校表示绩效指标和标准由高校管理层提出，78.6%的高校表示教师绩效指标和标准是由院系和高校共同提出，其余的4.8%高校没有回答。由此可见，目前多数高校衡量教师的绩效指标和标准是由院系和高校共同提出的，教师基本被排除在外。其中，对于教学绩效评价指标和标准，有18所（约占42.9%）高校的教学绩效评价指标和标准是由教务处或教务处和院系共同提出的；8所（约占19.0%）高校的指标是由学院和高校提出。对于科研评价指标和标准，有20所（约占47.6%）高校的科研绩效评价指标和标准是由科技处或科技处和学院共同提出；10所（约占23.8%）大学的科研绩效评价指标和标准是由学院和高校共同提出；5所（约占11.9%）大学的指标由科技处和人事处共同提出；有1所（约占2.38%）大学的科研绩效评价指标和标准是由学术委员会提出；还有1所（约占2.38%）大学是由科技处和商学院共同提出。由此看出，虽然78.6%的高校选择“以人为本，有利于教师成长”作为教师绩效评价理念，但在确定评价指标过程中，教师没有机会发表意见，这不仅直接影响教师参与绩效管理的积极性，而且无法体现发展性评价的评价理念。

二、绩效指标的内容

高校教师绩效评价指标内容基本包括教学、科研、社会服务三个方面。经过统计，各高校选择绩效评价指标具体情况如表4－2所示。关于教学绩效数量指标方面，高校选择的数量指标分别是本科生授课、研究生授课、指导实验、指导课程设计、指导毕业实习、指导毕业设计、出版教材7个指标中的1个或多个。此外，有4所大学所补充的教学绩效评价数量指标内容还包括优秀教师教学奖、授课方式手段、教学成果奖和精品课程。在科研绩效数量指标的选择上，大多数院校选择4个以上指标，其中被高校选择次数最多的数量指标是：科研项目经费、发表论文、申请获得专利、科研专著4个指标。除此之外，6所大学还补充了科研绩效评价数量指标内容，其中每所大学都将科研获奖作为评价内容。社会服务绩效的数量指标选择上，各高校选择学校或学院的公益工作、为同行企业服务、作为本学科相关杂志编委及兼任本专业委员会相关职务中的1个或多个指标。此外，还有4所大学补充了社会服务绩效评价数量指标内容，包括高职务人员指导青年教师，送科技下乡，援疆援藏，科研成果转化获奖等。

具体分析指标内容，虽然基本上包括了教师的工作内容，但无法看出这些指标与各高校发展目标之间的关联性，也看不到各高校重点发展的学科和专业，以及学生培养目标的重点。这说明，高校在制订教师绩效指标时，没有明确的指标分解系统，没有把学校层次、院（系）层次以及教师层次的目标连贯起来。

表4－2　高校选择绩效评价数量指标情况

绩效评价数量指标内容	高校选择绩效评价数量指标情况		
	评价指标数量	指标内容	其他指标
教学绩效	1—7个指标	本科生授课、研究生授课、指导实验、指导课程设计、指导毕业实习、指导毕业设计、出版教材	奖励优秀教师、授课方式手段、教学成果奖、精品课程
科研绩效	4—6个指标	科研项目经费、发表论文、申请获得专利、科研专著	参加会议、举办讲座、科研获奖次数、科研项目级别、项目来源及成果转化
社会服务绩效	1—4个指标	学校或学院的公益工作、为同行企业服务、作为本学科相关杂志编委、兼任本专业委员会相关职务	高职务人员指导青年教师、科技下乡、援疆援藏、科技成果转化获奖

三、绩效评价指标确定的难点

本次调查还了解了各高校在教师绩效评价中所发现的难点，部分高校具体提出了实践中遇到的具体难点问题。有些高校虽然没有具体指明，但并没有否认工作中存在许多难点。归纳问卷中的信息，4 个评价难点中有 3 个是有关评价指标的，具体是：第一，不同专业的评价指标如何体现差异性，13 所大学（约占 30.9%）认为不同专业评价指标应有所不同，但有些很难量化比较，难以建立一个科学可行的评价体系；第二，评价指标量与质的平衡问题，7.1% 的高校认为定量评价与学术成长规律存在一些客观矛盾，实践工作中较难综合评定教师工作结果的“质”和“量”；第三，不同教师类型的指标如何区别（教学型、科研型、教学科研型），两所大学认为绩效评价的难点是教师类型的细分，以及如何更好地量化脑力劳动指标体系，避免短期行为和浮躁现象。

四、对绩效评价指标体系改善的分析

本次调查最后专门询问了各高校人事部门对各自的教师绩效评价系统满意程度，42 所高校中有 31 所为自己的评价系统满意度给出了一个分数，最高分为 95 分（百分制，后同），最低分为 60 分，被调查学校对其教师绩效评价系统的满意度平均为 83.54 分，标准误差为 1.6427，标准偏差为 9.14636。但在满意的具体内容中，只有 12.82% 的学校认为绩效评价系统能够较好地反映教师工作情况，调动了广大教师的工作积极性，促进了学校教学和科研水平。针对指标部分的评价，23.08% 的学校认为学校的绩效评价指标做到了质与量的有机结合，实现了分类型、分层次、分标准的考核；但是仍然有同样比例的（23.08%）学校认为评价指标细化不够，质与量的结合仍不充分，系统的完善性和统一性有机结合较差。这说明，虽然各高校已经基本建立了教师绩效评价体系，但在教师绩效评价指标体系上满意度较低，还有较大的改善空间。“制定教师绩效评价指标的目的，并不是为了全面评价一个人，而是根据学校和国家的需要，为了在某些方向上给教师一个明确的指导，引导教师把个人的自觉期望纳入到学校或国家的大目标中来”（张富良，2000）。

改善的空间可以从以下两个方面思考。第一，把引入“发展性教师评价理念”作为教师绩效评价的基本理念，吸收教师参与指标的确定过程。近十年来，发展性的教师评价正在形成和完善（王斌华，1998）[4]，这种评价就是“让广大教师认同评价、支持评价并积极参与评价”（李家成，1999）。教师在教学中占据主导地位，在评价中也同样应该占据主导地位，决定评价价值的是教师，决定理会还是不理会评价信息的也是教师（赵希斌，2003）。从问卷调查结果看出，由于没有教师的参与，没有吸收教师的智慧，尤其是在处理不同学科的评价指标差异时，单纯由学校和院（系）制定评价指标和标准，忽视了对工作规律最为了解、最有发言权的教师参与，当然也就无法体现发展性教师评价的理念，从而为后续工作中产生的各种问题留下了隐患。总之，应以促进教师发展为主要目的，制定合理的评价指标和标准，突出教师在评价中的主体地位，促进教师积极参与到评价中并体现教师的个体差异。

第二，引入现代人力资源管理理论和方法，完善教师绩效管理体系，尤其是需要完善评价指标的管理体系，制定符合教师工作性质和各高校自身发展需要的指标体系。回顾我国高校教师绩效评价的历史，一直在不断地引入新的绩效评价理论和方法，包括借鉴苏联的经验、落实实绩评价原则、推行全员聘任制度等，但缺乏系统的理论依据（庞鹤峰，2006）。例如，使用得最为广泛的“目标管理法”，从20世纪90年代开始，取得了很显著的成效，然而各高校没有深入研究其可改善之处，也没有研究国外高校取得成功的教师绩效管理新方法，在我国基本上停留在20世纪80年代的绩效管理水平。反观国外著名的高校，其对教师绩效评价已经发展到“绩效管理”的阶段，尤其是20世纪90年代后期，受高校外部环境的快速变化影响，国外高校对业绩评估的焦点转移到组织战略的变化上，对教职员的业绩评估，除了传统的学术标准外，还采用了商业性导向的绩效评估测量，目标在于增强教师的生产力和大学机构的品质（Lonsdale A. 1997）。根据Lonsdale的研究，各高校的具体做法与企业非常类似，例如引进经理人机制、将业绩与薪酬挂钩；对教师的管理目标就是将其学术水平提升到顶峰水平，使用最佳实践模型，包括：教师的个人目标设定、管理层的期望、评估后的沟通、在征得个人同意之后所采取的奖励和其他行政手段（如，续聘，解聘等）。绩效管理不仅是一个管理教师绩效的过程，而且是使得其工作满意度、激励和绩效同时增加的过程；不仅是对教师的指引和评估，而且是要强调他们在创造最佳工作环境过程中的领导者角色。

第四节　中国现行大学教师绩效评价制度的问题、经验与反思

一、现行大学教师绩效评价存在的主要问题

经历了60年的发展历程，特别是经过改革开放30年的深入发展，大学教师绩效评价制度经过不同的发展时期，其考核方式、指标内容、组织形式、实施程度、结果运用等方面也在不断发展完善，正逐步向着科学化、制度化、规范化的方向发展。但在同时，伴随这项制度的产生，在其发挥着教师人事管理重要作用的同时，存在的问题也逐渐开始显现出来，在有些方面表现得非常突出，成为一种制度性的“痼疾”，长期难以解决。这些问题既有体制机制层面的，也有方法技术层面的，同时，受系统外界的影响，也有一些人事管理工作带有共性的问题。多年来，针对现行教师评价制度中存在的问题，许多学者和政府部门的管理者都从不同角度加大研究力度，试图从不同视角，通过深入分析这些问题产生的原因，探索提出针对性的解决办法，抑或是提出解决思路。应当客观地说，对于这些问题，先行研究者们已比较全面地发现或整理了出来，但由于角度不同，侧重点不同，使得对这些存在问题的归纳显得不够，相对零散，不足以系统全面地进行认识，切中要害。基于本章前面部分的研究和有关实证分析的基础，现从制度机制、管理方式、评价导向、评价指标设计、评价方式方法、评价结果运用等角度，对这些问题进行相应的归纳和分析总结。

1. 在教师评价制度的体制机制层面，重组织目标实现，轻教师自主发展

本章第二节在分析我国大学绩效评价制度的特征时，其组织计划性是其显著的特征。这一特征决定了大学始终是把组织的目标排在第一位的。在现有高等教育管理体制下，教育行政部门集权过多，大学教师评价制度的制定与实施过程中分权不够，大学的自主权还不充分。这种情况下，大

学为了体现国家意志，把人才培养、科学研究、社会服务功能实现好，必须明确相应的办学目标，为此所制定的制度体系也是为大学整体目标的实现而设计的，教师评价制度也不例外。实际上只是处于执行状态的大学组织，很难根据自身的实际对国家制定的相关制度进行调整创新。而另一方面，大学作为一个法人实体，为了不断发展以适应形势需要和增强后发优势，也有其自身管理的内在要求，必然把基于学校发展的目标放在首位。这种组织目标的优先原则，体现在评价管理制度层面，必然会使教师参与程度降低，从而使教师的个性发展受到损害，实现教师自主发展的可能性变得渺茫。在这种“重组织目标实现、轻教师自主发展”的思想指导下，在一些高校管理中，教师评价之所以受到重视，也主要为了对教师进行管理提供依据，因此在高校教师评价中，大学更加重视阶段性的组织目标实现情况的考查，而对教师的工作过程和状态、教师发展情况很少给予关注。

2. 在评价的管理方式层面，重评价主体的支配作用，轻评价客体的参与功能

在中国大学教师绩效评价的实践中，教师一般处于被动地位，教师在关于评价的指标体系制定，在关于教师评价方法的运用，在关于教师评价结果的使用等相关政策方面的知情权、参与权、决策权、监督权实质是被不同程度地弱化。评价者在教师评价中处于支配地位，评价者缺乏把教师作为评价主体的理念，导致教师对评价的接纳程度和信任度不高。作为被考评对象的教师参与程度减弱，评价者和被评者之间民主平等的交流显得更加缺乏，教师之间竞争激烈和教师与考评者之间的隔阂不断加深，影响了教师之间、教师与考评者之间的团结与合作，不利于和谐校园的构建和学术自由环境的形成。一般情况下，在大多数高校，评价主体以人事部门为主导，以教授为主体的学术专家和学科带头人基本上不作为评价主体参与教师的绩效评价。以组织目标实现为转移，实行自上而下进行的评价管理方式，决定了大多数高校使用的评价方法一般都是比较传统的经验判断方法，过度依赖传统方法。但由于教师及其工作的特殊性，无法统一其绩效标准，即使采用定量的评价方法，评价结果还存在一个认真理解的过程，而真正了解教师学术水平和专业能力的是其学术同行。在现行大学教师评价中，关于教师评价的政策、程序、规则等刚性过度，缺乏弹性、变通性和宽容性，在这种刚性的教师评价中教师是消极的受控对象，被评价者视为工具，因而教师有不受尊重、不被信任之感，不少教师对教师评价心生抵触。因此，评价客体的参与功能不受重视，教师对评价的接纳程度也就不高。教师们一般认为，年度考核只是例行公事，绩效评价工作结束，任务就算完成，这使绩效评价工作失去了其应有的意义和价值，从而影响教师评价取得实质性成效。

3. 在评价的导向层面，重业绩效率的提高，轻内在质量的提升

教师评价过程中，评价导向是一个至关重要的因素。经过多年大学绩效评价实践过程，如何建立一个既有利于组织目标又有利于教师发展的评价导向，是始终没有解决好的问题。相反，现行大学评价制度的特点，使人们对评价导向是否把握得很好产生了很大的怀疑。现在评价导向上的主要问题在于，评价过于重视组织业绩效率的提高，使得指标体系的设计多以能够量化作为前提。这使得全校上下的教师始终围绕指标做文章，围绕数量做学问，这容易诱导、迫使教师想方设法“做指标”。在有的情况下，考核指标上去了，学术水平却没有提升，甚至出现下滑，这是我国大学中比较普遍的现象。实施这些量化评价指标的校方，大抵也会提出诸如学校排名、能否进入重点建设、能否得到经费支持等一大堆苦衷问题。对教师学术评价的过度量化，特别是问题出现的原因不在量化指标本身，而是有些高校在量化指标的使用中存在片面和极端的做法，量的度没有把握好，质的标准没有掌握好，没有平衡质与量之间的关系。因为任何一所高校在考核教师时，总是要提出一些量化指标，这是学校的规模和发展目标所确定的任务总量，也是提高办学水平和办学效益之必需，但“量”的指标并不应排斥“质”的指标，同样，“质”的指标也不应排斥“量”的指标。教师量化考核对我国高校人事制度改革起到了关键性的推动作用，但这个过程中出现的一些过度量化、片面量化也带来了一定的负面作用。此外，现在我们国家的大学，实际上多数还属于教学型或教学研究型大学，研究型大学极少。在教学型或教学研究型大学，教师的主要任务仍然是教学，培养人才，科研只是其中少部分教师的主要任务，评价导向应该是如何教好书，如何培养好合格人才。然而，在现行高校教师评价体系的影响下，大学管理者不切实际地朝研究型大学的目标靠拢，使得能够迅速反映研究型大学水平和教师业绩量化指标的科研项目被教师们所追捧，每位教师都在“全心全意”地追求科学研究成果，不管自己适合不适合，从而把他们的主业——教学工作给忽略了。这种导向带来了两个结果，一是教师把主要精力放在追求科研量化指标上，也忽视和减弱了对教学工作的投入，使反映一所大学水平的教学质量受到了严重冲击和影响；二是教师自身教学素养的提高受到影响，受当前社会大环境不良风气和市场经济潜规则影响，在诸如道德修养、政治理论水平、身心健康素质等方面，出现整体质量下滑的问题，重量轻质，助长了急功近利的浮躁学风，甚至导致学术腐败的产生。这种评价导向上的偏差，成为导致目前教师师德水平下降、学术风气浑浊等现象屡有发生的根本原因。

4. 在评价的指标体系层面，重数量标准，轻质量要求

现行大学绩效评价的指标体系存在的问题，一是不能完全描述高校教师的工作特征、全面评价教师个体；二是导致教师更侧重对量的追求而忽视质的提高，产生学术浮躁；三是量化指标设置的偏颇导致学校内学科间的不平衡；教师教学、科研、社会服务三者之间的不平衡；学校长期发展战略与短期工作目标之间的不平衡；处在不同发展阶段间的教师间的不平衡，等等。受大学分层分类认识和教师存在差异性观念不强的影响，现行大学教师的评价中，国家习惯于对所有大学提出统一要求，大学也往往习惯于用统一的标准去要求教师，忽视教师之间因不同的学科、不同的岗位、不同的学历学位、不同的年龄，以及不同的学校与办学层次存在着的客观差异。体现在教师评价体系中，存在评价指标不全面，导向不合理的情况。前已分析，在现行的高校教师评价体系中，凸显了教师的科学研究能力素质，忽视了作为高校教师必备的其他素质。现行评价指标体系中的教师科研成果和教学工作量两项指标中，教学工作主要是“量”的指标规定，而缺少“质”的指标规定，对每个教师评价的指标主要看其是否完成每学期规定的学时教学任务，如果完成了，就可以顺利通过考核。加之教师评价指标体系的制定，没有与教师充分沟通，不能充分反映教师的工作状况，也往往不能实现指标设计者的初衷。在科研成果指标中，评价指标主要是规定每个教师所要发表的一定数量的论文，并且是在指定的国家级、省部级期刊上发表，除此以外，有的学校也要求教师有一项或两项以上的获国家级、省部级奖项的课题。实质上也还是存在于量的规定，没有根本性质的要求。同时，教师评价体系中的三个主要具体评价指标，科学研究成果、学术论文、教学工作量的评价标准方面，评价标准的导向重视结果而不重视过程，重视数量的多少而忽视质量的高低，许多指标的评价标准，普遍存在缺乏与社会生产、教学实践活动相联系的针对性。表现在，一是对科学研究成果的评价，只强调课题与成果的级别，对申请课题与获奖级别高低、课题数量作了规定，而忽视了课题的实际应用价值，对课题内容没有作专业性的限定。这使得大学教师为申请课题而申请课题，在选题之初既不考虑其自身的专业水平与研究能力，也不忽视课题应用意义与价值，申请课题的重点主要放在好不好申请，能不能获奖，而不是真正为了科学研究的远大目标，背离了科学研究的本来目的。二是对学术论文的评价上，学校只看重论文发表的级别和数量，并有严格规范的要求，而不重视论文的质量，对论文的内容也没有硬性要求。在这种标准导向下，教师为达到有关标准，就盲目地、大量地、仓促地发表学术论文。这使短时间里发表数量较多的论文的情况在大学比较普遍。在这种利益的驱动下，高校教师发表论文的功利色彩就十分浓重，而不是基于对实际问题的理论与实践研究探索后撰写学术论文。这样形成的论文不仅没有质量的保证，还往往对高校的学术风气产生极坏的影响。三是对教学工作的评价指标上，只强调教学工作量的多少，只是教师上课的学时数考核，教学效果是优是劣、教学是否能够达到要求没有纳入到考核评价当中，教学内容的更新、教学方法的改进、教学质量的提高被忽略了。在这种情况下，可以想象大学教学的质量和水平到底是什么样的状态。

5. 在评价的方式方法层面，重量化分析，轻定性判断

大学教师的具有“劳动的复杂性”的职业特点。大学教师的劳动时间很难界定，没有边界要求，所以劳动时间具有模糊性；对于其劳动成果，往往不能采用统一的量化指标进行衡量。不能简单地以企业的产量产出指标为参照系，数量、时间标准只是一个维度，大学教师的教学效果、育人成果、科研含量、学术造诣等都是复杂劳动的产出，往往很难找到统一的评价指标对其简单地下结论，因此老师的劳动成果难以清晰鉴定，比如教学评价不能仅仅以课时数、课程量为标准，科研评估除了数量指标更重要的是质量要求，评估者总是很难找到一个客观精确的标准鉴定出一个教师或科研人员比另一个教师或科研人员的业绩高（赵应生，2005）。此外，大学教师劳动内容的高深性和劳动成果识别的周期长的职业特点，决定了其劳动成果难以衡量，工作过程难以监控，工作业绩很难即时评定。而目前大学教师评价方法上排在第一位的恰恰是运用了定量方法。近些年来，高校教师的评价主要以定量评价为主，教师在学校的工作被分解为各项指标，并赋予每项指标以相应的分数，教师的工作绩效最后由评价的分数决定。“打工分”成了大学教师对评价方法的揶揄之词。过度量化的分析手段使定性评价判断被忽视了，特别是在教师的职业道德、敬业精神、责任感乃至思想品质等难以用量化进行评价的内容上。这种缺乏定性分析的结果，使对教师有效评价的真实性、客观性大打折扣。这种对教师评价形式过于简单，评价形式过于简化，重量化分析，轻定性判断，缺乏对被评价者有关资料的系统收集与分析，评价者与被评价者缺乏深入接触，这使得评价的效度和信度不高，评价者的主观印象起主导作用，其情绪波动或人际关系等因素也会造成评价结果偏差过大甚至出现失真情况。

6. 在评价的结果运用上，重评价结果的使用，轻评价过程中自我改善

现行大学教师绩效评价在结果运用方面，首先面临的一个最突出的问题是重显性成效，轻隐性潜质。注重教师工作物化的成果，而对教师工作产生的隐性成果缺乏关注。在对教师进行评价的过程中，教师教学的工作量受到重视，而教学质量的评价往往被忽视；教师的科研工作一般只是以论文发表的数量、著作的字数、科研项目的钱数来衡量，而科研的质量评价也往往被忽视。教师教育教学质量所体现在学生身上的素质变化，教师科研质量所体现出来的社会效益、文化价值很少成为教师评价的因素，至于教师在工作中的心理感受、情绪状态、思想变化等在教师评价中基本是不予考虑的。这种对隐性潜质的忽视，导致评价失去了很好在评价过程中对教师及组织运行进行改善调整的机会。其次，评价结果的应用有待拓展。为提高评价的激励效果，教师绩效评价应加大结果的应用范围和力度，从而最大限度地实现教师绩效评价的激励效果。一般地，绩效评价结果的应用，常表现为职务晋升、薪酬分配和奖惩。而在运用结果对教师特别是青年教师进行以高效、实用为目标，有目的、有计划地进行校内培训活动方面，缺乏有效措施。最后是评价结果的科学性还有待提高。在教师评价中存在着一种倾向，就是期望通过评价给评价对象一个清晰的、确定的、非此即彼的判断，这种倾向表现为非此即彼的硬性使用，对教师硬要给予“行与不行”、“好与坏”、“优与差”的评价。高校教师评价中的这种倾向，忽视了非此即彼之间存在着广阔的中间地带，尤其是关于人的素质的评价很难简单地用“好或坏”的标准进行判断，其中有许多属于中性品质。但忽视中性品质的存在或将中性品质进行评价的结果，使许多高校教师有压抑感、紧张感，由此产生不少心理疾病。第四是重奖惩，轻发展。对教师评价结果的使用上重在对教师进行优秀、称职、基本称职、不称职的区分，通过区分给予相应的奖惩，还没有做到通过评价对教师提出改进的建议或在评价过程中对教师存在的问题进行会诊，使教师明确努力的方向。

二、现行大学教师绩效评价制度的基本经验

回顾我国高等学校教师考评制度发展历程，整体来看，教师考核评价制度适应了每个时期经济社会发展的状况，体现了中国高等教育发展改革的阶段性特点，在加强教师队伍建设，促进教师管理制度完善，不断提高教师工作积极性，从而提高教师队伍整体素质等方面发挥了应有作用，基本展现了教师评价制度的功能与职能，取得了比较丰富和有益的经验，概括起来，主要包括以下几个方面。

一是注重把考核评价大学教师的思想政治素质放在首位，强调德才兼备、以德为先。这使得教师的思想政治素质和职业道德水平不断有所提升，保证了高等学校办学的社会主义方向。把教师树立培养德智体美全面发展的社会主义合格建设者和可靠接班人的任务，作为考核评价的重要内容，坚持教书与育人相结合、政治理论教育与社会实践相结合的原则，突出育人标准，促进教师思想政治素质和职业道德水平的提升。这应当讲是社会主义大学对教师考核评价要求和实践运用中的最鲜明特色。

二是注重围绕实现大学的“人才培养、科学研究、社会服务”三大任务，来设置教师考核评价指标体系，引导和鼓励教师在教育教学、科学研究、服务社会等方面，立足本职岗位，努力提高业绩水平和服务质量，促进了大学的持续发展和水平质量的不断提升，对促进教师努力作好本职工作、不断改进工作作风、提高工作效率和工作质量起到了积极的作用。

三是注重群众评议与组织考核相结合，强调评价中多方的参与，通过各种手段调动广大教师参与考核评价工作的积极性，鼓励教师本人、同事和学生以及群团组织等积极参与到考核评价的过程中来，不断探索运用他评与自评相结合的办法与途径，使教师考核评价具有较为广泛的群众基础，

也成为考核评价工作一直连续不断地进行，并不断提高改进的原因。

四是注重统一要求与分类指导相结合，注意分级分类考核评价，对助教、讲师、副教授、教授制定不同的考评标准，特别是近年来，按照高校岗位设置的要求，在教师专业技术职务划分为十三级以后，各高校都纷纷提出了分别对应十三级教师岗位的岗位要求和评价标准。与此同时，提倡将教师的考核评价与校内职员、工勤技能人员的考核评价相结合，促进了学校内部评价体系的完善。还坚持分项评价，将教授、副教授、讲师、助教的岗位评价与新入职教师的评价，将教师的职务晋升评价与绩效评价加以区分，体现了不同类型评价之间的相互均衡关系。这些都对建立完整的大学绩效评价制度奠定了很好的实践基础和研究基础。

五是注重公开透明、公正有序的考核评价的基本要求，探索推进强化监督机制、实行评价结果公示、努力增强评审工作的透明度和同行专家评审的公信力的措施和办法，使考核评价工作不断扩大接受教师和社会监督的宽度。从教师评价的程序与过程看，高校也一般都能坚持个人述职、教研室或系所群众评议、教师所在院系组织评价、学校审核的基本程序，体现了教师评价程序的完整性。这不仅使大学教师的评价体系更加符合大学发展规律，也进一步推动了大学民主进程。

六是注重高校教师考评结果的运用，从教师评价结果的使用看，高校教师评价的结果一般会成为学校或教师所在院系对教师进行奖惩、培训、解聘、晋职、晋级的依据。把考核评价的结果与教师的自身利益联系在一起，发挥考核评价的奖惩作用和激励导向功能。从教师评价实施的成效看，高校教师评价总体上给教师以评价压力，对于改变教师干好干坏一个样的态度与认识，营造竞争创新的工作、研究氛围，起到了十分重要的功效。

七是注重高校教师考核制度建设，国家、大学都在积极努力促进教师考核评价考评法制化水平。大学都很重视教师评价工作，各高校不仅制定了非常细致的评价指标体系，而且制定了严格的评价程序，并设置了相应的评价机构负责对教师的评价。

上述七个方面的经验，是总结自新中国成立以来，特别是改革开放30年来，大学进行不断的教师考核评价的实践探索和制度建设的基础上得出的，这些经验表明，经过不懈努力，中国的大学教师评价制度已逐步走上制度化、规范化建设的轨道。尽管在有些方面并没有始终坚持得太好，但就其内容形式和精神实质而言，对改进和完善现行大学的教师评价制度具有十分重要的借鉴价值。

三、现行大学教师绩效评价制度反思

事物总是具有两面性的，与取得的这些经验相对应，我国大学教师考核评价制度建立与完善的过程中，还有许多方面需要我们反思。

1. 迫切需要大学对大学教师劳动特点进行更深层次的认识

劳动内容的高深性，决定了大学教师往往有可能成为某一领域的专家，这些人涉及的都是一些高、精、尖的内容，因此是一种耗费心血的工作。这种复杂的脑力劳动自发性强，产品无形，使得外人对其劳动过程无法控制，劳动成果难以衡量，工作过程难监控。此外，劳动成果识别的周期长。“十年树木，百年树人”，大学教师的工作职责中，无论是对学生培养质量的检测还是科研成果水平的评定，都需要很长时间的实践检验，有的需要几十年甚至更长的时间。因此，大学教师的工作业绩很难即时评定。基于这两个方面的认识，对教师评价形式过于简单，缺乏多种评价形式的运用，尤其是缺乏评价者对评价对象相关资料的系统收集，及与被考评对象的深入接触和实地观察，因而造成考评的效度和信度不高，往往因先入为主之主观印象的作用，从众心理造成的趋同效应，评价者情绪波动或人际关系不正常等而造成评价偏差大甚至失真。为此，要健全评价体系。要根据学校的不同类型与层次，学科的不同特点，岗位职责的不同要求，建立符合高校教学、科研工作规律，以促进绩效改进和教师专业发展为导向，由品德、知识、能力、业绩等要素构成的教师评价体系。

2. 迫切需要修正指标的导向作用

科学的评价标准是做好教师评价的基础和依据，对提高教育质量和教师教书育人实绩、促进教师专业发展发挥着重要导向作用。教师职业具有很强的思想性、专业性、实践性、长期性和复杂性的特点，这就决定了研究制订评价标准是一项非常复杂而专业性又很强的工作。标准条件问题说到底是个导向问题，教师所关心的也是这个问题。能否制订一个符合教育教学规律和教师成长规律、被广大教师普遍认可、便于把握操作的标准条件，关键是要看这个标准条件是否结合了大学的教学科研实际，是否真正有利于考查出教师师德水平和教学科研及社会服务能力，是否客观准确反映教师的教学业绩，是否有利于引导教师不断提高自身素质。政策的制定者们在制订各类教师具体评价标准时，要进一步研究各级各类学校和各学科教师的主要特点，认真研究其群体禀赋，将教师的职业属性、职业特点、职业规律充分融入评价标准条件之中。要明确评价导向，要通过教师的考核评价，引导广大教师勇于创新和出高质量、高水平的学术成果，适当延长评价周期，由重视过程管理向更加重视目标管理转变，由重视年度考核向更加重视聘期考核转变，由单纯的数量评价向更加重视质量评价转变，不片面强调发表论文和获奖的数量，克服急功近利的行为，支持优秀人才从事原创性研究和具有重要科学价值的长期研究。在考核评价方面现在有一种观点，认为现在的考评太多了，给教师带来了负担。那么如何建立一种于事简便、于法周严，科学规范的考评机制，就是下一步面临的重大课题。

3. 迫切需要更加关注教师的自主发展

虽然大学教师自主发展的主动力在于大学教师的内在需求和价值理念，但外界的条件和激励与引导是大学教师自主发展的必要诱因。因此，高等教育管理部门和大学在大学教师自主发展的系统中应该充分了解并利用大学教师自主发展的规律，为大学教师提供应有的环境。高等教育管理部门首先应该探索和研究我国教育事业发展的规律，并依据规律，从有利于国家教育事业发展的角度研究和制定有关大学教师行为的政策和实施措施，应在科学合理的条件下，尽可能放宽对大学教育活动的限制，使得大学拥有较宽的办学自主权。其次，应该树立和贯彻大学教育以“大学教师为本”的思想，建立科学合理的、能激励大学教师无私奉献于国家教育事业的大学教师绩效考评体系，既表明国家关于“师德”的内容导向，又引导教师把主要精力用于国家未来栋梁之才的培养上。再次，应该注重为大学教师营造宽松的工作环境，适度提高并合理化大学教师的薪酬和待遇，使大学教师在支撑大学的“三大功能”中无后顾之忧。最后，应该建立有关从事知识创造、知识传授和知识生产力转化工作的大学教师参与的政策效果及其改进的信息体系，为适时完善大学教师自主发展政策奠定机制基础。尊重教师在评价中的主体地位，充分调动每个教师的主动性、积极性、自觉性，这样才能使评价的过程真正成为教师的自我认识，自我分析，自我改进，自我完善和自我教育的过程，使教师的评价工作达到预期的目的。

4. 迫切需要进一步把握坚持定性和定量的协调关系

在分析现行大学教师绩效评价制度存在的问题时，定性与定量、质量与数量的关系问题，一直贯穿着评价制度体系的始终。进入21世纪之后，随着我国高等教育改革的不断深化，理论与实践界开始对现行的以量化为主的考评制度进行制度反思，要求真正建立起定性评价与定量评价相结合的大学教师考核评价制度的呼声越来越高，大学教师人事管理的实践也迫切要求必须真正实现对大学教师的全员评价、全面评价和全程评价。需要着力解决恰当合理地确定“量”的指标和“质”的指标，也是改善学术道德状况的必要手段，而且属技术层面的问题。要根据学科的不同特点和不同的岗位职责，对教师进行教学、科研和社会服务等方面的综合评价。对教学科研型岗位要在注重考查教学工作水平和效果的同时，对从事基础研究的应着重考查在科学研究上的贡献；对从事应用和工程技术研究的，要着重考查其解决关键技术问题的能力；对从事哲学社会科学研究的，要严格把握政治倾向，并重点考查其学术影响、在解决社会经济发展中重要理论与实践问题等方面的贡献。创新评价方法对改善质与量的关系也很重要，要根据工作绩效性评价的不同需要，积极探索多元、开放的评价方法，强化同行专家特别是校外知名同行专家，以及专业组织和学生在教师评价中的重要作用。通过方法的创新与改进，使定性与定量的关系始终维持在一个协调的层面。

第五章

基于教师自主发展的大学教师绩效评价模式探索

第一节　基于教师自主发展的大学教师绩效评价的原则

理念是一个组织或一个行为人对某一事物或现象的理性认识、理想追求及其所形成的观念体系。基于促进教师自主发展的大学教师绩效评价的基本理念，是从事大学教师评价的各个主体及客体对教师评价活动的理性认识、价值认同、理想追求，是一种思想，是贯穿教师评价活动各个过程的、一种逐渐形成的价值取向与行动指南。基于促进教师自主发展的大学教师绩效评价的原则是评价主、客体双方在实施评价全过程中达成相近或认同意见、相互承诺、必须遵守的行为准则，它是基于促进教师自主发展的大学教师绩效评价的基本理念在评价实践过程中的具体体现，是一种规范和约定，也是对大学教师评价工作提出的基本要求。

我国台湾学者何英奇从教学评量角度提出了评价的13条原则，这些原则的形成对构建基于教师自主发展的绩效评价模式颇具启示借鉴意义。这13条原则及其基本要义如下（何英奇，1992）。

（1）符合原则。即教学评价要与教育目标相符合。

（2）综合原则。即评价内容要兼顾评价对象素质的各个方面，评价手段要多样，各类评价都不应偏废。

（3）回馈原则。即评价结果要反馈给被评人员。

（4）历程与结果兼顾原则。即评价不仅要重视结果，也要重视历程。

（5）个别原则。即评价要注意评价对象存在的个别差异。

（6）连续原则。即评价要看到过去、诊断目前，也要预测未来。

（7）民主原则。即评价者与被评价者都要有民主态度，形成良好沟通。

（8）合作原则。即评价要重视各方人员的合作。

（9）科学原则。即评价要力求合理、实际与客观。

（10）公平原则。即评价应追求实质上公平，避免形式上的公平。

（11）保密原则。即评价结果应注意保密。

（12）描述原则。即健全的评价要有质的描述性评价。

（13）研究发展原则。即评价要有助于教育的发展。

上述关于教学评量原则的研究成果，以及相关理论研究所确定的原则，对于基于组织目标实现的大学教师绩效评价模式具有很强的指导意义，同时，其中的一些原则对于建立促进教师自主发展的评价体系也具有借鉴意义。从自主发展的大学教师绩效评价理念出发，构建基于促进教师自主发展的大学教师绩效评价的模式，主要应遵循以下七个方面的基本原则。

一、公平原则

教育公平是社会公平的基石。公平性体现在教育发展的全过程，是教育的本质属性，尤其在人的评价方面体现得最为重要。不患不富但患不公是中国历史千年来的真理。大学教师作为特殊的社会群体，注重的就是评价“我”就要有“说法”，就要方法要公正，过程要公开，程序要有透明度，这是一种追求，是一种潜能能否真正被激发的前提。因此，建立基于教师自主发展的绩效评价模式，公平原则可以称之为第一原则，在评价标准、评价程序、评价结果使用等方面要做到人人平等，规则面前一律平等，做到一把尺子评价所有对象，不能是多把尺子评价同一对象。坚持公平公正透明的原则，要保证教师评价的标准、程序、过程、方法、结果使用的规定及政策公开。同时要综合运用多种评价手段和形式对评价对象进行全员评价、全面评价、全方位评价、全过程评价。

二、效率原则

这是制度创新的灵魂，也是教师绩效评价题中应有之义。没有了效率，评价的目的性也就失去了。从基本国情出发，在用有限的资源推进绩效优化的事业，使人力资源开发的成果最大化，决定了在微观层面上必须把效率原则摆在突出地位，提高教师资源配置和使用的各个方面的效率。为此，就要消除一切制度性延误、制度性阻碍、制度性浪费。因此，在教师绩效评价中坚持效率原则，是坚持自主发展原则的同时，必然要考虑的要项。

三、多样化原则

学术多样性的特点，决定了教师职业的多样性，也就决定了教师绩效评价方法、技术、指标、内容的多样性。在分层分类的理念指导下，大学教师从组织层面就被分属为不同的学科领域、组织体系，在此基础上，每一位教师的发展需求千差万别，基于自主发展的愿望与行为的考核评价，光靠整齐划一的方法模式是行不通的；教师多样化的发展要求，必须要求多样化评价与之相适应。因此，只有在多样化原则的指导下，教师实现自主发展的模式和方法才能呈现多样性的特点，也才能适应教师自主发展多样化的要求。

四、开放原则

没有一成不变的评价模式。制度安排的开放性是保持绩效评价体系和教师自主发展全面协调可持续的基本前提。从确立这种评价制度的最基本前提时，开放原则就被提了出来。这种开放性，一方面，要体现在评价系统内部，在模式的构建、指标体系的设计、运行规则的制定、技术与方法的运用等每一个制度的子系统，都必须要求开放的特点，也就是说不能是一成不变的；另一方面，在评价系统与外部环境之间，开放性也是十分重要的，这就要求这种基于教师自主发展的绩效评价制度，对内是灵活的、对外也是开放的。因此，开放性是这种评价模式必须具备的原则，不可或缺。

五、目标趋同原则

评价制度要求尽管组织和教师的目标处于不同层面，甚至不尽相同，但这种评价制度通过其不断的运行过程，要使双方的目标趋向一致。也就是说，评价形成的成果，是要使双方形成合力，而不是离心力。在符合中华人民共和国高等学校教师的基本标准并将其作为高校教师评价的基准的统一要求下，这就是高等学校教师素质的底线。如必须按照《中华人民共和国高等教育法》规定的取得高等学校教师资格、系统地掌握本学科的基础理论、具备相应职务的教育教学能力和科学研究能力、承担相应职务的课程和规定课时的教学任务等。这个基本标准是不可降低的。在统一标准、统一要求的前提下，在评价中要分类要求、分类指导，对不同类型的大学教师制定不同的评价标准，采用不同的评价方法，通过分类评价，促进不同岗位的教师展现自己的特长，形成自己独到的教学、科研与社会服务特色。这种特长或特色下的发展过程，又反过来促进目标的实现，并且这种目标是教师所认同的，是符合教师发展利益的。

六、定性与定量评价相结合的原则

对教师进行评价主要是评价者同被评价者之间相互沟通的过程，是一种对人的考核评价。因此，如涉及人的因素，特别是牵扯到教师职业的复杂性、特殊性问题，不能只用定量测评或是只用定性测评一概而论，而是在适合定量的条件下运用量化手段，在适合定性的条件下运用定性方法。因此，要根据学科的不同特点和不同的岗位职责，在对教师进行教学、科研和社会服务等方面综合评价的基础上，妥善处理好定量与定性的关系。

在评价过程中，以数据的形式来反映评价的结论，有利于进行比较教师之间的不同特点，我们就运用量化办法，并且必不可少。同时，对不能进行量化手段的教师评价内容，如心理品质、工作态度、业务能力等，则要进行一定程度的定性描述。但有一个重要的前提是，不管是定性评价还是定量评价，都要切实针对评价对象的实际，在把握好教师情况的定位后再来把握定性评价与定量评价的关系该如何处理。总之，只有把定性与定量评价有机结合起来、联系起来，才能提高大学教师绩效评价的科学性与真实性。

七、发展与约束相结合的原则

发展性评价与奖惩性评价是在评价目标、评价内容、评价标准、评价方法、评价过程上都存在着差异的两种评价类型。发展性评价的目标是通过评价提高教师的素质，促进教师的发展和教师自我价值的实现；发展性评价的评价者可以是同事、高校的管理者、家长和学生，也可以是教师本人；发展性评价关注教师的背景和基础，在关注教师当前水平和表现时，也关注教师水平提高的过程，并将着眼点指向教师的未来；发展性评价注重日常的即时性的资料和证据，这往往又难以体现教师整体的综合素质及其发展的最高水平；发展性评价参考一定的标准，但所得出的结论主要用来进行纵向比较；发展性评价所达成的评价结论往往需要教师的积极参与，评价结论是个体化的；发展性评价重视通过评价反馈与教师一起提出改进建议。总之，发展性评价将教师评价看成是一个连续的、动态的、系统的过程，是一个评价者与评价对象建设性的互动过程。发展性评价与奖惩性评价各有特点，在对大学教师进行绩效评价中，应将这两种评价方式有机结合起来，而不能对立起来，一方面通过奖惩性评价保持和给教师适度的绩效压力，另一方面，更主要的是通过发展性评价，调动教师的内在激励因素，促进大学教师的专业成长和自主发展。

第二节　基于教师自主发展的大学教师绩效评价制度框架及制度定位

一、绩效评价制度框架体系

1. 价值取向和制度构建目标

教师评价制度作为人力资源管理制度体系的一种基本制度，与其他制度体系的创新相同，有两个重要的前提，即制度创新的价值取向和制度构建的基本目标。从前面阐述的基于大学教师自主发展的绩效评价模式的理念基础和应遵循的原则，现行评价制度的评估和国际比较的结果，以及本研究下一阶段所论证设计的相关模式探索、技术与方法，综合起来，这种价值取向和制度构建目标，是支撑这种制度创新的两个非常重要的基本立足点。

概而言之，促进教师自主发展的大学教师绩效评价制度体系的价值取向包括以下四个方面：

①有利于促进教师的自主发展；

②有利于实现大学发展目标的实现；

③有利于形成有序竞争的格局和提高人力资源配置效率；

④有利于制度体系的完善和可持续发展。

制度构建的目标主要有以下三个方面：

①立足于促进大学教师自主发展，形成符合高等教育发展规律、大学教育教学和科学研究规律、人才成长规律的大学教师绩效评价的基本理论与制度安排；

②着眼于制度的合理性构建，形成由基本原则、方法技术、模式程序、行动规则、保障措施组成的大学教师绩效评价的制度管理体系和运行机制；

③从实用性和操作性出发，形成可资推广、运用的思路与办法，努力促进传统教师评价模式与方法的改革与改良，并从实践的反馈中得出系统

效能提高和再创新的新途径、新线路、新领域，使多模式、多类型、多元化、更开放的教师绩效评价制度体系的可持续发展成为可能。

2. 制度框架的基本要素

基于促进教师自主发展的大学教师绩效评价制度的构成，如图 5－1 所示。

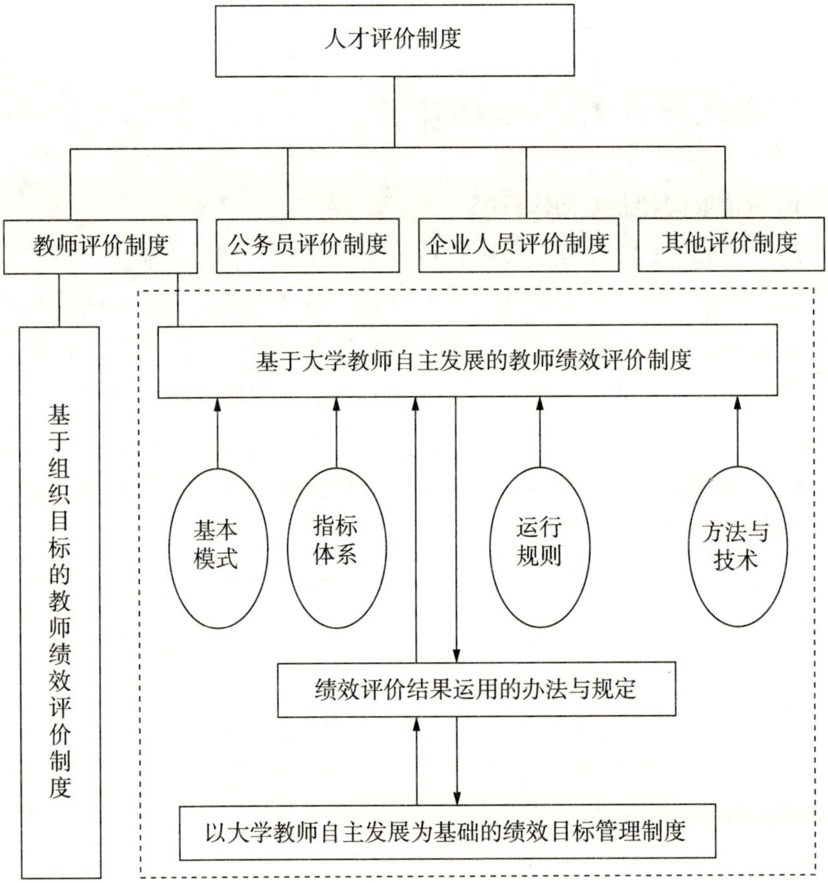

图 5－1　基于促进教师自主发展的大学教师绩效评价制度架构

从图 5－1 可以看到，基于促进教师自主发展的大学教师绩效评价制度体系，主要包括五个大方面的制度子系统，即基本模式系统、指标体系系统、运行规则系统、方法与技术的路线系统和辅助系统。

基本模式系统。评价模式，是教师绩效评价制度体系中的核心内容，也是本研究所重点关注与设计的内容。该系统功能，主要是对评价过程、评价行为、评价运行流程控制进行系统的描述，对评价主体与客体在评价中的地位与作用作出规定。一般情况，与教师评价的各种相关活动及其特征都能在模式系统的运行中得到反映。这一系统设计的核心，就是要对包括模式组成要素进行深入的概念解释，对模式循环运行机制的步骤及要求作出详尽的说明，勾画出模式运行的线路，并总结其运行特征。作为教师绩效评价制度的基础性内容，模式系统设计的水平与程度，直接决定了这种评价制度的有效性、实用性，是反映一种评价制度科学、合理的重要方面。这种模式是不断地与其他系统发生相互联系、相互配合关系的。从某种意义上讲，其他系统是为模式系统服务的。

指标体系系统。在评价制度体系中，评价指标的设计是其关键。指标体系系统的作用，就是建立一种价值尺度与标准，与组织或教师的行为过程的结果进行比较与评估，从而得出基于这种尺度的结果评判。相对于组织而言，建立完善的大学目标管理体系，目的是为了对大学的发展方向有更加清晰的认识；相对于教师个人而言，建立一套基于教师自主发展的绩效指标体系，加强对绩效达成过程的控制，可以使得整个绩效管理的体系更加完善的同时，达到促进教师发展的目标。基于教师自主发展的绩效评价制度当中，指标体系系统是一种开放式、可调整的动态系统，其特点是组织根据分类分层思想设计一个全面的指标库，教师在不断进行自我分析、不断与组织沟通的过程中从中选择并自主确定符合自身特色的岗位绩效指标。

运行规则系统。这是这一评价制度得以平稳运行的、评价主客体双方必须遵循的行为准则或是基本约定，是体现系统控制的特点部分，亦即“游戏规则”。运行规则系统穿插于整个评价制度体系的全过程以及各个环节。其前提是在制定规则前，评价主客体双方必须充分讨论，反复研究并达成一致。一旦以书面或其他形式达成，就不能随意更改，可谓“规则面前人人平等”。特别是在评价模式的流程中，规则的遵循是至关重要的。对于大学教师的评价，对运行规则的执行效力，是评判这一评价制度公平公正性和能否取得实效的关键所在。

方法与技术的路线系统。本系统是在基本评价模式下，按照一定的运行规则，达到指标体系要求，所应采取的办法与措施。这一系统的重点是评价方法的选择与运用。从促进教师自主发展出发，方法选择的趋势与走向就是要采取多样化的特点，以区别于传统的以组织评价为重点的评价方法，并且新方法的运用要占主要部分，如教师自评份量的加大、学生评价比重的提高、对教师代表作评价的新标准与新方法的运用等。相关方面的具体设想，将在本章节详述。

以上四个子系统，构成了该评价制度体系的主体，正如图 4－1 所显示的，图中虚线框内的部分构成了相对完整的制度框架。但同时，除这四个子系统外，还存在一个辅助系统。其补充和辅助作用，对制度体系的构建也十分重要，这种作用表现在，一方面，该制度体系的开放性表明，系统是与外部系统相互联系的，不是孤立封闭的，因此，需要这个辅助系统发挥作用，如系统与社会的交流与反馈；另一方面，在系统内部，还存在评价结果运用这一关键问题，也需要辅助系统来支撑。尽管人们一般认为评价结果的运用本来就在本评价制度体系的范畴之内，但有时也还存在系统自身无法解决的特殊情况，这时就需要辅助系统承担这一任务。

二、教师绩效评价制度的定位

1. 在国家制度体系中的定位

从目前国家层面的法律法规制度体系来看，与教师管理相关的《中华人民共和国教育法》、《中华人民共和国教师法》、《中华人民共和国高等教育法》以及“教师资格条例”、“高校教师职务试行条例”等，对相关教师的考核评价等，只是作了一些大类的规定，如《中华人民共和国高等教育法》第十条规定：“国家实行教师资格制度。中国公民凡遵守宪法和法律，热爱教育事业，具有良好的思想品德，具备本法规定的学历或者经国家教师资格考试合格，有教育教学能力，经认定合格的，可以取得教师资格。”《中华人民共和国高等教育法》第四十六条规定：“高校实行教师资格制度。中国公民凡遵守宪法和法律，热爱教育事业，具有良好的思想品德，具备研究生或者大学本科毕业学历，有相应的教育教学能力，经认定合格，可以取得高校教师资格。不具备研究生或者大学本科毕业学历的公民，学有所长，通过国家教师资格考试，经认定合格，也可以取得高校教师资格”。但与《国家公务员法》及其相关条例等相比，在对人员的评价制度方面，大学教师的评价制度仍处于一种无法可依的状况，国务院教育主管部门也没有相应的规章与政策，因此，建立健全大学教师评价制度仍然任重而道远。

2. 在大学发展制度中的定位

经过多年努力，特别是改革开放30年的发展，中国的高等教育取得了历史性跨越，进入了大众化的发展阶段，这与大学推进制度建设密切相关。一方面，国家提出科教兴国、人才强国战略，把教育摆在优先发展战略地位，从宏观政策、法制建设和行动计划方面，给大学以更多的制度保障；另一方面，各大学从自身实际出发，摸着石头过河，积极探索发展之路，建立了各种行之有效的校内管理制度。制度建设的重点，主要在学科发展、教学改革、人事管理、基本建设等方面。这当中，对作为大学主体的教师的评价制度，已经成为制度建设非常重要的方面。因为大学已普遍认识到，有了高素质的教师才有高质量的高等教育。因此，围绕教师队伍建设，无论是从人才引进，全面推进聘任制和岗位管理，还是建立校内津贴分配办法，都需要一整套教师评价办法和措施，都需要投入精力加强对教师评价制度的研究，尽管这些教师评价方面的制度主要是立足于组织目标实现。因此，当前在大学发展制度中，教师评价制度占有重要地位，大学发展也不断需要创新更多更好的教师评价方法与模式，以适应现代大学管理的需要。

3. 在教师人事制度中的定位

大学教师人事制度体系是人力资源管理制度在高校的体现，现代大学教师人事制度包括的范围较大，涉及的面较宽，人事管理的情况也最为复杂。有人曾说，大学的人事工作是世界上最复杂的人事工作。围绕着大学教师的定编定岗、遴选使用、培养培训、职务聘任、薪酬发放、职务晋升、考核评价、奖励惩罚、社会保障等一系列人事管理活动，几乎涵盖了事业单位所有的人力资源管理的手段。一般地，现代大学的人事制度及运行机制主要包括五个层面，即以自主用人和提高效益为导向的教师资源配置机制，以岗位管理和优化结构为导向的教师用人机制，以竞争择优和公正公平为导向的教师遴选机制，以鼓励劳动和创新创造为导向的教师激励机制，以业绩贡献和能力水平为导向的教师评价机制。不难看出，在上述所有的机制层面，均无法减少评价考核这个环节。无论是选拔使用、培养培训，还是薪酬发放、职务晋升和奖励惩罚，都需要一个非常重要的前提，那就是依据，一种基于绩效评价的结果运用，即使是新入职，也要看你以前的表现。可以这样说，教师评价是教师人事制度的灵魂。

4. 在评价制度体系中的定位

从图4-1的制度架构图中可以清晰地看到一点，就是在国家层面的制度体系中，如果按照评价制度这个角度分类，教师评价制度属于国家人才评价制度这一大的范畴，与公务员评价制度、企业人员评价制度以及其他行业系统的人才评价制度居于同样重要的地位。那么基于促进教师自主发展的大学教师绩效评价制度，就与基于组织目标实现的大学教师绩效评价制度一道，构成教师评价制度的主要内容。当然，这里的教师评价制度的内涵主要是从狭义上指大学教师的绩效评价制度，如从广义上讲，也包括普通中小学教师、中等职业学校教师、特殊学校教师以及成人中专等范围广大的教师群体。虽然基于大学教师自主发展的绩效评价制度只是众多教师评价制度类型中的一种，但它的地位和影响作用却十分重要。一方面，这一类型的评价制度，不是独立于传统评价制度模式之外的，在基本的理论依据、方法原则方面，与原有评价制度是一种继承与发展的关系，甚至在某些步骤和环节还采用了组织目标为基础的绩效管理方法与手段，因此，它实际上与基于组织目标的绩效评价制度拥有相同或相近的地位；另一方面，因为其符合现代大学促进大学教师自主发展的趋势，它还具有传统教师评价制度不曾具备的优势，特别是在其应用前景上的优势，使其在教师评价制度中作用日益不容小觑。

第三节　基于教师自主发展的大学教师绩效评价模式

建立基于促进教师自主发展的大学教师绩效评价模式，是这一评价制度体系的核心内容。在阐述这一模式之前，有必要对评价模式的合理性和理论假设前提做一分析。美国学者豪斯（House）在其《作为评价基础的假设》中提出，“所有的评价模式都是建筑在自由主义观念形态的各种变化形式之上的，或者换言之，是建立在自由民主的概念之上的。随着这一基本假设的变化，一种模式也就区别于另一模式了。这里的假设（assumptions）这个词是在通常意义上使用的，指的是不证自明的，或者是被认为是真的”（陈玉琨，等，1989）[363]。因此，从教师评价，特别是从教师绩效评价的范畴，立足于中国大学管理特征和教师职业的属性，主要有两个大类的教师绩效评价模式或体系，即基于组织视角的模式和基于教师视角的模式。也就是说，本研究所提出的基于促进教师自主发展的大学教师绩效评价模式构建的理论假设，从前面论述的其产生的理念基础、所应遵循的原则、制度定位、制度框架以及随后论述的可行性而言，其理论假设的前提决定了这种逻辑可能性是存在的，是能成立的，即“不证自明的”或“被认为是真的”。

这种从教师自主发展角度设计而来的模式，主要以图 5－2 来体现。

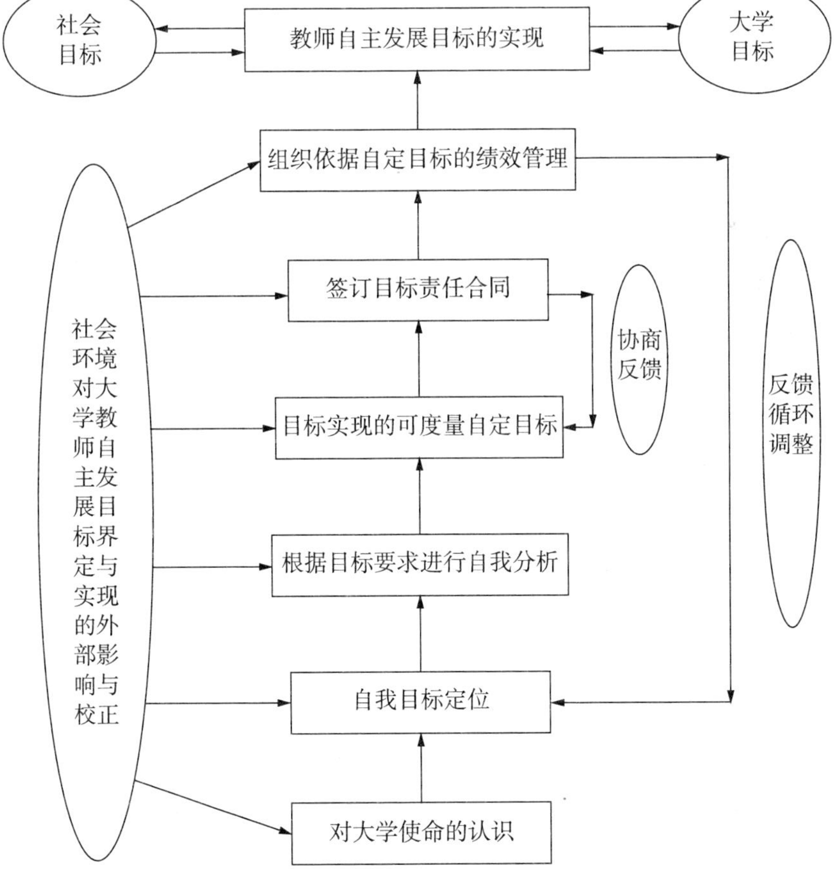

图 5－2　基于促进教师自主发展的大学教师绩效评价模式流程

一、模式组成要素的诠释

从图5－2可以看出，其组成要素主要包括：对大学使命的认识、自我目标定位、自我分析、目标实现的可度量自定目标、沟通协商、签订合同、组织依据自定目标的绩效管理以及反馈、调整、循环等，对这些要素的内涵概述如下。

（1）对大学使命的认识。

现代大学制度下，大学教师对大学使命的认识，是对大学文化的一种理解，是对大学属性的深层反思，是对大学竞争力的态度。一所大学的生命力，基于组织的视角，在于其不断提高核心竞争力。基于教师个体的视角，在于其个人的价值取向和奋斗程度。从制度构建的层面，要评价一名教师，或教师自我评价其自身，首先要看这名教师对大学使命的认识，因为其所从事的职业是大学教师，而不是其他。因为大学的属性和大学教师的职业特点决定了这一点，这些在本文的第一章已做专门研究，不再赘述。其一，教师对大学使命认识的过程也是自我认知的过程；其二，教师对大学的认识水平是评价一名教师是否真正具备大学教师资格与水平的起点；其三，教师对大学使命的认识是决定教师能否实现自主发展或者是实现程度的关键；其四，通过一名教师对大学使命的认识可以使大学更好地对评价体系特别是指标体系作出科学与合理的调整。此外，每所大学都有其独特的人文氛围、文化积淀、学术环境、历史传统，这些都是评价教师的外在软环境。因此，要提高教师的科学素质、更好地弘扬科学精神、更加注重培养科学道德，倡导解放思想、大胆质疑、勇于创新、积极合作的精神，克服急功近利倾向，摒弃浮躁之风，使教师全身心地投入到教学科研中，潜心静气做学问、搞研究，在大学真正形成尊重劳动、尊重知识、尊重人才、尊重创造的良好氛围，实现教师自由全面的自主发展。如果离开教师对大学使命的认识，这一切都将成为无源之水、无本之木。因此，把对大学使命的认识作为第一个环节，是这一评价模式不同于其他评价模式的重要特征。

（2）自我目标定位。

这既是教师个体从自身的需要、利益、情感出发，围绕组织确定的岗位目标与职责任务，从组织提供的指标体系库中选择确定绩效评价目标的过程，也是对主客体价值关系判断的过程。作为基于促进教师自主发展的大学教师绩效评价模式的逻辑起点，自我目标定位的准确与否是体现教师自主发展要求的关键之处。在自我目标定位中，以下三个方面的基本环节是不可或缺的。

一是对个人发展基础的判定。这也就是对自我认知、行为能力的判断，一般从实际能力（actual ability）和工作经验两个纬度进行把握，即做出“我是一个什么样的专业人士?”“原来干得如何?”“我适应这个职位吗?”的结论。一方面，从通过自己的专业积累来确定已有的知识和技能所达到的程度，在教学、科研、社会服务方面具备的基本素质，另一方面，自我测量、测验专业能力是否通过实践环节得到充分发挥。这一环节的判定过程决定了自我目标定位是否准确，十分关键。当然，在这一环节中，对自己发展基础的判定，不仅仅是局限在个人的行为，完全可以借助其他手段来实现，包括专业组织、专家，甚至学生的介入与指导。

二是对个人潜在能力分析，即分析自己的发展空间与可能，是一种“可能为者”（capacity）的认识。“我的潜力在哪?”“我还有多大潜力能够发掘”“这种潜能的发挥是否具备条件”是这个环节必须要考虑的问题。对于自己潜在能力分析，既可通过测量或测验的办法去了解，也要融合外部因素，如社会因素、工作压力等综合考虑，特别是在从事教学科研的过程中探求新知识、创新新成果、发现新方法的潜能都可能被激发出来。因此，把握个人潜在能力需要一个较长过程，也是一个不断提高自我认知的过程，这就要求不断地对自身潜能进行分析，同时也要抓住潜能体现的机会及时进行总结整理，这样的分析才是系统的、真实的、趋向准确的自我潜能判断。

三是对个人期望目标的把握。有了对个人发展基础的判定和个人潜在能力分析，对个人期望目标的把握就有了基础，但这还不是全部，这种期望是一种切合实际的把握，而不是空想与臆测，有时还存在一定误差，如果在个人发展基础的判定和个人潜在能力分析环节上出现判定的错误，这种误差就会加大。因此，期望目标是有限度的，是一种介于组织目标、个人能力水平、个人潜能激发程度之间的契合点，期望目标是有用的、做得到的，是自己渴望发展也能够发展得到的期望目标。

（3）根据目标要求进行自我分析。

“所谓自我分析。就是把自身的行为及其结果，同这些外在的和内在的价值尺度进行比较的过程，在这一比较的基础上，就形成了人们的自我判断，得到自我评价的结果”（陈玉琨，1999）[144]。根据目标要求进行自我分析，前提是目标的价值标准，是教师针对目标要求，对能否实现自定目标做出的判断分析过程，也就是通过与内在和外在价值尺度作出比较，得出可行性结果，从而肯定或调整自定目标。这一过程仍然处于教师自我认识的范畴，但这一分析是“务实”性分析，包括与自身发展相关的资源分析、条件分析、专业态度或价值观分析、岗位要求分析四个方面的内容。

一是资源分析。这里的资源主要是指教师对照目标，对自身所拥有的专业知识，以及学历学位、资格证书和学缘关系等专业背景因素进行分析的过程。韩愈在《师说》中指出：师者，所以传道授业解惑也。教师要履行传道、授业和解惑的历史责任，首先必须有丰富深厚的专业知识。不仅要具备一个专业所需要担任的某门特定课程的知识，而且需要有这个专业所涉及的相关专业或学科知识，同时还需要有广泛的关于人文社会与自然科学的通用知识。除此之外，作为教师，他还必须具备较为丰富的教育科学如教育学、心理学、教学法等方面的教师职业知识。我国高等教育曾经非常强调学生对专业知识的掌握，在系统理论知识方面的掌握方面具有优势。教师职业要求个体在选择这门职业之前或者担负此职业之后，必须具备从事教育教学专业实践所必需的一套专业价值取向，这种专业价值取向历来是教师测评的难点。一位优秀教师肯定认为“我一定能教好学生”、“我的学生一定会进步”，这种期望就是教师的教育观念。很少有人怀疑下述观点，即教师的观念影响他们的知觉、判断，而这些又影响他们的课堂行为，或者说，理解教师的观念结构对改进职业准备和教师实践来说是非常必要的。教师的教育观念对他们的教育态度和教育行为有显著的影响。20世纪70年代以来，研究者越来越关注教师如何看待自己的教学效果，以及这种看法与学生学业成绩之间的关系等问题。已有的研究表明，教师对自己影响学生学习行为和学习成绩的能力的主观判断与他们的教学效果之间密切相关。

二是条件分析。也就是对教师自己具有的专业技能条件和水平、身心条件的分析判断，以得出是否适应目标要求或具有实现目标的可能。从某种意义上，也可以称之为对胜任力的把握。大学教师的专业技能一般包括教学技能、科研技能、社会服务技能和管理技能四个主要方面的内容。按照唐纳·麦德雷（Donald M. Medley）教师胜任力专业技能或能力分类的观点，专业技能又分为三类，即知觉或信息收集技能、决策技能、执行或实施技能。教师的专业技能是其履行岗位职责、从事教学活动、开展研究创新、做好社会服务的根本保证与重要路径，也是运用专业知识解决专业问题的能力，对这一能力的分析是教师进行条件分析的核心。除此之外，教师心理与身体健康十分重要，尤其是在促进组织变革、适应环境变化以及处理组织矛盾的个体心理及行为特征方面，做好教师心理条件分析更是如此。教师的心理健康水平不仅影响教师对教育教学科研工作的投入，它还会影响学生的心理健康。教师的职业心理健康测量，有助于加强学校对教师职业心理健康的监控，有效防止存在明显心理问题的教师候选人进入大学教师队伍。

三是专业态度或价值观分析。教师的专业态度主要是指他们的职业理想、教育思想（教育价值观和教育效能感）、责任意识和职业道德（职业认同感）。这些因素是比知识和技能更内隐的教师职业心理品质，整体上属于教师职业个性倾向性范畴。如果一个教师或者教师的候选人本身就缺乏对教育事业和教师职业的热爱或者认同，缺乏职业理想、生涯规划、正确的教育价值观、教育责任感和高尚教师职业道德情操，那么，一方面难以有一种强劲的动力去恒久地支持其提升教师的成就期望、职业技能和职业知识，另一方面也难以使他们有足够的热情把他们的学识传授给学生，去启迪学生的智慧，做好青年学生的导师。为此，教师对职业态度和职业道德操守的自我分析评判，有助于对内隐的能够胜任某一工作或者职业的非智力特征，如态度、价值观、坚持性等进行发掘和再认识。

四是对岗位要求分析。教师绩效评价体系的一个重要标志，就是必须以岗位为基点，无论是从组织的视角，还是从教师的视角，岗位职责与岗位目标是做出教师绩效评价的根本标尺。因此，根据目标要求进行自我分析，就必须要求教师围绕岗位要求的相关内容在与组织沟通之前，先行介入，进行自我能否适应的综合分析。即要做出“下一步我所要从事的这个岗位主要是干什么的?”“我在这个岗位上到底要达到什么样的目标任务?”

"我能达到这样的目标吗?"的前瞻分析。在这一环节中，一个很重要的前提，就是大学要根据不同层次、不同类型岗位要求研究制定出一个总体指标体系库，供教师自主选择，当然，这一指标体系也是建立在充分征求教师意见基础之上的，其中有的指标还要经过教师教学、科研、社会服务以及学术管理的实践加以不断完善与更新。有关这一指标体系的构建，在本研究的第五章还要详述，这里不再讨论。教师对岗位要求的分析，是在这一评价模式的自我分析阶段，不同于其他三种分析的方面，前三种分析主要是基于个人自身条件资源而言，而这一种分析是介于个人与组织开展交流沟通的临界点，从此开始，组织系统将在以下的环节中开始进入模式程序安排。

(4) 目标实现的可度量自定目标。

就是在对自定目标实现可能性判断的基础上，综合考虑组织提供的教学条件、科研条件、生活条件、内外部的平台支持、学术环境氛围等方面因素，确定自我目标的过程。这一过程已走出个人认知的范畴，实现与组织层面的交流，是进入评价管理体系的实质性阶段，即"教师与管理方谈价码、谈条件、谈可能"。因此，在这一环节，必须要引出"沟通交流"这一概念。目标能否实现，取决于多个方面，但有两个关键因素：一是组织提供的条件与基础好，"可干事、可干成事"，二是对自己的条件判断分析到位，"能干事、能干成事"，三是双方沟通得好、谈得来。这是在教师和学校组织之间的互动过程，就是可度量的过程。基于教师自主发展的绩效评价模式的一个显著特点，就是这个"可度量"的主体是教师而非组织。也就是说，组织提供了教学条件、科研条件、生活条件、内外部的平台支持、学术环境氛围等方面的基本条件，教师就能实现绩效目标并做出承诺，并且这个目标是"自定"而非"他定"，这为教师在为组织和个人目标奋斗的过程中实现自主自由地发展提供了可能。诚然，这些都是基于教师是"全身心的""诚实的"和组织提供条件"尽了力的"的前提之下，也是在同一组织系统内的前提下的，盲目的、无厘头的条件与要求是不被本模式所接受的，如一所普通本科大学的教师提出要按照国际高水平大学的岗位要求强加于组织，或是水平一般却不切实际地提出要成为大师级水平的岗位目标，也是不可行的。凡此种种情况，模式的"可度量"就会出现大的偏差，"自定"的权力就要受到制约与限制。

（5）签订目标责任合同。

这是教师与学校权利义务相互协商确定的管理程序。按照国务院办公厅转发人事部《关于在事业单位试行人员聘用制度的意见》的规定（国办发〔2002〕35号，2002年7月6日），聘用合同由聘用单位的法定代表人或者其委托人与受聘人员以书面形式订立。学校与受聘人员在平等自愿、协商一致的基础上签订聘用合同，这种合同具有法律约束力。与一般的聘用合同相比，目标责任合同主要具备下列条款：合同期限、岗位及其职责要求、岗位绩效目标、岗位纪律、岗位工作条件、工资待遇、合同变更和终止的条件、违反合同的责任等。这一模式中的一个特点，就是要体现早期竞争激励和晚期职业保护相结合的思想。为鼓励和引导教师勇于创新和出高质量、高水平的学术成果，适当延长评价周期，克服急功近利的行为，支持优秀人才从事原创性研究和具有重要科学价值的长期研究，实现由重视过程管理向更加重视目标管理转变，由重视年度考核向更加重视聘期考核转变，由单纯的数量评价向更加重视质量评价转变，并区别不同类型、不同层次的教师，实行短期、中期和长期合同相结合的目标责任合同管理办法。体现在本模式设计中，就是要把目标责任合同分为短期、中长期和以完成一定工作为期限的合同。对流动性强、技术含量低的岗位一般签订3年以下的短期合同；岗位需要、期限相对较长的合同为中长期合同；以完成一定教学、科研工作为期限的合同，根据工作任务确定合同期限。合同期限最长不得超过教师达到国家规定的退休年龄的年限，教师与学校经协商一致，可以订立上述任何一种期限的目标责任合同。

（6）组织依据自定目标的绩效管理。

自从Tichy、Fombrum和Devana等人在1982年提出了战略人力资源管理理论，绩效管理作为人力资源管理的核心模块也被提到了战略的高度，经过国内外学者多年的理论探讨和实践研究，目前所常见的绩效管理模型大致可以分为三种：以目标分解为基础的绩效管理模型、以流程再造为基础的绩效管理模型和以指标分解为基础的绩效管理模型。

本研究主要运用以目标分解为基础的绩效管理模型，这是一种在战略引导下将目标逐级分解的模式。首先根据高校的宗旨以及战略目标确定组织的年度整体运作目标，然后在学校目标的指引下进一步分解各级绩效单位的目标，制定完善的绩效计划，通过对绩效计划实施状况的管理与评价实现逐级控制的目的，如图 5－3（徐芳，等，2005）所示。

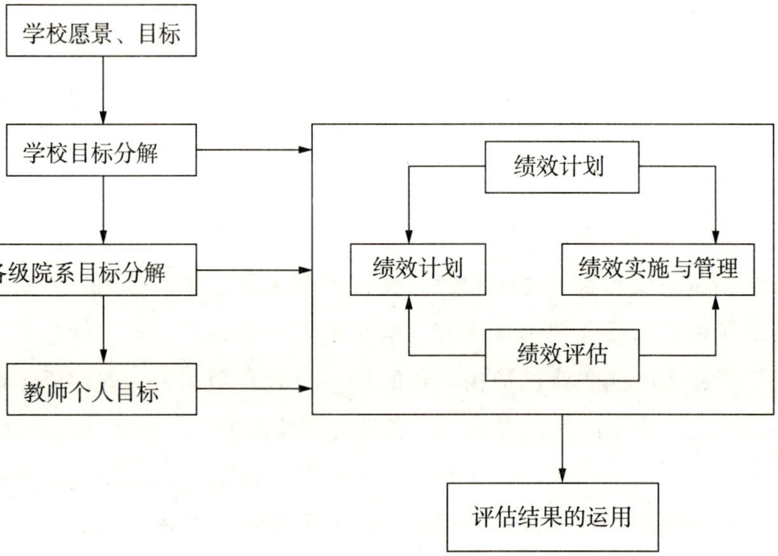

图 5－3　以目标分解为基础的绩效管理模型

当学校的各级单位达成了各自的目标之后，高校的整体目标也已达成。在战略目标的指引下直接进行目标分解的绩效管理方式实质上是一种反馈式控制管理，注重对绩效结果的评价。而在绩效达成过程中则更加注重以“自我管理”代替“压制性管理”；对绩效达成过程控制不足是这种管理模式的一大弱点。因此，注重对目标实现过程中的 PDCA 循环系统的管理是完善战略目标分解模式的绩效管理体系的重要环节，而且该循环系统是以绩效持续改进为基本思想的，因而也称为“微观绩效管理系统”（华南理工大学课题组，2006）[97]。

（7）沟通、协商、反馈、调整。

一个有效的绩效管理体系应该设计了双向的沟通。评估主体与客体之间必须就评价的结果进行积极的沟通，作为持续改进循环中的一个环节，反馈的意义在于引导教师努力的方向、明确绩效不理想的原因所在。对于一个良好的绩效评价体系本身来说，得到教师的理解和积极配合有助于该评价体系的实施，使教师感受到它是一种公平的绩效评价体系，相信它被正确地应用在加薪和晋升的决策之上。因此，需要告知教师该评价体系是如何运作的、对教师的意义何在、教师的工作绩效被衡量的结果。绩效结果反馈的方法有文件沟通和面谈。对于文件沟通，又可以具体到公示和通知教师个人的两个方法。对于公示，需要慎重使用，并考虑到法律的因素。评价结果优秀的教师名单无论是对个体还是对团队，都是一个积极的信号，当事人本身得到的激励毋庸置疑，而其他教师会把它作为一个奋斗的目标。但是，公示绩效不佳的教师名单，对教师本人可能就是一种打击，同时对其他教师也会造成一种紧张的心理和情绪，影响教师的工作心态，甚至可能引发教师对绩效评价体系的反对。可喜的是，从本项目的组织层面问卷调查的结果看到，基本上没有高校公示绩效评价结果不佳的教师名单，保密了教师的个人资料（华南理工大学课题组，2006）[137]。

二、模式循环运行机制的步骤及要求

1. 步骤

按照图 5－2 模式的流程设计，基于教师自主发展的绩效评价模式主要有七个方面的步骤。其运行的基本路线是“教师—自我认知—分析判断—与组织的沟通交流协商—目标确定—绩效管理—目标达成—实现教师自主发展”这样一个过程。在此基础上，在一些步骤之间，会不断地进行一些反复，这主要是教师与大学价值标准相比较产生差异，不断反复、循环和校正，其目的是使双方的目标更进一步趋同，否则，程序将不断调整，直至达到双方要求。模式具体程序分解如下。

步骤一：教师对大学使命的认识过程。这是基于教师自主发展的教师评价模式的起点，也就是教师认同组织的第一步。也可以认为这是正式进入程序前的“预热”，是一个隐性步骤，因为这一步一般没有办法去考评。这一步骤的要点是，教师是主动而不是被动地去认识大学的使命，不能强迫教师去做这一点，主要是靠教师的自觉意识。否则，这一条就失去了真正的意义。同时，这种对大学使命的认识一般也随着一名大学教师从事教师职业的长短而有所不同，从业时间长，理解认识更为深刻、理性，从业时间短，理解认识就相对肤浅。当然也有例外因素。所以，从某种意义上讲，从一个人进入大学，从事教师职业开始，实际上，这一步就已经开始了。作为一种前提，这一环节十分重要，这对其做好以后几个步骤十分重要，特别是对接下来的自我目标定位更是如此。

步骤二：教师自我目标定位过程。基于上述对这一步骤的概念解释，这一步骤中的三个要点：对个人发展基础的判定、对个人潜在能力的分析、对个人期望目标的把握，主要是教师依自身条件而开展的，前提是组织提供与教师岗位相关的绩效目标体系库，供教师选择。应当说，从教师自我目标定位开始，该评价模式的主体作用已开始显现。这一步骤中需要重点把握的问题，就是在上述三个要点的判定、分析、把握中，一定要正式列入教师本人的行动计划，即要形成一个正式的自我目标体系，即便不是正式文字材料。需要强调的一点是，在开始这一步的同时，借鉴英国大学教师绩效评价的做法，首先要对评价双方进行培训，使之熟悉评价方案，对于评价所涉及的领域和需要注意的问题进行全方位的准备，培训不仅包括过程培训，而且包括技能培训，重点是学习如何做好自我目标定位的方法与技术。

步骤三：教师自我分析过程。这一阶段的四个方面内容：与自身发展相关的资源分析、条件分析、专业态度或价值观分析、岗位要求分析，是在步骤二："教师自我目标定位"基础上进行，诚如概念解释时所提到的，这一步是"务实"性分析。其重点是对分析所依据的内容，必须要有一个真实可靠可信的来源，这需要教师去收集有用信息以更加客观地进行自我分析，组织在这时就有义务提供服务，一方面，为教师提供相关资料、表格等人事管理信息，另一方面，也可以推荐或是提供相关专家、专业组织等开展的分析评估服务。这一点十分重要，特别是对自我分析能力不足，以及业务繁忙的教师更是非常必要。

步骤四：目标实现的可度量自定目标过程。这一步操作性很强，如果说第一、二、三步是教师主要考虑和开展的工作，第四步就是教师对组织提供的教学条件、科研条件、生活条件、内外部的平台支持、学术环境氛围等方面因素进行评判，这需要组织提供一个详尽的条件保障清单，从而让教师更好确定自我目标是否能够达到。因此，公开透明是不可或缺的，因为对每一名教师而言，都面临同样的问题，虽然自己已做好目标的定位，"万事俱备、只欠东风"，但如果出现同行利益目标的冲突，就要再次分析是否调整目标。面对日益激烈的地震学教师竞争环境，教师的"可度量"的过程十分重要。如觉得可行，就进入下一步环节，如不可行，还要再度调整，因此，这一步对于教师而言可谓举足轻重，必须认真对待。

步骤五：沟通协商过程。在上述四个步骤的基础上，教师开始与组织进行交流、沟通。其核心内容就是双方围绕教师确定的绩效目标进行讨论、研究，教师主要介绍其自定目标形成的主观愿望、基本思路、实现手段、投入力度等，强调组织提供的资源是否符合或达到实现目标的要求，并就目标实现或达到后相关的薪酬待遇保障提出意见和建议，此外，教师还可提出组织提供的目标体系库有关指标的改进建议等。组织主要听取教师意见，重点介绍指标体系的设计考虑，说明提供资源的情况及相关问题，并对目标实现后薪酬待遇保障等提出初步意见，同时，也要对不能履约所要做出管理罚则做出说明和预告。需要重点强调的是，在这一过程中，组织方在沟通协商中一定要重视对教师专业发展的关注，体现对教师成长的关心，对其不足的体恤与宽容，建设性意见应是这一环节的主题。这里的组织方一般包括院（系）长（主任）、教研室（研究所）主任（所长）、团队负责人等学术领导人员，按照分层分类分权管理的思想，这一层次还可向上或向下延伸。

步骤六：签订目标责任合同过程。在沟通协商并达成一致意见的基础上，教师与组织方签订目标责任合同。合同的式样一般由管理方来设计，为便于学校管理工作的需要，基本上采用统一格式，同时，因教师所在岗位职责和所要达到的目标要求的不同，分别在合同期限、岗位及其职责要求、岗位绩效目标、岗位纪律、岗位工作条件、工资待遇、合同变更和终止的条件、违反合同的责任等内容方面体现不同。在签订目标责任合同的时间安排上，一般要与聘期安排相衔接。此外，近些年来，随着法律体系的健全完善，特别是在《合同法》《劳动合同法》颁布实施后，合同的法律约束力日益强化，从管理方的角度，合同是做好绩效管理的重要基础和参照依据，从教师的角度，合同是保护其权利的主要法律文件，因此，无论是管理方还是教师，都要慎重对待签订合同环节，特别是在一些条款的约定方面，一定要仔细斟酌，反复权衡，教师要认真做好自定目标、自我分析、目标实现的可度量自定目标三个步骤的工作，以便使自己在签订合同时最大限度地做到心中有数，坦然去签合同，从而为今后更好地实现合同目标、真正按照自己设计的思路去促进自身的自主发展。

步骤七：组织依据自定目标的绩效管理过程。这是教师签订合同后，真正开始履行和实现绩效目标任务的重要步骤。也是组织方围绕组织目标的实现，对教师实现岗位绩效目标所进行的规划、组织、指挥、控制等活动过程。这一过程应当实现现代人力资源管理的基本功能，主要是：(1) 管理功能，即对组织所需人力资源进行规划、组织、指挥、控制等工作；(2) 作业功能，即对管理功能的具体落实，包括招募、任免、薪资、考核、升迁、福利等具体工作；(3) 开发功能，即要能够对组织内部人员进行训练，以发挥人力资源的最大潜力；(4) 实现功能，即人力资源管理的目的是为了人力的全面发展，因此要帮助组织成员实现自我；(5) 协调功能，人力资源管理者应当精通社会学、心理学、人际关系学，能够协调组织内部的冲突，创造出一种积极向上的团队氛围（包国宪，等，1998）[220]。因此，在这一步当中，组织发挥的作用占主体地位，这种作用发挥的立足点，是基于促进教师自主发展的，即在每个管理环节中，都要体现以教师为本的理念，强化服务教师、关心教师、支持教师的行动措施，在不偏离组织目标的前提下，尽可能强化人力资源管理中的“实现功能”和“协调功能”。

循环步骤：在本模式运行的过程中，有几个关键步骤需要不断地介入教师与组织的沟通、反馈、调整的过程，也就是说，这一步骤是不可缺少的，否则，该模式就失去其生命力。从整个模式运行的体系中，循环步骤主要出现在步骤七和步骤二之间，即通过目标绩效管理的实施，教师未能达到既定目标，经过反馈过程，就要回到步骤二（自我目标定位），因为经过一轮的绩效评价过程，表明教师最初的目标定位是不准确的，需要再次进入新一轮的评价程序。这一循环过程，一般反映在一次完整的绩效评价结束之后。另一种循环过程，表现在步骤四目标实现的可度量自定目标和步骤六（签订目标责任合同）之间，这个过程仍在绩效评价基本程序当中，即教师和组织围绕自定目标实现，教师对组织提供的资源条件在分析判断的基础上进行交流协商，组织对教师提出的自定目标进行评价与建议，如果双方达成一致，则循环过程结束，进入下一步骤，如果双方不能达成一致，则要反复进行循环程序，直到进入下一步骤的条件具备。除以上两种重要的循环程序外，其他各个步骤之间都有可能采取这一程序，因为这些步骤之间的关系是相互联系、相互制约的。从某种意义上讲，这种循环程序越多，对目标实现越有利，可谓“磨刀不误砍柴工”。但这种循环步骤也是有限度的和有节制的，否则，就会走入无休止的争论与讨论中，即违背绩效评价的效率原则，也对双方目标的实现毫无益处可言。

上述的循环步骤，可以称为本模式中的“硬循环”，即程序要求必须做到的。与此相对应，还有一种循环可称为“软循环”，就是上述七个步骤与社会的交流循环过程。现代意义上的大学，与社会的联系可谓千丝万缕，大学教师所扮演的角色，既是一名“学校人”，也是一名“社会人”，同时，也是一名“组织人”（在某种利益群体中扮演的角色）。教师实现自主发展，致力于岗位绩效目标的完成，离不开社会对其的期望，也不能背离社会约定俗成的准则。一方面，就大学教师的职业要求而言，做好与其专业相关的社会服务就在岗位职责要求和绩效目标指标的范畴，另一方面，作为“社会人”，大学教师还要承担其他的责任和义务，如公益活动、志愿者活动、社区服务以及舆论引领、文化创新等。因此，建立社会与教师绩效体系之间的循环、反馈体系是不可或缺的。这种循环可在上述步骤中的多个程序中介入，一般地，从某种程度上而言，这种循环在与步骤一（教师大学使命的认识）的部分尤为频繁，而与步骤六（签订目标责任合同）和步骤七（组织依据自定目标的绩效管理）相对较少。这也表明，组织的介入对于社会与教师的循环、交流是有影响的，这些影响既有正效应，也有负效应，正效应是主体，从建立基于教师自主发展的绩效评价的角度，这些影响是必需的。

2. 要求

要实现基于教师自主发展的绩效评价模式的优化，顺利推动模式的运行，达到模式设计既定的目标，还应当具备以下六个方面的基本要求。

一是要做到双向互动。这一模式运行的程序表明，评价过程不是单一方向的，而是在评价的全过程需要教师与大学两方面的双向互动、双向交流、双向沟通。因此，无论是评价的主体还是评价的客体，都要有这样的认识，这种互动过程就是一个不断促进教师提高自我认知、规划设计发展未来的过程，同时也是在教师发展基础上保证组织目标实现的过程，没有了这种互动，这一模式就不可避免地陷入僵化的境地，失去了其最鲜明的特质。具备了双向互动的条件，也就具备了进一步完善、改进这种模式的可能。因此，这一条件应当是最为基础的前提条件。

二是要做到动态调节。按照上述模式流程的要求，只有经过动态调节，其每一步的程序才能达到优化，循环步骤持续不断才有意义。因此，动态调节使目标体系的优化成为可能，特别是在教师自定目标、可度量自定目标的动态调节更是必不可少的。这种调节是动态的，是随时随地发生的，这符合自定目标、自我分析等在不断发生变化的特点。

三是要做到内外结合。没有一种评价模式是孤立于其他评价模式之外的、没有任何联系的系统程序。继承传统评价模式的原则与优点，借鉴国外先进的模式设计经验，注重与其他社会评价模式的衔接，做到模式体系的内外结合，是研究制定基于教师自主发展的绩效评价模式的内在要求。这种结合体现的是一种继承，即所有符合评价特点的基本原理、基本规律，都是本模式所应当遵循的。

四是要做到条件适应。这里的条件，主要是指教师的素质、大学的层次、管理的经验与认识水平、大学的环境氛围及文化传统等实现模式功能应当具备的主客观条件。条件适应，就是在设计这一模式时，要与学校的实际相适应，与上述条件的要求相匹配，既不能超越，也不能过低。如果一所大学或教师群体对教师自主发展的认识根本不到位时，这个模式就难以设计，即便设计了也难以推行。

五是要做到分类分层。提高这一模式的评价效能，必须增强针对性，应在专业分类、学科分类、教师分类等的基础上，来实施相关程序，按步骤做好评价工作。如果没有了分类分层，就仓促实施评价程序，必然会造成千人一面，更谈不上促进教师的自主发展。以主要从事教学为主的教师评价为例，其评价指标当然应把教学效果等指标作为主要内容，评价的方法也应以考察其教学活动为主，如果按照以科研为主的教师的要求来进行评价，片面地把其发表的著作和论文作为衡量教师水平最重要的指标，就有失偏颇了。

六是要做到相对稳定。一个稳定有序的评价模式运行机制，既是评价模式设计的基本要求，也是保证评价体系正常运转的重要前提。一方面，一旦模式建立，对于教师而言，指标、程序、规则面前人人平等，不能朝令夕改，让人无所适从，另一方面，对于组织而言，系统的稳定性有利于管理的实施，也有利于减少管理成本。因此，建立一个高效有序的绩效评价模式，稳定性是至关重要的。

三、模式运行特征

从这一模式的运行中，我们得出其至少具备五个方面的特征。主要体现在以下方面。

一是自主性。这是本模式最显著的特征，带有根本性意义。从评价模式的主要内容、构成要素以及运行流程来看，其自主性的特点十分突出。这种自主性，主要体现在教师在这种评价模式的运行与实现结果中始终居于主导地位，从目标的制定到目标可实现的分析，再到实现目标的过程，以及绩效管理的运用，都反映了教师的主观意识和行为取向，都是围绕着教师的发展而进行，尽管组织目标的实现也是一个重要因素，但这一模式设计的基本思想和理论假设前提表明，只要教师自主发展的目标实现了，组织发展的目标也就自然能够实现。这一模式的自主性特点还体现在，每一个学校的模式体系都是各有特点，自成体系的，基于分类分层的思想，不同学校可以结合本校实际，自主制定模式的运行规则和方式。这既是大学办学自主思想在教师评价以及其他管理行为中的反映，也是一所大学民主管理水平高低评判的标准。

二是协商性。这是该模式中反映十分突出的特性。如果把一种模式比做一个生命体，协商沟通就是这一生命体中流动的血液，是模式能够得以有效运转的润滑剂。这种协商性，体现在模式的最主要环节，是实现教师与组织有效达成一致意见的关键。一方面，协商本身就体现了双方在权力主体上的公平性，使教师从主观上形成主动、积极进行自我实现的愿望，形成为组织目标而不断努力的动力，在客观上形成达到目标要求的实际行动；另一方面，协商的运用，可以深层次地加强教师与组织的相互了解，使教师能够及时有效地掌握实现目标所需要的各种有用信息，从而为其做好分析判断、确定目标提供帮助。

三是可控性。基于教师自主发展的评价模式，强调了教师在评价中的自主性，但不意味着系统体系的无序与失控。恰恰相反，这种模式的可控性反而更强。一方面，教师在确定自主发展目标的过程中，居于主人翁地位，其责任心、事业心和团体意识更增强，来自教师个体的强烈的主观意识使自我控制、专注于组织系统的平稳有序成为必然，没有一名教师在自己目标可以实现的情况下去破坏稳定的秩序；另一方面，组织通过有效沟通与协商，可全程掌控教师的所思所想，并能及时有效地做出政策和措施的调整。当然，组织掌握资源的先天条件，也决定了系统的可控性。在这一点上，组织运用资源进行控制，一定要把握好度，即不能背离本模式所确定的为教师服务的理论基础，否则，这一模式所体现的教师自主性特征就丧失了，评价的形式又再次回到以组织为主导的传统模式的轨道上了。

四是循环性。循环性是主要评价模式都具备的特征，但在这一模式当中，这种循环性带有不同的特点，既体现在系统内部，也体现在系统外部的循环。协商性原则决定了循环在系统程序内的持续不断，开放性决定了与系统外部的社会的循环也是反复进行的。循环性的特征保证了教师目标的可靠性、调整性、真实性，对于组织目标的形成也是十分有益的，经过不断的循环，评价才能显现出其应有作用。

五是开放多样性。一种模式与另一种模式的一个很显著的区别之处，就是其开放程度。基于教师自主发展的绩效评价模式在其开放性上更为突出。首先，模式全程中的教师主体意识，决定了评价指标体系必须从教师的多样化需求出发，兼顾不同类型、不同层次、不同特点、不同禀赋教师的特点，并且不断地产生调整变化；其次，一个封闭的体系很难评价一个教师多样化的发展要求，更谈不上自主发展的要求，这种开放性，既体现在教师对自身发展设计的开放，也体现在组织层面的体系开放，允许各种有利于促进教师发展的方法、规则、条件、资源的介入；最后，多样开放性也是上述各种特性实现最大化的基础，没有多样开放环境，自主性、协商性、循环性特征就很难实现，或者只能是有限地达到。

每一种模式都有其不足与缺陷，基于大学教师自主发展的绩效评价模式同样如此。与上述特征相对应，基于教师自主发展的绩效评价模式的不足与缺陷主要反映在两个方面。一是模式设计的程序和要求决定了这一评价模式的工作周期长、工作量大，评价成本增大，如组织方管理水平和人力财力物力投入水平有限，做好这种模式的教师评价的难度就不断加大。二是有关步骤，特别是沟通阶段费时费力，评价的实质意义理解不深、工作方法欠缺、重视程度不够，就会严重地影响到工作效率，对评价结果的真实性、可靠性、有效性产生负面作用，进而对教师自主发展这一根本目的的实现形成不良效果。

第四节　基于教师自主发展的大学教师绩效评价模式的实证研究

一、访谈问卷内容与访谈对象设计

在基于教师自主发展的绩效评价模式的可行性分析中，教师或是围绕教师发展的因素是最为重要的。也就是说，这种模式的被认可度，主要还是由作为大学主体的教师说了算。因此，为进一步印证这一模式的可行性，本研究专门开展了对十所大学的访谈调研。访谈问卷发放学校范围共10所，其中教育部“985”直属高校5所：南京大学、浙江大学、中山大学、西北农林科技大学、湖南大学；其他教育部直属高校3所：东北师范大学、上海外国语大学、华中农业大学；地方高校2所：西北师范大学、宁波大学。问卷发放人员范围共110人，每校选11人：文科、理工科、公共课教师各3名（至少应包含高层次引进人才1人），管理人员2名（人事处长和院长各1人）；上述参加调查人员中，包含不同性别、不同年龄段、不同教龄段和不同职称的教师。

访谈问卷所设计的十个问题主要是：①您认为何谓大学教师的绩效？大学教师绩效评价应该为谁服务？②请您谈谈对本校教师绩效评价与教师考核工作的看法。③如果让您设计教师绩效评价指标，您最注重的是什么？④您认为在制定考核评价目标、与学校签订聘期合同的过程中，学校（学院）与教师双方沟通、协商是否充分？对您提出的关于聘期目标的有关意见建议，校方采纳的程度如何？⑤您认为评价教师绩效时，学校是否有必要设计一套评价指标体系供您参考选择？您认为由教师个人选择指标对其进行绩效评价是否可行？为什么？⑥学校的聘任合同对您有多大约束作用？您面临聘期结束时的考核压力大吗？为什么？⑦您认为贵校现行的绩效考评办法对您个人的职业发展在哪些方面有帮助，哪些方面有妨碍？为什么？⑧您认为贵校的教师绩效评价方法是否需要简化？如果需要，您认为应如何简化？⑨如果教师对绩效评价结果有争议，您认为能通过协商的办法解决吗？⑩您认为现行大学教师绩效评价方法存在哪些优点、哪些缺点？应该从哪些方面做出什么样的改进？

设计这十个方面的问题，主要是与基于大学教师自主发展的绩效评价模式的原则、方法、技术相对应而考虑的，也就是说，通过抽样了解教师对这些方面的问题的看法与意见，可以比较全面地印证这一模式的可行性及教师的可接受程度。同时，问卷所涵盖的对象，不仅包括当前国家的高水平研究型大学，也包括普通大学以及地方大学，学校的类型上也基本涵盖了综合型、理工科型、农林医药型以及师范类大学，从教师的选择上，考虑了职称、年龄、资历等因素，因此，此次抽样的内容所反映的结果，基本上能够比较全面地反映目前我国大学教师对绩效评价制度的真实认知水平，其调研结果是具有较强实证说服力的，可信度较高，符合科学调研方法的规律与要求。

二、对调研结果的分析

1. 调研统计基本数据

截至2009年3月15日，共收到10所大学有效问卷数据131份。参加问卷调查的人口学特征如下，性别：男94人，女31人；在学科归属上，文科类教师47人，理工类教师55人，公共课教师23人；在学位类别上，博士84人，硕士36人，学士10人，其他1人；在职称上，教授61人，副教授44人，讲师24人，助教2人；年龄30岁以下9人，31—40岁50人，41—50岁54人，51岁以上18人；在本校任教的时间，3年以下12人，3—10年37人，11—20年43人，21年以上39人。双肩挑人员71人。

具体分校统计结果见表5－1、表5－2。

表 5－1　样本教师性别、学科归属、学位、职称情况

学校		性别		教师学科归属			学位				职称			
		男	女	人文社科类	理工农医类	公共课	博士	硕士	学士	其他	教授	副教授	讲师	助教
南京大学	数量	7	3	3	3	2	8	2	0	0	6	3	1	0
	百分比	70	30	30	30	20	80	20	0	0	60	30	10	0
浙江大学	数量	22	7	14	15	0	23	4	1	1	15	13	1	0
	百分比	75	24	48	52	0	79	14	3	3	54	46	3	0
中山大学	数量	6	5	5	3	2	10	1	0	0	3	4	4	0
	百分比	55	45	45	27	18	91	9	0	0	27	36	36	0
西北农林科技大学	数量	8	5	3	8	2	9	1	3		4	4	4	1
	百分比	62	38	23	62	15	69	8	23	0	31	31	31	7
湖南大学	数量	10	3	2	7	4	7	4	2	0	6	3	4	0
	百分比	77	23	15	54	31	54	31	15	0	46	23	31	0
东北师范大学	数量	7	4	3	4	3	7	4	0	0	4	4	3	0
	百分比	64	36	27	36	27	64	36	0	0	36	36	27	0
华中农业大学	数量	6	5	3	5	3	7	4	0	0	6	3	2	0
	百分比	55	45	27	44	27	64	36	0	0	22	27	18	0
上海外国语大学	数量	10	1	8	1	2	4	7	0	0	6	3	2	0
	百分比	91	9	73	9	18	37	63	0	0	55	27	18	0
宁波大学	数量	9	2	3	6	2	5	4	2	0	5	5	0	1
	百分比	81	19	27	54	19	45	36	19	0	45	45	0	10
西北师范大学	数量	9	2	3	3	3	4	5	2	0	6	2	3	0
	百分比	82	18	27	27	27	36	45	19	0	55	18	27	0
总计	数量	94	37	47	55	23	84	36	10	1	61	44	24	2
	百分比	72	28	38	44	18	64	27	8	1	47	34	18	1

表 5－2　样本教师年龄、任教时间、兼任职务情况

学校		年龄				任教的时间				兼任的职务							
		30 岁以下	31—40 岁	41—50 岁	51 岁以上	3 年以下	3—10 年	11—20 年	21 年以上	院长	副院长	系主任	副系主任	教研室主任	处长	副处长	未兼任职务
南京大学	数量	1	2	7	0	0	3	6	1	2	0	1	1	1	1	1	3
	百分比	10	20	70	0	0	30	60	10	20	0	10	10	10	10	10	30
浙江大学	数量	0	11	11	7	0	8	9	12	1	6	1	5	3	0	0	13
	百分比	0	38	38	24	0	28	30	42	3	21	3	17	10	0	0	45
中山大学	数量	0	6	5	0	1	3	5	2	0	2	0	1	1	1	1	5
	百分比	0	55	45	0	9	27	45	18	0	18	0	9	9	9	9	45
西北农林大学	数量	3	5	5	0	5	5	1	2	1	0	0	1	1	1	0	9
	百分比	24	38	38	0	38	38	8	15	8	0	0	8	8	8		68
湖南大学	数量	2	5	5	1	2	4	3	4	1	2	1	1	1	1	1	5
	百分比	15	38	38	8	15	31	23	31	8	15. 2	8	8	8	8	8	37
东北师范大学	数量	1	3	5	2	1	3	5	2	1	1	1	0	1	1	0	6
	百分比	9	27	45	18	9	27	45	18	9	9	9	0	9	9	0	55
华中农大	数量	0	5	4	2	0	3	3	5	0	2	2	1	0	1	1	4
	百分比	0	45	36	18	0	27	27	45	0	18	18	9	0	9	9	36
上外	数量	0	4	3	4	0	2	4	5	1	2	0	1	0	3	3	1
	百分比	0	37	26	37	0	18	37	45	9	18	0	9	0	26	26	9
宁波大学	数量	1	4	5	1	2	2	4	3	1	2	1	1	0	1	0	5
	百分比	10	35	45	10	19	19	35	27	9	19	9	9	0	9	0	45
西北师范大学	数量	1	5	4	1	1	4	3	3	1	0	0	0	0	1	0	9
	百分比	9	45	37	9	9	37	27	27	9	0	0	0	0	9	0	82
总计	数量	9	50	54	18	12	37	43	39	9	17	7	12	8	11	7	60
	百分比	7	38	41	14	9	28	33	30	7	13	5	9	6	8	5	47

2. 访谈结果汇总分析

根据问卷设计的十个问题，相应的原始汇总意见分别如下：

（1）您对大学教师的绩效是怎样理解的？大学教师绩效评价应该为谁服务？

关于对大学教师的绩效是怎样理解的问题，教师聘期考核制度是作为现行高校体制内的一种激励机制，大部分教师认为教师的绩效评价，应该是对教职工的教学业绩、科研成果等一系列成就的综合评价，应该主要看

其对大学整体绩效的贡献度，也因学校类型和所聘任的岗位不同而考核方式不同。教师绩效评价包括有形的和无形的内容，是一种定量与定性相结合的一种考核形式。它应以学校的中心工作（教学、科研工作）为评价的重点，同时适当考虑职业道德、师德师风。目的是通过绩效考核对教师形成一种鞭策和激励。

关于大学教师绩效评价应该为谁服务的问题，被访谈教师的观点主要集中在以下几方面：①为教师服务，绩效应该促进教师发展，帮助教师提高，最终在教师聘期考核体系中实现教师个性发展与学校发展的目标一致性。②为学校管理服务，使高校教师队伍的管理更加科学有序，促进学科建设，进而提升大学的“人才培养、知识创新和社会服务”的功能。最终为学校的发展目标服务，以此提升学校的竞争力。③为学生服务，督促教师提高教学质量，进而为社会服务。

（2）请您谈谈对本校教师绩效评价工作的看法。

关于对本校教师绩效评价工作的肯定看法主要是：①大部分教师对本校教师绩效评价工作持肯定态度（基本合理，总体是适合的、是好的，工作满意，有激励作用），认为对学校发展具有重要意义。②大部分教师认为绩效评价结合学校的现状和实际情况，以弱项为激励重点而制定的，基本上符合学校现阶段发展需求。③大部分教师了解学校有关绩效评价的政策、做法，认为绩效评价对教师的日常工作具有引导作用，并对工作形成一定的压力。

对本校教师绩效评价工作的怀疑或者否定看法主要是：①大家对于学校目前的考核办法认为在一定程度上注重了数量，忽视了质量。目前学校的绩效考核结果直接与教师本人的年终津贴挂钩，按工作量计算岗位津贴。教师在追求数量的同时，对质量的要求会有所降低。②部分教师认为指标设计要进一步完善。对教师的一些软实力，如教师的学术影响力，教学特长、精品课设计和推动等方面都还没有相对应的评估体系，使得拥有这些实力和特长的老师的价值始终处于未被认定状态，在某种程度上影响了教师的积极性。③小部分教师认为指标未体现学科差异性。④大多数教师认为现在的考核体系，存在重科学研究，轻人才培养；重个人业务，轻公共服务；重专业绩效，轻管理绩效；重定量绩效，轻定性绩效；重全能绩效，轻个性绩效的现象（主要是教学、科研和社会服务相互间替代性不足），不利于教学质量提高。

(3) 如果让您设计教师绩效评价的有关指标，您最注重什么？

对此问题，不同类型的教师有不同的观点，大家普遍认为应该按照教师的类型分类进行绩效评价，侧重于成果、论文等直接性的产出，但同时应该充分考虑教学效果、教学态度、教学质量以及公益性服务等难以量化的内容。最根本的大家认为应该客观、公平、合理。

(4) 您认为在制定考核评价目标、与学校签订岗位目标合同的过程中，学校（学院）与教师双方沟通、协商是否充分？对您提出的关于岗位绩效目标的有关建议，校方采纳的程度如何？

关于学校（学院）与教师双方沟通、协商是否充分的问题，有两种不同的观点存在，大多数被调查者认为沟通充分或比较充分，少部分教师认为学校和教师双方有沟通但不充分，并且“普通的教师没有多少话语权”。还有部分教师认为“对此无热情”和“岗位目标属学校讨论结果”而回避直接作答。

关于对您提出的关于岗位绩效目标的有关意见建议，校方采纳的程度如何的问题，大多数教师认为学校一般通过不同层面征求教职工的意见和建议，合理建议学校一般会积极采纳。但是由于学校的特殊情况和实际现状以及教职工个体的差异性，诸多意见很难统一。

(5) 您认为评价教师绩效时，学校是否有必要设计一套评价指标体系供您参考选择？您认为由教师个人选择指标对其进行绩效评价是否可行？为什么？

关于学校是否有必要设计一套评价指标体系供您参考选择的问题，大多数被调查者认为有必要设计一套科学、合理的评价指标体系，供教师进行有针对性地选择，尽可能发挥教师的主动性和积极性，便于教师明确自己的职责所在，明确奋斗目标。但有教师认为不同的指标体系之间应该考虑各方面的差别如年龄、教龄、学科、教学、科研、社会服务等，具有一定的可比性，避免指标之间的差异性过大。但是有部分教师提出，让教师自愿选择考核指标体系，容易导致绩效评价失去意义，因为有可能部分教师在选择评价指标时避重就轻，选择自己容易完成的指标体系。

关于认为由教师个人选择指标对其进行绩效评价是否可行及其原因，①部分教师认为不宜由教师个人选择指标对其进行评价。原因在于统一的评价指标虽难以照顾到教师的个性特点，但也不能完全因人而异，这会造成学校的评价指标对于不同教师出现多重标准的局面，影响考评的公平、公正。②部分教师认为可行，原因是可以兼顾教师个体特点，有利于教师自身发展；而且可以把学校的全局性指标和教师的个人选择结合起来，兼顾学校整体发展目标和教师个人发展目标的双重需要，有利于发挥个人特长，并体现学校目标。

（6）学校的岗位目标合同对您有多大约束作用？您面临目标合同结束时的考核压力大吗？为什么？

大多数教师认为岗位目标合同对自己有较强的约束力和压力，但不同层次的教师群体感受的压力源是不同的。大多教师认为一方面看考核结果是否作为下一聘期竞聘上岗的主要依据；另一方面取决于岗位设置与聘用制度执行的力度，由于执行力度难以预料，有些教师认为一聘终身，或者个人各方面做得不错，或者签合同时心中有数，个人能够承受，因而感觉压力不是很大。但大多数教师普遍反映岗位目标合同对自己有很大的约束力，尤其是基础学科的年轻教师感觉有较大的压力。但大多数人认为这种压力是好事情，一方面有助于自己更好地履行自己的职责，另一方面可以变压力为动力。因为绩效评价与岗位晋升、专业技术职务晋升等有密切关系，通过绩效评价可以明确自己的努力方向，更好地做好教学、科研工作，取得好的成绩，有利于个人今后的发展。

（7）您认为贵校现行的绩效考评办法对您个人的职业发展在哪些方面有帮助，哪些方面有妨碍？为什么？

关于现行的绩效考评办法对您个人的职业发展在哪些方面有帮助的问题，绝大多数教师认为绩效评价体系有明确要求，从而在教师发展、今后努力方向等有一定的激励和促进作用。一是促进个人努力工作，多出成果；二是促使个人不断学习，提高素质和能力；三是促使个人成为“全能运动员”；四是对个人的教学科研水平提高有帮助；五是使个人认识到自己的不足，及时修正工作结构；六是有利于个人全面发展，引导自身与团队发展保持一致，进而调动工作积极性、主动性和能动性。同时，聘期考核结果及时反馈至教师，根据各个教师的不同情况，充分肯定其优点，并不断挖掘教师潜能，对于考核中所体现出的不足之处提出尚需改进的地方，以促进教师的不断发展。

关于现行的绩效考评办法对您个人的职业发展在哪些方面有妨碍的问题，教师认为对个人职业发展有一定妨碍，主要表现在：①对学科团队的构建存在一定的障碍。②由于科研容易量化，教学却难以做到，学校的绩效考核对科研的关注超过了教学，容易让教师产生科研压力。同时，由于目前的绩效评价对授课仅考虑的是数量，而对质量没有严格、明确的要求，因而对于提高教学质量方面不利，不利于教师更好地开展教学工作研究，改进教学方法，提高教学质量，有碍教师个性的发挥和发展。③由于大多数学校现行的绩效考核是以学校现阶段的工作重点为依据制定的，因而存在一定的不完善，特别是在教学质量和公益性服务方面涉及得不多，导致更多的教师只关注自己职业的短期发展，而较少关注长远规划，不利于年轻人从高年资、高水平的教师身上学到更多的本领和经验，不利于教师“传帮带”。

有教师认为绩效考核对自己的职业发展有妨碍，归纳为“三轻三重”：一是轻教学、重科研，使得以教学为主的教师很有失落感；二是对教师科研的评价轻质量、重数量，片面追求论文产出；三是轻长期成果、重短期绩效，容易造成急功近利。另外，目前的绩效考评对教师个性发展比较忽视，可能造成老师共性有余而个性不足。

(8) 您认为贵校的教师绩效评价方法是否需要简化？如果需要，您认为应如何简化？

一是大家普遍认为绩效评价方法不需要简化，而是应该细化、具体化，应具有很强的操作性，真正实现绩效评价的合理、公开、透明。在教学环节中不能仅仅考核数量，应该考虑教学质量和教学效果等因素，将数量与质量并重。二是少部分教师认为应该简化，通过把好教师入门关，建立体现专业分工和发挥教师专业特长和个性特征的考核指标，考核期适当延长等方式来简化绩效评价过程。

(9) 如果教师对绩效评价结果有争议，您认为能通过协商的办法解决吗？

绝大多数教师一致认为如果教师对聘期考核结果有争议，可用协商的办法解决，但是前提是绩效评价的体系是相对比较科学、合理、公开和公平的。少数被调查者认为基于我国目前的一些实际情况和对教师的考核、考评机制，绩效评价的争议是不能够或者很难通过协商进行解决的，他们认为学校的出发点和教师的角度有一定的差异性。他们认为学校应该制定一个可以量化的、客观的指标体系，减少主观成分，或者是建立考核监督小组或者专门的评审委员会进行仲裁，解决争议。

（10）您认为当前大学教师绩效评价的方法存在哪些优点、哪些不足？应该从哪些方面做出什么样的改进？

关于绩效评价的方法存在哪些优点的问题，回答主要是：①促进教师不断提高教学与科研的数量和质量，鼓励教师服务社会；②引入了激励与约束机制，体现了学校的发展目标和意图，将大学间的竞争引入大学内部教师之间，提高了教师资源的利用率；③通过评价，激励、推动了本科教学工作的改革和发展，使学校的教学工作水平不断提高，学生的培养质量也大大改进，提高了招生、就业率；④绩效评价的量化，结果直观，便于比较和管理；⑤能有效调动教师的创造性，促使教师走专业发展之路，进而提高学校在教学、科研和社会服务等方面的影响力和竞争力；⑥考核指标有比较强的引导作用，至少让教师本人大致了解自己距离学校制定的要求的差距；⑦明确了聘期教师的职责和任务，也明确了学校的职责；⑧教师的积极性和主动性得到充分发挥，学院的积极性也会得到激发；⑨可短时间内，实现学校的既定目标和任务，也会使学校在业绩量的积累上又一次飞跃；⑩绩效与收入挂钩，教职工的收入可以有较大幅度提高。

关于绩效评价的方法存在哪些不足并做哪些改进的问题，主要回答是：①要进一步加强有助于营造科学探索的大学文化，进而有效地促进学生“精神成人”的考核体系；②高校教师的精神压力已经比较大，不利于教师身心健康发展；③大学评价过度依赖于行政评价，大学的发展目标和意图行政化严重，从而使大学间的竞争失去应有价值，竞争成为对政府资源的竞争和锦标主义式的竞争，所以，绩效考核中华而不实，劳民伤财，好大喜功，盲目攀比，追求大而全现象严重，学生、学校、教师和社会并没有获得与之对应的教育福利。表面上是为了提高教育资源利用率，实际上导致教育资源配置不当，利用不足现象严重；④如何发挥较低岗位教师的教学积极性；⑤绩效的量化标准的不统一以及学科差异，导致对绩效的错误评价，用一个尺度去衡量所有教师，难以确保教师的个性化发展；⑥教学考核上过多注重学生意见，同行评价规范性办法还没有；⑦考核指标会导致教师追求的片面化；⑧聘期较短，一般为3—5年，容易助长急功近利的倾向，不利于潜心研究和做学问的教师发展；⑨现有的考评办法，只针对个人业绩，不利于团队的形成和合作研究、开发，不利于重大项目的承担和完成；⑩现有的考评办法，注重可量化的指标和业绩，对于不可量化的指标和业绩则无法衡量和评定，不利于诸如教学工作、学校学院公益性、服务性工作质量的提高。

三、实证研究的结论

通过上述访谈结果的原始整理意见，主要得出以下总体实证调研的结论：

一是要高度重视教师的主体地位，将教师聘期考核评价体系定位在促进教师的综合素质和能力的提高，鼓励教师的个性发展，给予教师充分的自主权和自由度，充分发挥其主体积极性，主动性，不断促进教师自主发展，已经成为大多数教师和部分管理者的共识，这应当是今后研究制定教师评价制度所要确定的核心理念。

二是教师对现行绩效评价制度和办法，普遍提出进一步改进的希望和意见，多数教师对当前教师评价体系中存在的问题存在比较一致的看法，同时也还存在无奈或无为的思想认识，但共同点是对改革现行评价制度抱有比较高的期望。这使得创新大学教师绩效评价制度的动因具备比较广泛的教师群体基础。

三是评价过程中的沟通协商十分重要，建立公平、公正、透明、公开的评价环境是教师十分看重的内容。在实践中遵循程序保证公平的理念，建立了人事争议调解机构，并将申诉制度纳入教师聘期考核制度中，尊重教师表达意见的权力，通过有公信力的机构，对教师的申诉意见进行评断。

四是在评价制度设计中引入教师在一套评价指标体系中参考选择自定目标的办法，得到多数教师积极的回应。有必要设计一套科学、合理的评价指标体系，供教师进行有针对性地选择，使教师在评价过程中自主决定发展目标，更利于调动其主动性和积极性，也能在明确自身奋斗目标的同时，统筹考虑组织目标的实现，达到二者目标有机的统一。

五是从教师身心健康发展的角度而言，如何舒缓考核评价压力，尊才重才，实现评价程序人性化将是未来评价制度建设的一个重要方向。为此，必须不断改进评价方法，特别是在评价的过程中，使被考核者及时全面地了解到各种反馈信息，包括学校、院系、同行、学生对他们工作的评价信息，不断地加以修正和改进，把考核过程转化为个人的工作与学校、院系、团队的目标密切相关的过程，是今后评价制度研究所要重点关注的方面。

六是激励进取，发挥好评价结果是决定评价导向的重要环节，将考核结果作为教师职位续聘、薪酬调整、奖惩和职位晋升的重要依据对多数教师来说是被认同的。从导向来讲，聘期考核评价是对工作的一种全面衡量和客观评价，是一种正向激励；而对不认真工作、达不到合同约定要求的教师来说，则有巨大的压力，这应当是由他本人承担的。要使表现不称职的教师能认清自身的差距和不足，及时地改进工作，另一方面也使努力工作的教师享有公平的竞争环境，激励教师积极进取。

上述实证研究的结论，与本章前三节所提出的基于大学教师自主发展的绩效评价模式所设计的原则、理念、定位、运行特征与要求等是基本一致或趋近一致的，因此，如果这种模式正式建立并被推广运用，是有较高的教师认可度和实践可行性的。

第六章

基于教师自主发展的大学教师绩效评价方法与技术

从教师绩效评价理论研究和实践分析来看，不论是基于什么样目的的教师评价，其主要区别在于模式内容的不同，而在评价方法和技术路线方面，就其一般规律性而言，都有着相同或相近的地方。因此，基于大学教师自主发展的教师绩效评价所采用的方法和技术，也与传统的绩效评价制度所采用的办法，在所依据的理论基础和基本原理层面是相同的。所以本章所阐述的方法与技术，主要还是侧重从组织方应掌握的方法与技术角度进行研究，也对教师在评价过程中应把握的方法做出设计。与传统研究的显著区分之处在于，一是在方法与技术运用方面，对相关的量度及程序做出一些调整和变化，这就使衍生出一些新的方法与技术成为可能。本来方法与技术的形成过程，本身就是一种创新的过程，这也使得评价结果发生一些不同程度的变化，而这种变化恰恰是能够促进教师发展的，同时也是不易被发现或是容易被研究者所忽略的。二是因为这种教师绩效评价是基于教师自主发展的，所以对评价中与教师发展相关的方法与技术被着重强调，并且评价结果的运用上，其结果反馈不仅是针对教师，而且还是针对评价体系本身的，这使得这种反馈不仅对教师自主发展“有用”“管用”，而且对评价体系的完善改进“有用”“管用”。

第一节　大学教师绩效评价方法策略与技术概述

一、大学教师绩效评价方法与技术的先行研究基础及拓展空间

评价方法与技术是一个不断发展完善的过程，没有一成不变的方法与技术，应当讲，从教育评价作为教育科学的一个分支开始，对评价方法与技术的研究就一直没有中断过。对大学教师绩效评价方法与技术的研究，一般以研究教育评价作为它的逻辑起点。陈玉琨的研究理论认为，教育评价的步骤及其技术与方法，主要由三个重要部分组成，一是教育评价的准备及其相应技术，二是教育评价的实施，三是评价结果的分析与处理。其中，评价准备阶段包括背景分析、方案设计、评价人选择，尤以评价方案设计最为重要，它直接决定了评价将采取何种方法和技术（陈玉琨，1999）[30]。

近些年来，在教育评价基本理论的基础上，对绩效评价的方法与技术方面的研究各有侧重，如：梁俊平等对高校教师绩效评估方法进行了有效分析，提出一种科学、严谨的教师绩效评价方法，解决不同班级、不同年级的学生对同一个教师打分带来误差的缺陷（梁俊平，等，2007）；许成鹏采用基于层次分析和模糊数学方法对高校教师绩效评价进行研究（许成鹏，2007）；郑广成、朱翠苗等对高校教师绩效考评模糊算法研究（郑广成，等，2007）；朱翠苗等对粗糙集处理的基本步骤及算法进行详细的描述，应用粗糙集理论和区分矩阵来挖掘各因素规则的方法对一个高校教师绩效考评的例子进行分析和处理，挖掘出评价规则，得出了各主要考评因素的客观权重（朱翠苗，等，2007）；如贾洪艳，论述了一个基于 ASP. NET、ADO. NET 和 SQL Server 2000 相结合的高校教师绩效考评系统的设计原理、

总体结构及功能实现，有效解决了高校教师绩效考评系统的在线考核参数设置、分项打分、模糊综合考评、在线查询打印等问题，并用Data Grid控件和水晶报表技术来增加数据处理的灵活性（贾洪艳，2007）；苏宁红将层次分析法（AHP）应用于对高校教师绩效评价，能为评价指标体系的构建和项目权重的确立提供借鉴，从而提高评价过程的可操作性和评价结果的可信度（苏宁红，2007）。

此外，刘诚芳认为科学的高校教师绩效考核体系应是多元化的。多元化包括考核内容的多因素、考核方式的多类型、考核标准的多样化、考核目的的多维度，等等。建立科学、多元化的高校教师绩效考核体系，对于开发教师资源、促进教师发展和学校发展的统一具有重要作用（刘诚芳，2007）；秦亮生则将360度反馈评价法运用到高校教师绩效评价中，阐述了360度反馈评价法的概念、评价标准、评价程序及应注意的问题与对策，以期进一步改进和完善现有的高校教师绩效评价体系（秦亮生，2007）；梁骥运用绩效技术原理分析了高校教师的教学绩效，以及改进教师教学绩效的方法，并简要介绍了电子绩效支持系统在学校范围内对于教师绩效改进的个性化支持（梁骥，2007）；郭彩琴等探讨了平衡计分卡在我国高校教师绩效评价中的应用（郭彩琴，等，2006）；吴朗分析了层次分析法对现代高校教师绩效考核的成效（吴朗，2006）；方永美分析了高校教师绩效的二元模糊综合评价（方永美，2006）；杨震力求基于指标集成的高校教师绩效多维考核方法（杨震，等，2006）等。

综上研究成果表明，无论是从教育评价的理论基础支撑角度，还是从教师绩效评价实践运用角度，教师评价是专业性和技术性都很强的工作，其科学性、技术性都对评价质量起决定性作用。从目前对教师评价制度方法与技术研究的情况来看，仅从操作的纬度，就不难看出教师绩效评价在方法技术上多以数学模型、注重定量的方法为主，几乎以压倒性多数的方式占据着评价方法与技术的主要阵地。这也成为当前教师评价制度存在的“重量轻质”的现象主要根源。因此，产生“在理论上，教师评价具有帮助任何教师的作用，但在实践中，这事实上几乎没有起到任何作用”（Stiggings，R. J.，et al，1988）[30]的观点。从大学教师职业特点出发，要真正促进教师的自主发展，恐还需从探寻新方法、研究新技术的方向上加大力度。从这个意义上讲，对评价方法与技术的研究，还有着可供开发的巨大空间。

二、大学教师绩效评价方法的研究前提与基本方式

在研究教师绩效评价的方法之前，有两个重要的前提是必须要搞清楚的，一是大学教师的职业特点。要研究为大学教师的自主发展服务的绩效评价及其方法，就必须先把握好被评价人的群体特征，这样才能使方法更为有效；二是大学教师的管理特征。这也是必不可少的，因为只有在这种管理制度下，这样才能为方法的运用提供可能。从某种意义上讲，这也可以称为评价制度的背景分析。

首先，对大学教师的职业特征作一分析。

大学教师是教师群体的一个组成部分，具有教师的共性。大学具有人才培养、科学研究、社会服务和文化传承创新的功能，其主要任务是通过对学生实施高等教育和大学后教育，系统地大规模地提升教育对象的人力资本存量。大学教师的价值主要体现为其提供的教育服务在多大程度和多大规模上改进了教育对象的人力资本水平。相对中小学教师而言，大学教师除具有系统的知识结构和自己的专业特长外，还有专业性与育人工作相结合，个体劳动与群体劳动相结合的职业特点。从中国大学的实际出发，大学教师的职业特征主要体现在：

1. 肩负着培养有理想、有道德、有文化、有纪律的社会主义建设人才的重任。大学是培养、造就社会主义建设高级人才的基地，人才的品德和智力的培养，要靠教育者本身的思想道德素质和业务水平去影响和培育。教师是否热爱教育事业，能否坚持教书育人，为人师表，能否以自己高尚的道德情操，勇于进取乐于奉献的精神风貌和健康的审美情趣去感染学生、影响学生，能否在教育、教学的全过程中，坚持以人为本，贴近实际、贴近生活、贴近学生，培养德智体美全面发展的社会主义合格建设者和可靠接班人。这一点，充分决定了大学教师必须具备的道德标准。

2. 知识密集，前期投入大，社会期望高。高校教师是知识高度密集行业，从表 6－1 中我们不难看出，其从业人员的平均学历之高，很少有其他行业能与之匹敌，在社会上也理应获得较高的社会地位。这一行业特点使得高校教师平均受教育的年限较长，前期教育精力投入和成本投入较高，因此社会、家庭和个人的收益期望明显高于其他行业的从业人员。

表6－1　2005年全国人才资源的学历分布状况

	研究生	本科	专科
全国党政人才	1.8%	31.8%	—
国有企事业单位专业技术人才	2.1%	25.4%	39.1%
高等学校专任教师	37%	29.88%	—

（数据来源：中组部、人事部，《我国的人才资源状况》，2006）

3. 工作自主性强、工作压力大。与其他职业相比，大学教师工作似乎相当稳定，从劳动时间看，虽然大学教师除固定教学任务外，可自由支配工作时间，但工作时间通常长于国家规定的工作时数；从劳动过程看，大学教师工作自主性强，属于创造型劳动较多，工作压力大。同时大学教师自我期待高，自我施压明显。目前高校教师行业竞争激烈，特别是研究型大学的教师面临教学和科研的双重压力，面临高等学校和专业科研机构的双重评价机制，还必须肩负培养研究型人才的投入负担，因此劳动时间成倍增长，工作压力非常大。

4. 劳动成果难以用短期、量化的形式衡量。俗话说“十年树木、百年树人”。大学的教学成果最终体现在高素质人才的产出，高校教师的教学成果最终体现在“学生质量的改进或提高”上，这些都不是短期可以形成的，也绝不是通过几个成功或失败的案例就可以说明的，只有在相当长的一段时间后才能进行整体评价。大学教师的另一项劳动成果——科研成果有多种展现形式，如发表研究论文、专著，研究成果转化获得的社会效益等，似乎可以进行量化比较。但是科学研究的规律表明一项大的科研成果往往需要一群人潜心若干年甚至几十年的艰苦努力，而成功和失败甚至难以预料，特别是那些努力攻关为国家科技发展做出突出贡献的无名功臣，他们的劳动成果可能不能以显现的形式来展现。总之高校教师的劳动成果，无论是教学还是科研都很难单一地用短期的、量化的绩效成果来衡量。

5. 主要从事精神产品生产，工作具有很强的创新性。从具体形态看，大学教师的主要工作是教学和科研。从抽象层面看，大学教师的主要工作是知识的创新、整合和传播。不论是从哪个层面，教师的工作都需耗费大量脑力。而且随着知识更新速度的不断加快，随着各种文化和学术观点的相互激荡，客观上要求大学教师不断地快速更新自己的知识体系。这一方面给他们的工作增加了许多无形的压力，另一方面也对高校教师本身的知识更新能力和创新能力提出了更高的要求。

6. 追求工作上的认可和成就，重视工作激励因素。大学教师属于知识工作者，而知识工作者的一个共同点就是其主要工作动机源于其工作过程，即工作本身能对其提供很好的激励。具体对大学教师而言，这些激励包括，得意门生的成长，科研成果得到承认，以及在科研过程中克服困难所拥有的成就感，等等。20 世纪 60 年代后期，在教师中重复了赫茨伯格激励的双因素理论研究后，托马斯·塞基欧万尼（Sergiovanni Thomas J.）指出，成就、认可、和工作本身、责任感，发展的可能性这一切对于教师都是非常重要的激励因素。

其次，分析中国独具特点的中国大学教师管理模式。

大学教师所具有的特殊的职业特点说明大学教师管理需要独特的模式。在 20 世纪初，人们将泰勒的科学管理模式作为检验学校管理的主要标准，要求学校的管理人员把工作的重点放在效益上，强调教师必须具备的资格和工作的准则，这种单一的管理模式显然忽略了大学教师作为知识型员工的自主性和自我完善的追求。早在 20 世纪 40 年代芝加哥大学的拉尔夫·泰勒（Ralph Tylor）就提出变化中的思想观念促使教育必须调整，60 年代末至 70 年代，组织行为学的发展和人力资源观念的形成逐步影响了教育管理的研究，人们开始接受和尝试新的教师管理观念。

国内高校在其较长的发展过程中已形成了具有自己特色的办学传统，同时也确立了大学教师在大学发展和社会政治经济文化发展中的作用和地位。大学领导人和管理者对教师的工作方式所蕴涵的管理哲学反映出他们对大学教师的基本看法。纵观我国近代大学发展的历史，蔡元培对大学教师“兼容并包”以及梅贻琦的“大学非大楼之谓，乃大师之谓”的观念都是以教师为本观念的典型代表，从对蔡元培和梅贻琦的大学办学观分析中，可以得到如下启示：要依靠教师办学、民主和科学是大学教师的精神支柱、教师教育思想的更新是大学教育改革成功的决定性因素、大学教师应具有人格与学术有机结合的良好素质，等等，这一观念影响了近代中国大学乃至科技的发展。

传统的管理观念中人们过于看重大学教师的共性，例如大学教师应具有高深的专业知识和崇高的人格素养，具有不断求索和创新的精神，等等，对大学教师个体如何运用这些共性特征创造自己的个性化教学和研究不太关注，所以管理中往往采取整齐划一的模式，如同样的报酬手段和同样的评价标准等，其弊端是显而易见的。假设高校教师都具备同等程度的智力因素，他们在非智力因素（如性格、性情）的差异也还是存在的。在现代管理理念中，无论这些个性的特质是先天形成的还是后天环境造成的，个人所有的特质都应该得到尊重甚至赞赏。成功的管理者往往能够理解这些差异，并有效利用之。现代高校教师管理运用人力资源管理的新观念，强调个性化管理和人本关怀。在新时期人才强国战略举措引导下，教育主管部门提出“以人为本、人才强校”的指导方针充分反映了教育者对于现代教师管理理念的理解和尊重。高等学校的管理机制也需要根据这一指导精神进行及时调整。只有这样才能充分发挥教师的主观能动性，促进教师的自主发展，从而更好地为高等教育事业服务。

从上述两个前提的分析可以得出这样一个结论，即教师绩效评价的方法的形成与运用，决定因素往往不在于这种方法的完整性、合理性，而在于其目的性、实用性。在教师评价工作的进行过程中，在各种不同理念的支撑下，经过不断与大学教师评价的管理实践相结合，逐渐形成一种相对固定的、具有一定目的性的、由多元评价方法构成运行模式，可以称为评价方式。一般来讲，这些经常运用的绩效方式主要有量化考核法、定性评议法、定量和定性相结合法、排序比较法、评分表法、目标管理法等。建立基于教师自主发展的绩效评价体系，应当充分运用和认真总结贯穿于这些基本方式中有利于教师发展的原则、理念、方法、技术、运行规则等，并将其优势转化为基于教师自主发展的绩效评价的理论基础和实践准则。鉴于此，有必要对这些方式做一简要归纳和介绍。

量化考核法是试图从数量上相对精确地反映被评价教师的局部或整体绩效的考核过程和方法。有研究指出量化考核必须具备数据库、数据处理方法和数据处理硬件等条件。考核指标设计要充分适应教师工作的复杂性并体现学校的战略导向，做到科学、客观、公正，真实反映被考核教师的实际情况，以调动教师的积极性和创造性。因此，这一方式的指标体系的设计方法是值得借鉴的。

定性评议法是对被评价教师的评价内容的诸特征进行简洁、概括地描述，从本质上反映被评价者情况的评价过程与方法。由于定性考核简便易行。由于准确性较差，所以，仅有定性考核而无定量考核很容易导致主观上的片面或形式主义。基于此，目前，中国的大多数学校在分析、权衡定量和定性两种方式的基础上综合采用定性与定量相结合的评价方式。

排序比较法是对同一院系、单位内部的教职员工进行排序，这是一种传统而简单有效的绩效评价方法，通常在小范围内进行。有时，有的学校把排序法、评分表以及定量或定性考核法等综合在一起使用，在定量或者定性评价的基础上进行排序。如中国香港的高校针对教师的综合表现给以“优”、“良”、“可”和“不能接受”四个等级。美国大学的一些学院或系所也往往采用这种方式。当然，其前提一般是在评价人数相对较少时更易操作执行。

目标管理法是一种以组织目标为中心和以人为中心相结合的系统管理评价方式。即让组织的管理者和员工共同参与计划目标的制定，在实现共同目标的过程中实行自我控制、自我管理，并努力完成目标的一种管理方法。这一方法的特点是为每位员工制定一套便于衡量的工作目标，并定期与员工讨论目标完成情况。

随着校园信息化建设的加快，许多大学采用了计算机网络实现绩效综合业绩评定，如华南理工大学开发的计算机网络辅助的考核方法。教师可在自己的计算机终端根据系统提示的绩效指标填写考核期的工作量，由教学部门和科研部门进行工作量和质量系数的审核确认，再由系统公示并反馈到教师本人。

除此之外，在国外的大学还有采用自我报告法，如美国常青藤州立大学和彼茨堡大学用集锦法评价教师，即由教师总结自己的教学实践以及具体实例并附加评论和注释，展现教师的教学、出版物、学术成就和科研成果。

上述评价方式各有特点。在实践运用中，为了不同目的，组织所采用的方式是不同的。由于基于促进大学教师自主发展的绩效评价模式的开放性特点与多样性的性质，这一模式在运行过程中是需要用不同的评价方式方法来支撑的，也就是说，只要是为了实现大学教师自主发展的目标，这些方式都是可以拿来使用的。其中，定性与定量相结合的评价法和排序比较法通常是被采用的，前一种方式一般运用在整个学校的层面，作为普遍使用的方法，因为这种既有定性又有定量的办法，适合自主发展评价模式的运行条件，即体现了教师自定目标、可度量目标和贯穿于其中的沟通协商的特点，同时，围绕教师从评价指标体系选择个人绩效目标，再到组织实施绩效管理的过程，使科学、客观、公正的程序得以实现，被考核教师的实际情况得以真实反映，其结果当然是有利于教师发展的。后一种方式一般运用于学校的院系层面或更加微观的层面，在教师人数相对较少、学科特点相近的情况下，这种方式更加容易体现评价的真实效果。目前，这一方式在国外大学运用的比较广泛，这主要是因为，这种办法使评价变得更为简洁，减少了教师对复杂评价程序过程的厌倦情绪。现在，在国外高水平大学中有一种观点，教师们认为谁做得更好，在小范围进行排序、评分就可以得出，取得的成绩在业内是“不言自明”的，没有必要设计一套复杂的指标体系、程序去进行分析比较，这当然是最为理想的，因为任何组织和个人都想使评价过程变得简单些，但实际上，这种理想状态是较难实现的，这主要取决于大学的层次和教师的水平，从目前中国大学的情况来看，要做到这一点恐怕还需要相当长的路走。

三、大学教师绩效评价技术的要求与路线

1995 年，学者芬维克（Fenwick）认为绩效测量包括三个层面：经济（economic）、效率（efficiency）、效能（effectiveness），即 3E 指标。1997 年，学者福林（Flynn）后来增加了公平（equity）指标，成为 4E。1990 年，人类绩效技术学者泰特（Tate）认为，绩效技术“是一种系统程序或过程，以此来识别绩效改进的机会，设定绩效标准，确认绩效改进的策略，进行投入产出分析，选择改进方案，保证对现存系统进行整合，评估绩效改进方案或策略的有效性，以及该方案的执行情况”。但也有学者认为它就是一种技术手段，如哈里斯（Harless，J.）定义人类绩效技术是“一种操作方式，它通过确定绩效差距，设计有效益和效率的干预措施，获得所期望的人员绩效”。总的来说，绩效技术是把整个组织或个人作为它的研究对象，分析、确定其存在的绩效差距，并利用干预措施来实现绩效目标的一种系统思想和过程。其核心问题是通过系统的绩效差距分析，在绩效管理过程中设计有效的干预措施以保证获得期望的绩效水平。文献有报道国内已有高校将绩效技术用于教师绩效评估中（刘世清，关伟，2005）。

从以往的研究成果来看，评价的范式从目的上分为两种类型，即奖惩性教师评价和发展性教师评价。奖惩性教师评价以奖励和惩处为最终目的，通过对教师工作表现的评价，做出解聘、晋升、调动、降级、加薪、减薪、

增加奖金等决定。而发展性教师评价以促进教师的专业发展为最终目的。它是一种双向的教师评价过程，建立在双方互相信任的基础上，和谐的气氛贯穿评价过程的始终。但这两种教师评价体系都或多或少的有各自的弊端：奖惩性教师评价过于偏重鉴定选择功能，近几年在我国高校教师评价中经常用到的“优胜劣汰”，“奖优罚劣”，“末位淘汰”，“能者上、庸者下”，等等，都充分反映出我国教师评价中以奖惩为目的的鉴定选择功能。二者的主要特征和区别（武晓艳，2005）如表 6－2 所示。

表 6－2　奖惩性教师评价与发展性教师评价的特征和比较

	奖惩性教师评价	发展性教师评价
评价取向	对业绩和能力下结论	对教师工作给予反馈
评价目的	高利害性，与奖惩密切相关	帮助教师诊断问题并加以改进
教师参与程度	低	高
评价者的角色	高高在上的审视者	与教师平等的倾听者和对话者
评价功能	对教师进行测量和评价	促进教师的成长和发展

这两者的冲突在一定程度上反映了组织目标和个人目标的平衡。综合国内外目前的绩效评估实践，我们提出一个基于人类绩效技术理论的绩效管理和绩效评价过程模型。其目的在于如果能够将绩效技术的思想用于高校的绩效管理，以协调在管理过程中通过自我的或组织的干预避免使用外部激励手段（奖惩的手段）来管理不理想的绩效，而主要发挥教师的内部激励，在教师对工作认同与高承诺的前提下促进教师的发展和组织目标的达成。

在图 6－1 模型中，仍然借助绩效技术理论的五阶段和四循环过程。五阶段指的是绩效分析阶段、原因分析阶段、行动分析阶段、干预选择和设计阶段、实施干预和变革管理阶段。四循环指的是总结评价—环境分析—目标任务—差距—总结评价；总结评价—原因分析—总结评价；总结评价—行动分析—总结评价；总结评价—实施干预—总结评价。通过对四个循环过程反复进行总结评价、调整、干预和改进，使得教师的绩效不断得到改进。这个理论模型借助组织内部网络技术是具有一定的可行性的。它可以在现有的人事管理系统，与教学、科研和电子政务系统衔接，在绩效管理期间教师本人可以知道自己目前的绩效水平，电子邮件系统可按时自动提醒教师，管理人员对绩效进行检查及干预，从而达到预期的绩效目标。

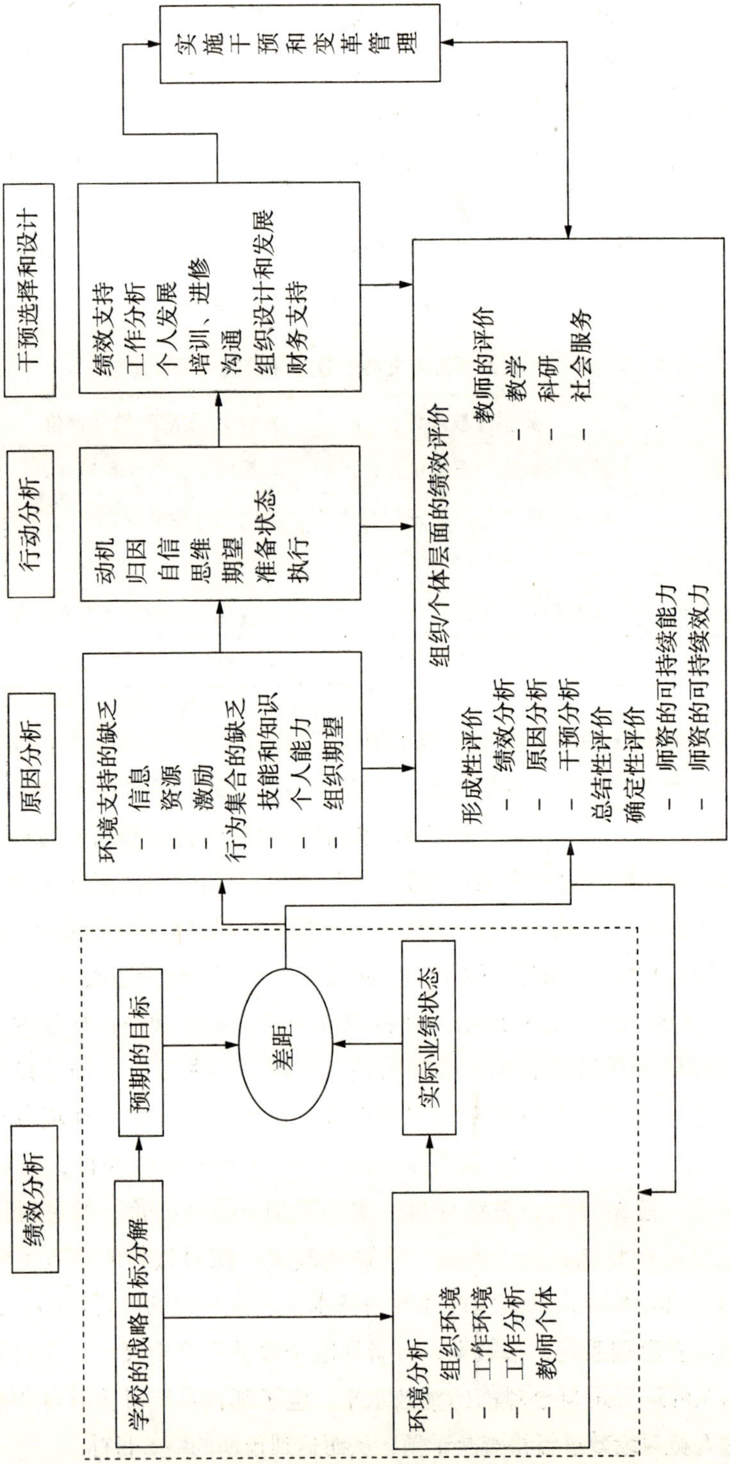

图 6-1　教师绩效管理和评价过程模型

第二节　大学教师绩效评价指标体系设计

一、教师绩效指标的制定原则

1. 平衡质与量的指标关系

从哲学的角度分析，量与质之间是辩证的关系，从量变到质变需要长期的奋斗和努力，科学研究和教学工作的内在规律完全符合这种辩证关系。一项重大的科学研究成果，在某个领域实现了质的飞跃，往往需要长时间的量的积累；从一名普通的教师到全国优秀教师是质的不同，却是一天一天课堂上教学的量的不同的累积结果。在制定教师评价指标时，固然要重视量的多少，更加要注重质的不同。在确定教学工作的评价指标时，诸如教学时数、指导学生人数等可以定量的指标，则需要给教师以明确的定量标准，但不能忽视对教学质量的评价。

科研方面的评价指标，建议对可以量化的指标给出操作性强的量化指标；无法量化的指标，则需要引入具有权威性的评价主体，对指标进行评分或给出评语。但值得注意的是，绩效是一个动态的指标，科研绩效的指标不外乎论文、专著、项目、获奖等几项，但指标的具体内涵则需要各高校依据实际情况动态提升。例如，在没有项目的情况下，需要鼓励教师申请项目，那么科研项目的评价指标可以包括学校级别的项目，但随着高校科研水平的逐渐提高，评价指标就应淘汰低水平的科研项目评价指标。同样，针对不同层次的教师，评价的指标也应有所分别。年轻的教师鼓励其申请校级科研项目和省、市科研项目，教授级别的教师鼓励其申请国家级别的科研项目和重大科研项目，等等。有关不同职称教师的论文评价指标制定，以及不同发展历史、不同性质学科的教师评价指标制定也是同样的道理，需要慎重考虑质和量的关系。

2. 尊重专家意见，实行同行评定机制

在处理指标问题时，需要确定的一个重要原则是：尊重专家意见，“给中才以规矩，给天才以空间”，由专家来界定天才教师。无论是教学评价指标还是科研评价指标，在引入“一票否决”政策的同时，也引入“一票肯定”的标准政策。即教师在教学和科研的任何一方面，甚至在教学和科研各自的某一个领域，其教风和学术道德严重违纪，应该给予“一票否决”的评价结果；同样，做出突出贡献的天才，不论其成果数量多少，若得到专家的一致肯定，都应该承认其价值，给予评价“合格”甚至“优秀”的评价结果，即给予“一票肯定”的评价。重大、关键的科研成果可能开启一个时代，一个教师一生有一次就很了不起了，在科学史上有很多这样的人才，高校制定的评价体系必须有能力把这类教师筛选出来，并给其创造的机会。

3. 尊重学科的发展特色，划分指标层次

高校教师评价的难点之一在于教师工作因学科不同而差别较大，无法制定统一的评价指标，因此必须尊重教师岗位所在学科的特色，根据学科而分别制定不同的评价指标。有关学科的划分涉及知识的分类，现存的学科划分角度有多种，例如：教育部的学科划分；中国院士增选过程中的学科划分；国家研究基金的管理和申报工作的学科划分；高考录取分数线的学科划分，等等。显然，高校教师评价学科分类不能按照上述任何一个划分角度的分类方法。事实上，目前还没有统一的、规范的教师所属学科的划分标准。例如，有观点认为广义的“社会科学”包括了社会科学和人文科学，也有观点认为“社会科学”不包括“人文科学”；还有观点认为“人文学科”不能称为“人文科学”，因为人文学科是对人文思想和人文精神的研究，对其的研究只能称为学科，等等。

我认为，首先需要根据课程的内容、课程性质划分教师讲授的课程类别，其次要根据评价的目标和研究的内在性质和特征，划分教师所从事的研究类别。因此，在设计教学评价指标和科研评价指标时，要具体分析。

可从教学指标分析，不同学科的教学虽有所不同，但从其教学的基本性质与大类的划分上有其共同点。从大学教师的教学评价指标来看，一般可按照课程的类别划分为：公共课、专业基础课、专业课。根据教师所教授的课程类别来确定对其评价的重点。在指导学生学习方面，不同学科却要体现一定的区别。为了简化类别的划分，并使教师绩效评价具有可操作性，教师的研究所属学科可按照《不列颠百科全书》第十五版（1985 年版）对知识和学科的划分进行。它按知识分类划分为五类：数学、自然科学、技术科学、社会科学和人文学科。此外，也还要考虑到一些交叉学科的特点。教师教学课程和研究领域的划分类别如图 6－2、图 6－3 所示。

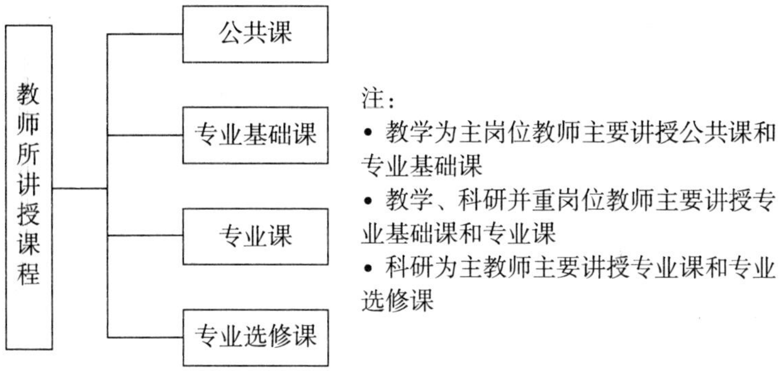

图 6－2　教师讲授课程类别

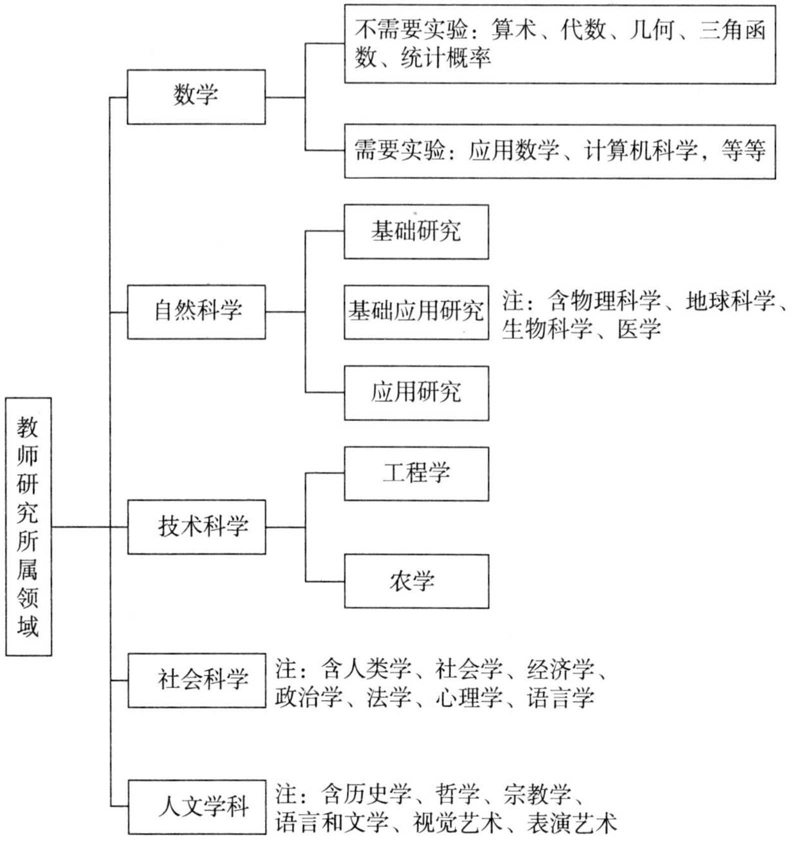

图 6－3　教师研究领域划分

其次，对于自然科学，有些学科是纯粹的、基础性的理论研究，有些学科是与生产实践有密切的关系；有些学科需要配备实验室以及校外有关机构的配合。因此，这些学科可划分为基础研究、基础应用研究、应用研究三种。

一是基于研究成果与研究周期角度的分析方面。从事基础性研究的教师，其研究工作需要长期的过程，其研究成果主要体现为所发表的论文，对这类教师的评价重点主要在于对其原创性成果的评价；对从事应用研究和基础应用研究的教师，其评价重点则在于成果应用价值、科技成果转化以及推广运用方面的价值。与从事基础性研究的教师相比，从事应用研究和基础应用研究的周期要短。

二是基于经费以及支持条件角度的分析方面。主要是看教师的研究是否需要更多的条件，如实验室配备等。对于数学中的几何、代数研究等学科，因为不需要实验室等条件，评价重点则不是在经费方面。对于需要实验室的有关应用研究学科等，教师科研水平与实验室、经费投入直接相关，存在必然的联系，其申请经费也应当成为衡量其科研水平和工作能力的一个重要指标。

三是基于不同学科类别的分析方面。社会科学研究就其基本规律而言，与自然科学研究也有相联系、相类似之处。但是，人文学科领域的许多学科，如艺术类学科的研究与创作，其评价的重点是社会的认可度与影响力，以及其他许多自然科学学科难以实现的途径。然而，当前我国人文社会科学学科，从其评价体系、评价标准、评价方法、评价模式等，多是从自然科学学科领域简单套用过来，忽视了人文学科的特点和研究规律。这对社会科学学科来说是一种悲哀，如何才能找到适合人文学科教师的评价方法，应当是学界认真加以研究的重点。

此外，有些特例也应当成为确定教师评价指标时的重要问题。其一是给天才教师以宽松的评价周期。针对具备天才潜质的教师，要搭建平台，鼓励其从事原创性研究，按照例外原则，使其不混同于一般性的评价体系，单独给其评价的非常规周期，不参加一般的每 3 年 1 次的考核，而是有一个长达十年左右的宽松研究周期，通过特殊形式的评价，使其天才特性得以充分展示。其二是对于做出历史贡献的高水平杰出资深教师，应以定性指标为主，而不能简单地把定量考核的办法强加到他们身上。尽管定量的办法明显的约束与激励作用，但对于大师级人才和杰出教授，这种方法的作用就不是很明显，反而使其对评价本身产生强烈逆反，达不到评价应有的目标。与此同时，在一个学术气氛浓厚、人才集聚的大学环境中，对于取得成就的杰出教师，是不会因为没有评价要求而放松与懈怠对学术追求的责任与理想的。

二、绩效指标的内容

高校教师绩效评价指标内容基本包括教学、科研、社会服务三个方面。经过统计，各高校选择绩效评价指标具体情况如表6－3所示。关于教学绩效数量指标方面，高校选择的数量指标分别是本科生授课、研究生授课、指导实验、指导课程设计、指导毕业实习、指导毕业设计、出版教材等7个指标中的1个或多个。此外，有4所大学所补充的教学绩效评价数量指标内容还包括优秀教师教学奖、授课方式手段、教学成果奖和精品课程。在科研绩效数量指标的选择上，大多数院校选择4个以上指标，其中被高校选择次数最多的数量指标是：科研项目经费、发表论文、申请获得专利、科研专著4个指标。除此之外，6所大学还补充了科研绩效评价数量指标内容，其中每所大学都提到科研获奖作为评价内容。社会服务绩效的数量指标选择上，各高校选择学校或学院的公益工作、为同行企业服务、作为本学科相关杂志编委及兼任本专业委员会相关职务中的1个或多个指标。此外，还有4所大学补充了社会服务绩效评价数量指标内容，包括高职务人员指导青年教师，送科技下乡，援疆援藏，科研成果转化获奖等。

具体分析指标内容，虽然基本上包括了教师的工作内容，但无法看出这些指标与各高校发展目标之间的关联性，也看不到各高校重点发展的学科和专业，以及学生培养目标的重点。这说明，高校在制定教师绩效指标时，没有明确的指标分解系统，没有把学校层次、院（系）层次以及教师层次的目标连贯起来。

表6-3　高校选择绩效评价数量指标情况

绩效评价数量指标内容	高校选择绩效评价数量指标情况		
	评价指标数量	指标内容	其他指标
教学绩效	1—7个指标	本科生授课、研究生授课、指导实验、指导课程设计、指导毕业实习、指导毕业设计、出版教材	奖励优秀教师、授课方式手段、教学成果奖、精品课程
科研绩效	4—6个指标	科研项目经费、发表论文、申请获得专利、科研专著	参加会议、举办讲座、科研获奖次数、科研项目级别、项目来源及成果转化
社会服务绩效	1—4个指标	学校或学院的公益工作、为同行企业服务、作为本学科相关杂志编委、兼任本专业委员会相关职务	高职务人员指导青年教师、科技下乡、援疆援藏、科技成果转化获奖

三、绩效评价指标管理模型

目前高校的发展水平和发展目标差异较大，但其目标归结到最根本的三点是一致的，即人才培养、科学研究和社会服务，归结为经济效益和社会效益指标，各高校的差异仅表现在权重的不同。各高校在确定各自的办学目标时，都会有具体的有关三个基本目标的描述，可以将其套在平衡记分卡的模型中，替代财务类指标，依据其指标的分解思路，最终可以确定教师的绩效指标。综合考虑高等学校现时的管理状况，本研究认为，高等学校所需要的是一种战略绩效管理体系，这种绩效管理体系的建立不是通过一种方法就可以建立起来的，而需要多种方法互相融合、取长补短才能建立起一套适应当前高等学校相对复杂的内、外部环境的绩效管理体系。

第一，以目标分解为基础的绩效管理模式能够从战略高度明确高校的发展思路，理顺高校的内部管理脉络；同时，许多高校多年以前就开始推行的目标管理制度，可以被视为高校建立战略目标管理体系的管理基础。第二，以流程为基础的绩效管理模式可以让高校重新审视自己的内部科研管理和教学管理状况，规范高校的内部管理；对于高等学校来说，可以改变过去“重科研，轻教学”的状况，提升高校的内部管理水平。第三，以价值链为基础的绩效管理模式让高校能够清楚地分析出各高校价值产生的根源，同时能够提升高校的管理高度，让高校内部管理真正服从于高校的整体利益。第四，由于高校的管理基础相对来说还是比较薄弱，因此，并不适于立即采用对管理要求十分严格的管理模式，而应当采用多种管理方式结合的管理模式。通过多种管理方式结合的管理模式，不但能够提升高校的管理水平，而且为高校实行向全面战略绩效管理模式的转变提供了缓冲机会。基于以上考虑，本研究提出了高等学校绩效管理的整合模型，如图 6－4 所示。

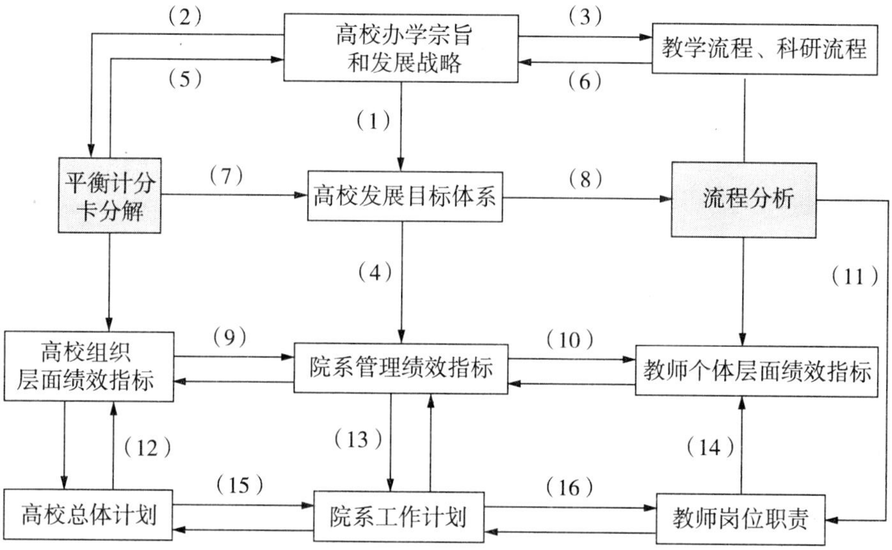

图 6－4　高等学校教师绩效指标管理整合模型

对该模型的解释与说明：

（1）结合高校的发展战略对办学目标进行分解：对于高等学校而言，教育部会下达一些宏观发展目标，但这些目标往往需要各高校结合自身战略与上级要求两方面进行目标分解。（2）利用平衡计分卡（BSC）方法从办学目标（教学、科研和社会服务）、客户（学生、高校、社会）角度、内部运作指标和教师的学习与创新角度分析高校组织层面和个体层面的绩效指标。（3）利用流程分解方法确定教师的岗位关键绩效指标（KPI）。（4）根据高校目标分解院系的管理指标。（5）高校组织层面绩效指标的实现支持了高校战略目标的实现。（6）教学、科研业务流程的顺畅保证了高校战略目标的实现。(7)根据 BSC 分解的四个方面(效益目标、学生等客户、教学和科研等内部运作管理、学习成长),综合平衡各具体战略目标分解后形成的高校组织层面绩效指标,保证目标的完整性。(8)以高校目标体系指导流程分析。(9)将 BSC 四方面指标下达给各院系,并进行综合平衡;院系指标的完成支持了高校目标的完成。(10)将院系指标分解到教师个人;教师个人绩效指标的实现支撑院系指标的实现。(11)根据教学、科研工作的业务流程分析确定岗位职责。(12)根据高校指标的具体要求制订实现要求的具体工作计划;高校计划的实现以高校目标达成为标志。(13)根据院系指标的具体要求来制定实现要求的具体工作计划;院系计划的实现以院系目标达成为标志。(14)根据教师岗位职责确定教师岗位关键业绩指标。(15)将高校整体计划分解到各个院系,制订院系计划;院系计划支撑高校整体计划的实现。(16)院系计划中的各项活动可以细分到教师岗位职责中;教师岗位职责的履行保证院系计划的完成。

归纳起来,整个评价指标管理模型有"两条主线":一是图 6-4 中最后一行根据高校发展战略分解得出"高校总体计划——院系工作计划——教师岗位职责"的工作目标体系;另一条主线是图 6-4 中倒数第二行根据高校战略分解得出"高校组织层面绩效指标——院系管理绩效指标——教师个体层面绩效指标"的绩效指标体系。而在分解的过程中,又体现了分层管理的思想:用平衡计分卡分解高校指标体系给各院系,并根据流程以及工作岗位的不同将院系指标体系进一步分解到教师个人,使得目标体系与指标体系的相互支撑,构建起高等学校最终的绩效指标管理体系模型。

第三节　大学教师绩效评价方法选择

陈玉琨教授在其《教育评价学》一书中提出,有多种途径可用于教师评价:自我评价、家长评价、学生评教、同行评议、书面材料的收集与观察以及教学成果,等等。在实践中还没有任何一种方法,已被证明对总结性的判断来说,已达到必要的信度的要求。然而,多渠道收集信息,有助于提高评价的信度（陈玉琨，1999）[138]。按照大学教师绩效评价的原则和目标要求，可以在上述基础上进一步分为教师活动评价、教师自我评价、教师成果（代表作）评价、学生评教、同行评价、社会效益评价。通过上述这些评价方法，对教师为实现绩效目标的达成而付出的努力及其成效做出全面、客观、公正、科学的价值评价评判和测量，从而得出教师是否达到组织目标的要求及个人发展目标的实现的结论性判定。在这些方法当中，有些方法是经常被采用的，如教师活动的评价方法，这主要是因为大学教师评价活动过程，一般是通过组织行为来完成的。同时，也有一些方法，是前面那种主要评价方法的重要补充，如教师自我评价、学生评教等，近年来被越来越多国内外大学的管理部门所采用，这主要是因为，教师们不断对自上而下的、组织主导的评价产生逆反心理和抵触情绪，这既不利于评价工作的顺利进行，更不利于教师的自主发展，这也使得大学不断地寻求更加适合评价教师的方法，这当中教师自我评价、同行评价等方法的应运而生，成为受教师欢迎的方法。另外，学生评教、教师成果（代表作）评价、社会效益评价，也都是从不同的角度，对教师的绩效活动进行评价，从更多渠道收集评价信息，从而更好地提高评价的信度。近年来，国家政策的制定者们更加注重同行评价的作用，强调要充分发挥同行专家在教师评价中作用，可以看出评价方法的主要政策走向。因此，对教师评价方法的选择，不能仅仅局限在某一种方法，而是要根据围绕评价目标实现的多方面因素来综合考量。

一、教师活动评价

这是一种最基本的评价方法，与教师绩效目标的实现相联系，对教师活动的评价，主要从四个层面进行，即对教学活动评价、对科研活动评价、对社会服务活动评价、对教师师德表现的评价，最后综合形成对教师绩效评价的结论性意见。通常这种评价方法是由评价的组织者来完成，这种评价的特点是更加注重评价的过程。

对教学活动评价，主要是围绕教师教学考核指标完成情况，对教学工作过程，如课堂讲授时数、双语教学、实习、实验和临床指导、学生数量、课程类别、指导各类竞赛、指导研究生、指导本科、专科毕业论文设计和科研实践活动过程的考核评估；开展教师教学过程的质量评估活动，如考察教师教学过程是否遵循规范，教材的选用是否恰当，教案的编写是否认真且符合大纲要求，辅导学生以及批改作业是否及时到位等；检查教师教学效果的成效，主要通过学生评价、同行评价、上级评价以及用人单位评价，检验其教学效果的优劣；认定与检查教师在教材教法方面的成绩，主要是对教学论文、教学改革、教材使用与开发、教研项目的取得及经费使用效率等；在总结教师教学成果获奖情况方面，主要是教学获奖、教学改革获奖、教材获奖、辅导学生获奖等方面的成绩。

对科研活动评价，主要是围绕教师科研考核评价指标的完成情况，主要包括论文、学术文章发表篇数，在权威、核心期刊、一般刊物、国际或国内会议发表论文的篇数、在重要报纸的文章的篇数，以及论文的原创性水平等的评价；对论文被引用的数量情况，主要是看论文是否被SCI、EI、ISTP、SSCI、CSSCI、A&HCI、人大复印资料收录的次数，通过统计列出；对科研项目和科研经费的评价，主要是在国际合作项目、国家重点项目、国家纵向项目、省部级项目、专项项目、校级项目、企业项目的经费和项目数，通过汇总统计并排出序列；在对科研成果的鉴定及成果获奖进行鉴定方面，主要是看成果获奖的等级（国家级、省部级）如何；对出版教材与著作，主要是通过了解专业教材、专著、译著、系列丛书出版的等级、主编工作量等进行评判；对教师在各类型学术会议上的口头发表，以及在大型学术会议的演讲，对各类学术会议的组织工作及参与角色，在广播电视方面的出演情况的评价；对取得专利和成果产业化的鉴定，主要是取得专利的数量，成果产业化的经济效益和社会影响的程度；对艺术、体育和建筑研究方面的评价，主要是对参加展览会、演奏会、体育比赛、艺术展览的时间、地点、规模和获奖情况的了解，在建筑设计、文物修复的等工作中的投标和中标情况等。

对社会服务活动评价，主要是对教师在三个层面的社会服务工作进行考察考核：一是参与院系层面的服务，如参与院系的各项有助于学科、专业发展、学术研究的活动；二是参与学校层面的服务，如参与学校的各种管理及咨询委员会、学术委员会的情况和贡献；三是参与社会层面的服务，如在校外各类型的团体（专业协会、学术杂志）中承担的角色和履职情况。教师对社会的服务的评价内容，还包括参加各种科研评审、公益事业服务、社会演讲、校外调查研究的工作承担情况，以及参加社区服务、志愿者活动等社会活动的支援情况的行动与效果。

对教师师德表现的评价。师德是教师必备的素质，是职业准入的要求，也是社会对教师行业的基本要求。对教师师德表现的评价，既是教师队伍培养的重要内容，也是教师评价的重要指标内容，一方面，教师自身要在思想上充分认识到教师职业道德的重要性，另一方面，管理者还要通过管理活动，在多层次把师德建设与教书育人的实际结合起来，反映在管理制度上，就是要突现师德在教师评价中的核心地位。教师师德的评价原则要贯穿在教师教学、科研和社会服务评价的全过程之中，以达到教育全过程育人的目的。目前在大学教师绩效评价中采用“一票否决”的办法，既是事后的监控，也是事前的警示，对于从事高等教育的大学教师，这点在任何时候都来不得半点放松与懈怠。

二、教师自我评价

教师自我评价，也就是教师在自我认识的基础上，对自己围绕发展目标的实现与否，在与外在和内在价值尺度相比较的基础上，做出明确判断的过程和行为。在基于大学教师自主发展的绩效评价模式中，教师自我评价作为一种评价方法，具有十分重要的意义。因为“教师自评是教师评价中一个重要的方面，这不仅因为它是收集必要的信息的一个途径，而且因为它也是教师自我诊断的一个重要方面。在一定意义上，甚至可以说，教师自我评价的过程就是教师自我激励与自我提高的过程”（陈玉琨，1999）[138]。在国外，教师自我评价占有十分重要的地位，美国、加拿大的大学教师评价一般按照“三角原则”进行教师的绩效考核评价，如加拿大维多利亚大学，采取自我评价、同事或同行评价、学生评价相结合的办法，在教师评价中所占的比重基本上是均等的，校长、院系主任根据“三角原则”，综合三方面意见确定考核等次。如休斯敦大学，自我评价的具体做法是：教师首先对自己进行自我评价，并提供一份简短的个人陈述，其中包括他（她）的学术目标、成就和对未来工作的指导，可以阐明他（她）事业的各个方面是如何形成一个完整的、成功的整体，以至于能在教学、学术和服务学生方面取得一定的成就，除此之外，教师还需向系里提交评审材料，包括简历和各项评价指标要求的材料。一般地，教师自我评价主要有以下三种方式：根据别人对自己的评价来评价自己、通过与他人的对比来评价自己、通过自我分析来实现自我评价（陈玉琨，1999）[142-143]。运用这三种方式的一个前提是，组织或个人的目标已经确定，或者说是在同一组织内部，有相对稳定的群体，至少在某些利益或价值取向上是相同或相近的，这就为这种比较奠定了基础，否则，别人对自己的评价也是不真实甚至是不着边际的，这种对比评价就毫无意义。同时，与他人对比也是有具体参照系的。在基于大学教师自主发展的绩效评价模式下，自我评价的第三种方式，即通过自我分析来实现自我评价至关重要，这是能否促成教师专业自主发展、实现自我、超越自我的关键。与这一模式设计的原则、运行规则和程序办法相联系，这种自我分析是贯穿在评价全过程的，从自定目标步骤一直到组织依据自定目标的绩效管理步骤，自我分析不仅是这种模式所规定的必要程序，而且是这种模式最终要求能够得以满足的根本所在。

三、教师成果（代表作）评价

教师成果评价，也有人称为教师代表作评价，是针对教师取得绩效核心任务进行评价的评价方法。与作为第一种评价方法的教师活动评价相比，教师成果（代表作）评价更加强调结果，而教师活动评价则强调过程。因此，从某意义上讲，教师成果（代表作）评价和教师活动评价是一种相互联系紧密、互为条件的评价方法，有时很难将二者加以区分。随着教师评价制度的建立与完善，人们越来越习惯从教师成果（代表作）评价的角度去关注这一评价方法。从广义上讲，作为一名教师，其所从事的所有学术活动，包括教学、科研以及社会服务活动等的产出结果，就是其工作水平的体现形式，对他的评价就应从这些整体的方面去考核；但从狭义上讲，一名教师是否真正具有水平，却往往不是对其履行了什么职责、干了什么事的考核，而是对其干的水平如何、干的是否卓越来考核，这使得对教师的评价不仅从一般性完成工作的情况去考核，而是要看其代表作的水平，也就是说，这种代表性成果只代表这名教师，是他的专属、专利，充分体现其个性化的成果。特别是在大学这一崇尚自主创新、追求原创研究的领域，教师的代表作更加凸显了教师职业的特殊性，这也成为大学教师追求自主发展理想的动力源泉。这里需要强调说明的是，真正体现教师水平的代表作的评价，需要的周期要比一般的教师成果评价要长的多。一名教师，特别是从事基础性、原创性研究的教师，其成果的产生要经过相当长的时间，有时可达十几年甚至几十年。在这种情况下，不能简单地运用效率原则去套用，而是要从一个较长周期、较大范畴中去把握评价的方法。这里的难度是，组织或教师本人很难事先做出明确的预测，承诺的前提是对被评价人的充满信心的判断，对其能否取得重大成果的预期不明，不敢让任何一位管理者贸然做出这样的决断。一般地，这种评价方法的采用，也通常是在教师取得重大成果之后，通过回馈、补偿的办法来实现。如何解决这种矛盾关系，仍需要加以深入研究与探讨。

四、学生评教

学生评价的重点是教学评价，这种评价方法在美国、加拿大很普遍，上述美国、加拿大的大学教师评价的“三角原则”表明，学生评教占有“三分之一天下”。在学生评教中，加拿大多伦多大学规定，学生要填写关于课程经历和课程实践方面的调查问卷［The Course Experience Survey (CES)］，对教师担任的所有课程进行评价。课程经历调查包括对教师个人的评价，课程组织和结构、课程资料、课程内容、实物资源（图书馆和信息技术的运用）、教学技术、教学效果、重要的学习体会等；课程实践调查包括学生参与课程的陈述和课程本身的陈述，要求学生对评价的课程进行整体衡量，评价的标准十分细致，从“十分同意”到“课程不合适”分为七个等级。目前，国内大学也逐渐加大学生评教的力度，以西南财经大学2007—2008学年第一学期学生评教及相关分析报告来看，从教育学的视角看，要提高教师上课的吸引力，一方面，教师应该把课堂教学看成是一项社会性活动，在传授知识的同时，加强与学生的交流沟通。另一方面，教师应进一步参与教学研讨和交流活动，学习、掌握和运用适合现代课堂教学模式的教学方法，充分利用多样化的教学手段。因此，学生评教是反映教师课堂教学水平的一个指标，也是学院了解本单位教师教学情况的重要途径。但由于课程性质、参评人数等因素的影响，学生评教结果往往存在一定的主观性，并不能完全用来衡量教师的教学水平，因此，评教数据仅供参考。在多种资料的收集途径中，学生对课堂教学的评价是最有力的材料。学生评教的主要问题在于，教师一般对这种做法都感到不太适应，他们大多对学生能准确地评判教师活动的能力缺乏信心。如何使教师克服这类心理障碍，就成了学生评教结果能被有效地接受和最大限度地发挥其作用的关键。在我国，大部分高校对学生评价不够重视或评价方法不太合理。部分教师轻视教学，教学态度不认真，课堂教学流于形式，引起了学生的强烈不满，教学质量便无从谈起，培养学生的目标便无法实现。重视学生评价，将学生评价意见作为评价结果的重要依据，有利于促使教师重视课堂教学方法和与学生的交流互动，从而改变部分教师重科研轻教学的倾向。在重视学生评价意见的同时，要改进学生评价方法，更多地切合不同课程的实际，对公选课、专业基础课、研究生指导课应该有不同的评价方法，如在学生填写的课程调查问卷设计上应该有所体现。

五、同行评价

使用同行评议这一方法的基本观点，是在评价教师能力方面同行具有较大的发言权。同样，评价者对课堂教学、教材以及对教师的要求都比较熟悉，这使他们的建议，对教师的提高及工作的改进都能提出有价值的建议。为提高同行评议的质量，在学校中建立经常性的听课与观摩制度是有利的。它有助于教师之间的取长补短，共同提高。同时，它也有助于大大地降低同行评议中的主观臆测成分。同行和同事评价方式比较科学，原因在于，同行和同事是与教师活动联系最紧密的人，也是对教师能力和素质最有发言权的人。这种评价中，同行在科研方面的评价、同事比较挑剔的评价组成了一个相对科学的评价方法系统，体现了主观评价与客观评价的结合以及教学、科研和社会服务评价指标的统筹结合。无论是自我评价、同行或同事评价、学生评价，具体的操作内容和程序是非常细致和科学的。以同行评价为例，美国、加拿大高校对外界同行的评价十分重视，同行资格的审定、评审信的数量和内容、同行评价结果的使用都有明确的规定。这在很大程度上保证了评价结果的客观公正。同行评议不仅在形成性评价中有很大的潜在价值，而且对在教师中创造一种专业发展的气氛也有重要意义。

我国许多高校越来越重视同行评价，采取同行评价和教授会议评价，淡化行政评价的色彩，尊重学术评价的权威性。在教师评价制度的建立和改革工作中，需要进一步借鉴国外同行评价制度的经验，不断提高教师评价的专业化水平。实行同行评价和教授会议制度，关键在于选择专业、公正、高效的评审专家。一般而言，评审专家要具有较高的专业知识水平、敏锐的洞察力和较强的判断力，熟悉被评价内容；同时，具有良好的资信和科学道德，认真严谨，秉公办事，客观公正，敢于承担责任。遴选评审专家应遵循随机原则、回避原则，并实行任期制。实际操作过程中在邀请校外评审专家的数量和人选、教授会议的组成和会议主席的选择等方面，应该很好地把握。

六、社会效益评价

大学对社会服务承担着义不容辞的责任，教师在完成教学和科研工作之外，还要积极参与社会服务工作，需要参与各种协会、公共政策的咨询、杂志等的编委等，这是社会对大学教师参与社会的期望与要求。教师评价的第一种方法：对教师活动的评价。把教师参与社会服务的情况分成三个层面进行考察考核，即参与院系层面的服务、参与学校层面的服务、参与社会层面的服务。这种对教师社会服务的评价方法，主要还是体现在教师的活动性特点。社会效益评价，则从另一个侧面对教师的绩效进行评价，即教师通过上述三个层面的社会服务的活动后，取得的成绩、产生的社会效益对学校目标的实现、教师个人目标的实现所带来的影响价值的判定，是社会影响反作用于教师水平能力的评价方式。

国外对教师的社会效益评价情况也不尽一致。美国在其教师的社会服务指标中要求，教师对系、学院、学校提供的服务，对专业、学生做出的贡献，一些能够加强其专业的活动，包括在专业组织中的领导职务、对社区和公众提供的服务等的效益是对教师评价中的重要参考依据。而在日本，社会效益评价，在教师的绩效评价中的比例只有7%，远远地低于教学和科研方面，可以看出，日本高校教师的社会服务方面的评价在整个评价体系中还没有引起重视。韩国大学社会服务方面的评价与教学和科研方面相比，也受到轻视。因此，在对韩国高校教师的评价研究中，这一方面的研究结果更加少见。因此，运用社会效益评价方法的关键，就是要提出针对性较强的评价指标体系，并且这种指标要求是与每个教师的业务紧密相关的，在量度上也是适宜的，同时，学校之外的中介评价系统也要相对完善，系统内外评价标准的匹配度，决定了社会效益评价的可信度。然而这种机制的建立难度很大，单靠学校一方面是难以实现的。

第四节　大学教师绩效评价结果的运用

大学教师绩效评价结果的应用，是大学把教师绩效评价结果与教师的岗位聘任、职务聘用、薪酬分配、福利待遇、培训培养、表彰奖励等相关制度系统联系起来，以绩效评价结果为依据和准绳，对教师实施相应的激励和约束的管理行为过程。在基于大学教师自主发展的绩效评价模式下，绩效评价结果应用的根本目的，就是用评价的结果，不断地激发与调动教师从事教学、科研、社会服务的积极性、主动性和创造性，为促进教师自主发展发挥最大作用。

一、绩效评价结果运用的原则

1. 真实性。绩效评价结果的真实性，是评价结果运用中首先要考虑的重要因素，也就是评价结果必须是客观的、真实的。这种真实性，主要是指评价过程是在评价主客体双方一致认可的原则、标准、方法下，在共同参与程序下进行的，体现了公平、公正、透明原则，公信力强，信度高，因而是真实的。特别是在为了教师自主发展的目的之下，只有结果的真实性、客观性，才能使组织为进一步改进管理、提高工作质量和效率而提出下一步的措施，为教师发展创造更加有利的条件，提供保障，也才能使教师本人真正认识到自身的价值、发展的潜力和存在的不足，从而为自我发展提高增添信心、形成再次提高的动机。

2. 准确性。就是评价结果没有偏离或过大偏离教师或组织最初所确定的目标体系所明确的预期，基本上反映了教师本人教学、科研、社会服务的能力与水平，这种准确性还体现在每一位大学教师的评价结果是各不相同的，具有差异性的，不管是与内在还是与外在的价值尺度相比较，恰如其分地反映和描述了教师在不同岗位上的绩效。在这种准确性的前提下，评价结果的运用对教师来讲就很有意义，不仅对其已有成绩、能力素质有一个相对准确的定位，同时，对其发展的潜力也有一个科学的预测把握，使教师明确了发展的方向。此外，这种准确性，也对组织和教师个人开展下一轮的评价程序奠定了基础，使评价体系更加呈现发展性特征。

3. 及时性。就是要在评价结果的运用时，不断提高效率，组织要及时有效将评价结果反馈给教师本人，并把结果成效运用到教师人事管理的各个环节。经过一个较长周期的评价过程，教师对组织的评价结果充满期待，一方面，及时有效地使评价结果与教师见面，可缓解教师的焦虑，体现组织的工作效率，另一方面，评价结果的反馈成效的最后确定还需要一个过程，如教师对评价结果不满时，还要进行复议、协商，甚至仲裁等。“纸里包不住火”，作为评价活动的最后一个环节，评价结果迟早是要在评价主客体双方前见面的，及时地做出评价结论，既体现了评价体系的工作效率，也是一所大学民主管理程度的充分体现。

4. 回馈性。评价结果运用时的回馈性，反映的不仅是评价主体对教师进行及时有效的结果告知和信息传达，而且也要反映教师对评价结果是否能够接受的主观意见。这种回馈性的特点，也是基于整个大学教师自主发展的绩效评价模式的显著特征，也就是说，教师和组织在涉及评价工作的全过程，都是不断地处于协商、沟通、交流的信息交换过程当中，从自定目标阶段开始到评价结果运用的评价过程中所体现出的信息回馈性，是不可中断的，特别是到了评价结果的运用阶段，这一特点就表现得更加突出。没有了这种回馈性，大学教师评价所具有的根本理念基础，公平思想就会受到冲击，评价所设计的各种理想与概念也将不复存在。

二、评价结果运用的领域和方向

1. 评价结果运用的主要关联领域

（1）依据教师绩效评价结果开展教师岗位设置和职务聘任

实施岗位设置管理是优化配置人才资源、提高用人效益和质量的重要基础。岗位是根据组织目标设置的基本单元，是组织职能分工的结果，集合了组织中人、财、物的一种有限资源。人力资源配置不仅是人力资源的合理使用，还涉及人力资源和物质资源的有效结合，岗位是实现这一结合的重要载体和纽带，因此，岗位管理制度是现代人力资源配置与管理的重要内容。长期以来，事业单位人事管理沿用管理党政机关工作人员的办法，身份管理贯穿于人事管理的各个环节，大学人事管理基本上实行教师职称由考核结果决定，管理职务由上级领导决定，这既不利于学术队伍的健康发展，也不利于管理队伍的优化配置。随着岗位设置管理和聘任制的全面推行，改变过去单纯依靠行政管理、任命制的办法，逐步转向聘用制为基础的合同管理，实现了由行政依附关系向平等人事主体的转变，这是人事关系上的重大变化。在这一前提下，要想科学考量教师的工作业绩与学术能力是否与其职务职称真正相符，是否与其教学、科研岗位相适应，就迫切需要把教师绩效评价作为基础性的环节，为管理者提供高校教师动态、连续和完整的业绩评价结果记录，从而明确大学教师的岗位、职务的符合性问题与岗位适应性问题。因此，绩效评价结果的运用，已成为岗位设置和聘任制度的重要前提和基本依据。这当中，评价主体人员的选定，应是在同行业内专家的范畴，不仅业务能力要强，而且还要做到客观公正，这使得在评价教师时能结合各个阶段的教师绩效、综合长期判断才能对教师的职务聘任做出断定。基于大学教师自主发展的评价模式，还要认真把握教师具有较强的自我审视、自我管理和自我改善能力，通过绩效管理的过程，对绩效不够理想的教师，在认真分析原因的基础上，做出岗位调整和职务变换的决定。

（2）依据教师绩效评价结果确定和调节教师的薪酬收入分配

大学依据教师绩效评价结果确定和调节教师薪酬收入分配标准是现代大学人事制度管理的内在要求。随着大学绩效工资分配制度的建立和完善，将更加突出体现激励功能，将工作人员劳动收入与其岗位职责、工作业绩和实际贡献相联系；要更新管理方式，将高校收入分配的总体水平与学校完成社会公益目标任务及考核情况相联系，充分调动工作人员的积极性。这些大学薪酬分配制度的改革方向表明，没有大学教师绩效评价结果，上述思想是无法实现的。虽然大学教师普遍具有较强的自我发展需求，但采用绩效付薪制度仍然是激励教师努力提高工作绩效的重要内驱力。在评价结果的运用上，要增强教师薪酬的激励作用，对于不同类型的教师薪酬应有不同的绩效要求（李正，等，2007）。对于主要从事教学工作的教师来说，应将教师薪酬分配中的主要部分与教师的教学绩效挂起钩，使教师的工资性收入的分配和调整的依据，主要来自于教师个人教学绩效评价结果中的教学课时量，奖金性收入主要来自于教学绩效评价结果中的教学质量要素。对于从事较强应用性内容研究的教师，薪酬中的主要部分应该与科研绩效直接挂钩；对于从事以理论研究为主的基础科学和人文科学的教师而言，教师薪酬主体应按国家事业单位工资标准统一确定，较小部分比例与教师自身或团队的科研绩效进行挂钩，这对保证基础性学科的顺利发展和从事这些学科教师队伍的稳定十分重要。这种基于评价结果的分配方式，反过来对完善多种收入分配形式，坚持向高层次人才和创新团队倾斜，采取一次性重奖、建立特殊津贴、建立重要人才国家投保制度等措施，对部分急需人才实行协议工资、项目工资等灵活多样的分配办法也是大有助益的。总之，依据教师以及其所属学术团队的绩效评价结果来确定教师薪酬分配收入，其作用是促使一些低绩效教师产生不断地提高改进的动力，还可加强大学教师之间、团队之间的合作意识和凝聚合力，从而为促进大学学术发展、高质量人才的不断涌现创造更为有利的环境与条件。

（3）依据教师绩效评价结果进行教师能力提升相关的培养培训

大学作为重要的学习型组织，其每个成员都有不断学习、终身学习的义务和要求。在当今科学技术日新月异、知识经济迅猛发展的形势下，一所大学要想取得一流的发展水平，必须具有一支高质量、国际化的教师队伍。特别是在全球化不断深入的今天，大学教师的国际化水平至关重要。普华永道咨询公司的萧汉民先生认为，国际人才的特征，一是有国际化意识，包括国际视野；二是有国际化能力，这些能力有一种国际衡量标准；三是有国际化工作经验，包括丰富的国外从业经验。鉴于此，许多发达国家的高等院校纷纷推出国际化的行动措施，如制定符合本校实际的大学生国际培养计划，在发展战略上未雨绸缪；关注以在校生为主要目标的多方面的国际合作，提高人才培养质量；创造条件，派学生参加短期的海外实习、考察项目；与世界名校建立广泛联系，包括建立双向的学位、学分转移项目；指导研究生参加高水平国际学术会议，鼓励学生参加国际间专业性竞赛项目；吸引外国教师来校就职，聘请国外学者短期来校讲学；有计划地选派骨干教师出国深造；与外国高校共同举办高层次学术会议、高层次培训班和研修班；有计划地开发一批英文课程，使用外文原版教材；对有能力参与国际学术会议但缺少国际旅费的教师、研究生提供专项资助等。不难看出，在这些措施当中，教师能力的再提升占主要地位。也不可避免地成为大学教师追求自主发展的重要途径。那么，在同一环境下，对教师进行培养、促进其培训深造的主要依据是什么呢？教师绩效评价结果的恰当运用正好可以为大学寻找到这一问题的答案，也就是说教师绩效评价结果能为教师进行培训提高提供科学而又准确的依据。针对绩效评价结果的大学教师培训一般包括两个层面，对绩效优秀者可实行激励性培训，提供类似前面提到的国际化培训，如去发达国家或国内高水平大学进行访学研究的机会，进一步提升这些教师的学术水平，对潜质好的教师而言，这种培训进修或合作科研的过程，就是其实现自主发展的过程。另外，大学还要兼顾另一种情况，就是一些教师绩效较差时，也需要针对存在的问题对他们进行有组织的培训，使他们重新找准定位，明确进一步发展的目标，更好地适应相应的教学科研任务和履行好岗位职责。

（4）依据教师绩效评价结果对教师实施表彰奖励和纪律约束

激励理论和管理实践证明，大学教师作为高级知识分子，更注重体面和受到尊重，以及得到群体的价值认同。这在很大程度上成为促进大学教师自主发展的动力。依据教师绩效评价结果对教师实施表彰奖励，主要在三个层面体现：一是学术性的表彰奖励，主要是其完成的绩效目标与学校在一定时期所追求的目标相一致，具有创新性、突破性的标志意义，如取得国家科技奖励，这也许就是基于岗位绩效目标完成的同时做到的；二是作为教师行为规范的表彰奖励，如师德标兵等，这也是实现教师为人师表的发展目标要求；三是作为利益群体内部的表彰奖励，如院系先进个人。上述这些表彰都离不开绩效评价结果，因为这些表彰的范畴也都是评价中必不可少的重要指标和内容。与此相对应，运用评价结果，对教师达不到绩效目标的情况，就要按照合同约定的违反合同的责任条款执行。但如果评价结果中出现违背教师公德，如学术不端、学风不正的情况，还要追加进行惩罚性约束管理，从教师资格的层面去探讨这个人是否具备做一名最基本教师的条件和资格，这也才能使评价更具权威性。

2. 高校教师绩效评价结果的应用方向与目的

一是要有利于促进教师的自主发展。教师绩效评价的根本目的在于调动教师工作的积极性、主动性和创造性，进而在实现教师个人发展的同时实现学校整体的组织目标。为此，评价者必须向教师个人反馈评价的结果，使教师更为全面地掌握和了解已达到或未达到自定目标的反馈信息。大学教师具有强烈的求知欲和成就感，其所从事教学、科研及社会服务是一项复杂的、创造性的劳动，并在个人的工作岗位上不断地探索与创新，是一个不断通过专业发展逐步走向成熟的职业。教师的专业发展是受其人生价值观和教育价值观制约的，和它的职业素养、自我意识等紧密联系在一起，源自自身目标的设定，区别于外部力量的强逼式的发展，是自己要求和主动进行的主动发展、自觉发展，是不断设计自我、改造自我、塑造自我的过程，是教师在认识、平衡自己多种角色基础上的自我选择、自我追求、自我完善的过程。作为一位知识工作者，一位大学教师仅有自律、自立、自强的意识是不够的。大学教师绩效评价的目的是要积极引导、鼓励和帮助教师发挥专业特长，提高工作成效。绩效评价结果包含着大量与教师职业成长相关的信息，能使教师看到自己的成就与不足，找到或发现成功与失败的原因，即教师绩效评价结果能给教师传递有关其发展的相关信息。同时通过评价过程中信息的及时反馈，使教师能客观分析自己的工作，客观地认识和评价自己，增强自我认识、自我控制、自我提高的能力，达到及时强化、调节、矫正不良的教学行为，不断挖掘自己各方面的潜力，在教学、科研和服务等方面合理分配好时间与精力，及时避免工作上的漏洞和失误，发挥自己的聪明才智，更好地实现教师个体的价值。因此，有效的自我管理是建立在客观地自我评价基础上，能根据自身优势和外部环境进行职业生涯规划，并在实践中不断调整自己的自我发展，这是本着对自己、社会完全负责的态度，主动实现自身与高校、社会的和谐发展的自我管理。只有树立这种自觉适应变化的自我管理意识，树立客观地自我评价意识，才能不断发掘自身潜力，使所从事的职业需要和自己每阶段的人生目标结合。

二是要有利于教师和学校的共同发展。大学的发展和教师的发展是相辅相成、相互促进、缺一不可的。大学的发展离不开教师个体的成长，同样的，也不能单方面要求教师改变其教学与科研行为的模式、价值观念等来被动适应学校组织，学校要参与教师个人的职业生涯规划的指导与管理，将教师个人发展纳入组织管理的范畴，从而实现组织与个人共同成长。大学既缔造了大学教师这个群体，大学教师这个群体也推动着大学质量、品位、声誉的提高，推动着大学的发展。大学教师的自主性能够促使教师建立归属感、增强教师的专业成长动力与责任，对任何大学来说，教师是绝不可轻视而具有决定意义的因素，集中体现一点就是“教师是大学的第一资源”。大学在评价教师个体工作绩效时，要注意把握好评价教师所在的各级组织所起的作用，把握好教师个体的高绩效与学校的高绩效紧密关系，使评价结果的运用更好地把教师自主发展与学校长远发展联系在一起，也就是说，大学教师评价最为理想的结果是，既能很好地促成教师个人目标的实现，也相应地使学校的发展目标得以完成。这种目标利益的趋同性，正是绩效评价结果运用中所应把握好的关键问题。

三是统筹兼顾与综合运用。教师绩效评价结果可以为大学对教师的岗位合理聘用、职务晋升、培训培养、表彰奖励、薪酬发放和奖励惩罚等提供客观真实的依据，从而使大学教师人力资源配置达到最优化，更好地规范和明确教师的职责任务，促进教师管理从身份向岗位转变。这种不断运用考核评价结果的过程，就是不断明确教师配置机制、教师聘用机制、教师奖惩机制、教师分配机制的政策导向的过程，使适度的竞争、激励、淘汰的运行制度得以真正建立。另外，教师绩效评价结果的运用还要为大学建立一种融洽的教学科研氛围和学术生态起到促进作用，努力营造尊重知识、尊重人才、尊重劳动、尊重创造的良好人才成长环境。要通过绩效评价的导向作用，更加强化人才成长软环境建设和校园创新文化建设，使之真正走向人的科学素质的提高、科学精神的弘扬、科学道德的树立的大学科学精神形成的轨道，进一步发扬解放思想、大胆质疑、勇于创新、积极合作的精神，宽容失败的气度，潜心研究，克服急功近利倾向，摒弃浮躁之风，从根本上惩治学术不端、学风不正的倾向。

三、评价结果的反馈和有效性衡量

1. 教师绩效评价结果反馈

一个有效的绩效管理体系应该设计双向的沟通。这在本研究的第四章已做了详尽的阐述。同样的，在评价结果的反馈过程中，评估主体与客体之间围绕评价结果进行积极的沟通、信息反馈，也是十分重要的和不可或缺的。反馈过程的意义在于引导教师努力的方向、明确绩效不理想的原因所在，这应作为持续改进绩效成果的重要环节。对于一个稳定有效的绩效评价体系本身来说，得到教师的理解和积极配合有助于该评价体系的实施，使教师感受到它是一种公平的绩效评价体系，相信它被正确地、客观地应用在涉及个人加薪和晋升等人事决策之上。因此，这一反馈过程需要明确地告知教师该评价体系是如何运行的、结果是怎样产生出来的、这一结果所带来的人事政策信息有哪些、对教师发展的意义何在，以及明确告知教师对这一结果应具有复议、仲裁等权利。

绩效结果反馈的方法主要有书面材料反馈和面谈反馈两种基本形式。对于书面材料反馈，又可以具体到公示和通知教师个人的两个体例。对于公示，需要慎重使用，并考虑到法律的因素。评价结果优秀的教师名单无论是对个体还是对团队，都是一个积极的信号，当事人本身得到的激励毋庸置疑，而其他教师会把它作为一个奋斗的目标。但是，公示绩效不佳的教师名单，对教师本人可能就是一种打击，同时对其他教师也会造成一种紧张的心理和情绪，影响教师的工作心态，甚至可能引发教师对绩效评价体系的反对。但在目前大学管理的实践操作层面，基本上没有高校公示绩效评价结果不佳的教师名单。有的学校还采取了将预反馈信息直接发送到教师个人信箱的办法，这也是值得提倡的。与此相对应，成效显著的反馈方式应当是面谈反馈。这是当事双方真正的双向沟通，具有一定的私密性，其最大的意义是贯彻基于教师自主发展的原则和办法，引导教师关注未来绩效的改善，避免对以前绩效的评估结果的过度关注。为了改善教师未来绩效、满意度和个人发展，引导教师的个人目标设定，教师和其上级就绩效的行为和结果进行充分的讨论，并商讨下一步的努力方向。反馈面谈中，上级和教师本人应使用事实依据，而不是主观的观点，尽量使用正面、客观的、坦诚布公的评语。在这个过程中，评价主客体可以进一步拉近彼此的工作关系，更好地把双方摆在一个平等的地位，使作为评价客体的教师可以更客观、更坦诚地表达自己的意见，并争取更为有利的条件资源促进自己发展。

2. 绩效评价结果有效性衡量

绩效结果的运用中还存在持续进行有效性衡量的问题，主要包括产生这一评价结果的指标体系的设计是否与教师个人的自定目标一致、是否与大学的办学目标一致，从而修正指标体系和评价标准。绩效评价结果与高校办学目标的一致性衡量，以评价学校办学目标的分解过程，并着重改善教师绩效评价体系。教师个体的绩效结果连续性衡量，以跟踪教师的工作状态，分析其职业发展的规律，不但为教师个人提供必要的帮助和指导，也为未来教师管理的政策制定提供有力的依据。作为行为个体，教师在自定目标的基础上，经过自我分析和可度量的过程，确定了立足于自己条件和资源的绩效目标，以此来规划自己的教学、科研和社会服务的实践。通过对教师绩效评价结果与绩效目标的对比分析和连续跟进，进行权衡判定，可以最终为教师职业生涯规划提供必要的依据，并不断促其开发更多的潜能。从另一个角度来看，在这一前提下，随着教师个体目标的基本实现，大学的整体目标也可以实现。这种对教师的绩效评价结果进行连续跟进和分析的有效性衡量，还体现在人事管理的其他环节，如绩效评价结果与职务晋升评价结果的一致性衡量，以评价职务考评体系的有效性，并促其提出改进意见。

第七章

优化中国大学教师绩效评价体系的相关政策建议

第一节　绩效评价制度在促进大学教师自主发展中的作用与局限性

一、绩效评价对于大学教师自主发展中的作用

无论从理论上还是从实践上，大学教师的自主发展并不是（也不可能是）完全的自主，发展本身必然要在某种空间上进行扩张，因此，大学教师的自主发展首先必须要存在扩张的空间。而大学教师的自主发展空间可分为自然空间和人为空间（包括政策空间），虽然大学教师的自主发展也会受到自然空间的限制，但起较大直接作用的还是人为空间，而且，大学教师在自主发展过程中，人为空间往往横在大学教师和自然空间之间。本研究可以得到这样一种结论，即人为空间因素当中，评价制度的影响最为明

显，因为最直接作用于教师的管理因素，就是对其已从事教学科研实践活动的评价与总结。外界环境的诱导或引导，是对大学教师自主发展极具影响力的。因此，从某种意义上讲，大学教师自主发展的途径是外界环境的诱导与大学教师自主选择的有机集成。如何把外界影响因素更加优化，如何使绩效评价的制度导向更加有利于教师自主发展，是研究大学教师人事制度最为复杂、最为艰巨，也是最为有价值的重要课题。

1. 绩效评价在教师自主发展空间设计中的导向作用

高等教育组织，尤其是国家高等院校，第一，应该进一步明确高等院校是以培养现实和未来发展需要的人才为第一要务，大学是以有“大师”谓之大学，更是以能培养出未来的“大师”而谓之大学；可以说，如果现在毕业的大学生在十年二十年以后都在事业上无所成就，缺乏创造，业绩平庸，则我们现在就没有像样的大学。这种导向下，教师明确最基本的自主发展目标不致走向偏差。

第二，教师结合自己学校的特点，尤其是本人从事专业的特点，明确其行为规范，并在尽可能的条件下，给大学教师充分的自由发挥的空间。同时，应正确地评价大学教师的工作绩效，或者说教师的工作绩效应体现教师自主发展的特点。

第三，通过引导教师进一步确立专业发展意识，促进教师自我管理。教师的专业发展是受其人生价值观和教育价值观制约的，是与他的职业素养、自我意识等紧密联系在一起。源自自身目标的设定，区别于外部力量的强逼式的发展，是自己要求和主动进行的自主发展、自觉发展，是不断设计自我、改造自我、塑造自我的过程，是教师在认识、平衡自己多种角色基础上的自我选择、自我追求、自我完善的过程。作为一位知识工作者，一位大学教师仅有自律、自立、自强的意识是不够的。有效的自我管理是建立在客观地自我评价基础上，能根据自身优势和外部环境进行职业生涯规划，并在实践中不断调整自己的自我发展，这是本着对自己、社会完全负责的态度，主动实现自身与高校、社会的和谐发展的自我管理从而树立自觉适应变化的自我管理意识。树立自我管理意识，首先需要树立客观的自我评价意识。正确客观地评价自己，不断发掘自身潜力，并使之与工作的需要和自己每阶段的人生目标结合。这当中，教师自定目标的过程、目标实现可度量的结果，不断地反馈校正，有助于教师自我管理、自我目标实现的效能提高。

第四，加强基于自主发展的人力资源职业生涯规划。针对教师的个性特征，制定出科学合理、切实可行的发展规划，为有针对性地实现自主发展提供基础显得尤为重要。学校要掌握教师的详细资料、数据，包括个人的兴趣、特点、偏好等细节，由此才可帮助教师设计自身的发展。学校有关部门应主动为教师提供发展咨询服务，帮助教师更好地分析其自身优势及发展方向，提供专业发展策略与专业指导，为教师提供与职业发展、专业发展相关的信息与条件，使教师更多地了解学校的各类发展规划，特别是中长期的学科发展规划、特色专业建设规划等，把教师主动发展的愿望与学校发展的愿景结合起来。此外，要为教师提供更加多样化的发展路径，通过制定灵活多样的激励手段与措施，让每位教师从不同专业、不同性质的岗位角度，都能找到各自发展的通道与事业进取的目标。

第五，通过绩效评价结果，加强基于自主发展的培训策略。要积极推行岗前培训、实践锻炼、指定帮扶、业务进修、选送攻读学位、抓科研促教学。创新培养途径，在立足校内培养的基础上，兼顾校内外、海内外的进修培养与深造，特别是注意选派有发展潜力、有培养前途的优秀青年教师出国留学研修、到国内名校攻读提高学位等。要在开展短期培训的同时，创造多种学术交流形式，运用多种手段为教师能力提高、自主发展创造条件。而这些都是需要以评价作为基础的，因为只有通过评价结果，才知道一个教师需要什么样的能力提升，需要何种形式的培训。

第六，坚持以人为本，创新管理机制，建立鼓励自主发展的评价体系。以人为本就是对人的主体地位和作用的一种尊重和肯定。要完善人才评价体系，实施发展性人才评价制度。促进教师群体的自我认知、自我诊断、自我调控水平的提高，促进教师在别人的指导支持下，更加能动地设计出自我发展目标。基于个性优势特征进行绩效评价，要求评价的过程和结果应该能够有效地帮助教师增长教学能力，提供各种改进教学的机会；必要的帮助是评价的核心。通过协商和对话、反馈和帮助，让教师详尽了解自己，明确自身工作中的优点和不足，制订教师发展计划并提供改进的方式，以促进教师的专业自主发展。

2. 组织视角下促进教师自主发展行为的决策动因来自绩效评价的引导

在当今的中国，经历大学教育依然是中国家庭中家长对子女的不二选择；而中国社会依然把教师誉为“人类灵魂的工程师”。可见，大学教师不仅要“传道、授业、解惑”，还要肩负更多的社会重任。当然，单凭某一位大学教师是不可能完成这些重任的。尽管如此，在国家实施科教兴国和建设创新型国家的战略中，大学教师的行为确实还具有较为宽广的选择空间。虽然大学教师的职业生涯具有较多的选择途径，但不同的选择常常导致不同的结果。如果明确以大学教师为终身职业，在绩效评价中有如下五点应该是其自主发展中注意遵守的基本评价准则。

（1）保持和发扬中国教育的优良传统，自觉加强思想品德的修养，把国家的前途、民族的命运和自己人生的发展密切联系起来，努力学习，刻苦钻研，树立甘当“人梯”的精神，把为国家建设培养有用之才作为最大的乐趣。

（2）依据国计民生的发展需要确定学术方向和研究内容，力争为国家的发展提供必要理论和技术方法。每一位大学教师都有自己的研究喜好，但是，如果能把这些喜好与国家的发展和民族的利益结合起来，不仅能使国家受益，而且更能实现大学教师的人生价值。

（3）实现科学技术的发明和创造既是大学教师的追求之一，也是国家发展所需要的。虽然大学教师的主要工作是培养人才，孕育更美好的人生道路，但也应该懂得按照国家有关知识产权的保护条例，既传授新发明的科学技术，又能使自己的利益不被侵害；保证教育事业与个人人生协调发展。

（4）在任何时候，都应坚持“教书育人”的天职。应该以学生的成长为荣，以学生的进步为乐。同时，在知识爆炸、信息无限的现代和将来，教育领域中教学相长的特征越来越突出，大学教师在知识传授和知识发现方面已经不可能“包打天下”了，因此，应注意在力所能及的范围内“传道、授业、解惑”，而在更大的范围上，可以与求学者共同发展。

（5）作为大学教师，国家的教育领域是自己耕种和收获的田野，应该加倍关注和爱护。因此，应关注自己和同事在发展中遇到的问题，向所在学校和国家教育管理部门及时反馈教育管理体制方面的不足，勇于为我国教育事业的健康发展建言献策。

二、绩效评价对大学教师自主发展的局限性因素及原因

依据大学教师的工作范围，就大学教师的业务方面，可以说其自主发展主要包括教学自主和科研自主两个方面。皮尔森（Plzen）和豪尔（Hall）编制了《教学自主量表》（Teaching Autonomy Scale）来测量教师的教学自主，即考察教师感知到的他们对自己是否能控制他们的教学环境的关注。主要考察教师以下几个方面的自主：（1）教学活动和材料的选择；（2）课堂行为标准；（3）教学指导计划和程序；（4）教学工作决策。该研究通过因素分析提取了两个因子：一是课程自主，由“教学活动和材料选择”和“教学指导计划和程序”综合而成；二是一般教学自主，由“课堂行为标准”和“教学工作决策”综合而成。与上述研究思路不同的是，1997 年伯克（Burk）采用质的研究方法，通过半结构访谈，在课堂活动实况录音、录像及研究对象的反思日记的基础上，经过编码处理等手段，提炼出四类主题：（1）教师是否尊重学生个性；（2）教师是否通过提问启发学生思维；（3）教师是否明确清晰地理解学生的行为；（4）教师是否期望学生对自己的行为负责。

基于以上分析及大学教师自身的特点，可以认为在目前的中国背景下，制约大学教师自主发展的因素主要有以下两个方面。

（1）大学教师自身因素。该因素包括大学教师自主发展的意识和自主发展的能力两个方面。教师要按照一种全新的理念去实践，既没有现成的经验可以借鉴，又没有典范的模式可以参考，只能靠学习和探索。由于受到应试教育的影响，导致在某种程度上大学教师同样存在着受计划、指令行事的工作作风，因此自主发展的意识薄弱。自主发展的前提是具备自主发展的能力。而目前自主发展的能力不足也是很明显的一个问题，例如在创新能力和科研能力方面，很多大学教师即使在组织放权的前提下，也没有做工作的思路，缺乏有效的路径，在遇到新情况的时候往往不能有一个好的对策，工作成效并不显著。自主能力的不足在一定程度上制约了自主的发展。

（2）环境因素。这个环境包括内部环境和外部环境两个方面。内部环

境是指教师所依附的高等学校的组织环境。主要包括领导者风格、科研条件、教学条件、组织文化等各个方面。在一定程度上作为决策主体的大学教师有效参与决策机制有缺位现象，民主的决策氛围和自主发展的文化建设还需要一定的努力。由于计划经济体制对高校运作根深蒂固的影响，还存在习惯于按计划、按规章和按上级指示办事，这种工作风格的惯性很大。希望能有更多的自主权，真正对个人发展和组织发展负责。另外，高等学校内部对“大学教师自主发展”观念的理解并不深刻，对于“怎么促进资助发展”的问题还缺少一套行之有效的方案，缺少与之协同的激励机制、人才开发机制、人才投入机制、监督机制、制约机制等制度的保驾护航。外部环境主要是指宏观环境，包括政治、经济、文化等方面。

第二节　构建基于教师自主发展的大学教师绩效评价制度需求的三个视角

一、国家发展要求、国际化发展趋势对建立教师自主发展的评价制度提出要求

从世界教育发展趋势和我国高等教育现状看：把握发展机遇、赶上时代潮流，对高等教育提出了新的更高要求，也对建立新型的以教师自主发展为特征的评价制度提出要求。

当今时代，综合国力竞争日趋激烈。人才资源已成为最重要的战略资源，人才的作用变得越来越重要，人才竞争越来越成为最具全局影响力的竞争。在近代发展历史上，科学发现和技术发明的革命性突破，促进了社会生产力的发展和工业文明的兴起，也成为世界竞争格局改变、强国崛起的关键因素。在知识经济不断发展的今天，全球性科技革命蓬勃发展，世界各国围绕知识要素展开的竞争更加激烈，这必将对国家间的力量对比产生重大影响。为应对种种挑战，实现我国与各国互利共赢和共同发展，我国必须大力增强综合国力和国际竞争力。而人才竞争是综合国力竞争的关

键，迫切需要高等教育与时俱进地进行改革与发展。当前，国际上高等教育的发展出现了新的趋势和特点。一是把建设一流大学确立为寻求国家未来竞争优势的战略砝码。二是加快高等教育由大众化向普及化阶段发展的进程。三是提高高等教育质量成为各国高等教育发展的政策重点。四是高校与经济社会紧密联系、与企业紧密合作。五是高校国际化趋势在加强。六是更加注重办学效率。这些趋势和特点体现着时代对发展高等教育的要求。

与此相适应，从国际化的视野，围绕高等教育目标的实现，各国在大学教师管理和评价政策的制定方面，也体现着一些新的发展趋势与特征。综观国外高校教师评价体系的基本内容，可以得出这样的结论。一是国外高校一般都将一个公平、公正、透明的教师评价体系看作是高校管理架构中不可或缺的部分，并且纳入教师管理的系统体系之中。聘任制度和绩效管理制度的设计，都在考虑其对教师的激励和约束作用，引入竞争机制和提高教师的流动性，既要有利于学术的自由发展，又要保障教师队伍优秀人才的吸引与留用。二是国外高校教师评价指标确立的指导思想与高校的定位与发展战略高度保持一致，是学校发展目标落实到教师个人身上的直接体现。评价指标体系不仅起到了目标导向的作用，而且还有利于教师自身的发展，并能确保学校教学工作的质量和科研、服务工作的开展，从而推动了高校的发展。三是评价指标相互支持和相互推动，既要重视科研，但也不能忽视教学。此外，充分发挥教授治校的优势，以服务评价指标引导教授参与学校的学术管理、年轻教师的指导和社会服务等与其学术和教学不直接相关的工作。四是国外高校教师评价体系重视教师的参与度和评价方式的科学性，评价过程中教师充分参与，不但有自我评价鉴定，而且与管理方是一种交流互动过程，甚至有不少大学还提供了教师对评价过程和评价结果有不同意见的申诉渠道。评价结果不但与教师的个人收益相关，而且关系到教师的事业发展，体现了发展性评价的指导思想。对比各国高校教师管理和教师评价制度，可以发现，我国许多高校积极学习国外先进的教师管理体制，在教师聘任、晋升、评价等工作中积极借鉴国外先进经验，取得了显著的成绩。但是，与发达国家相比，我国教师评价制度还不成熟，许多学习国外经验的措施没有真正做到位，“形似而神不似”。实现高等教育的大众化、国际化，适应国际上高等教育发展新的趋势和特点，必然要求加快建立基于教师自主发展的教师绩效评价制度。

二、大学自身发展的新要求成为基于教师自主发展的绩效评价制度产生的动力源泉

大学教师是培养人才的人才，是科学知识的创造者、先进文化的传播者、人类文明的传承者。改革开放30多年以来，特别是近十年来，随着高等教育历史性的跨越发展，高校教师队伍为社会主义现代化建设作出了突出贡献，显著提升了国民受高等教育程度和创新人才培养水平，有力提高了国家自主创新能力，为经济社会发展重大决策较好地发挥了“思想库”和“智囊团”作用，积极促进了“三支队伍、两类人才”能力建设，已经成为我国基础研究的主力军、国家科技创新和繁荣哲学社会科学的重要力量、科技成果转化及产业化的生力军。伴随高等教育的快速发展，高校教师队伍规模稳步增长。2007年全国普通高校专任教师总数达到116.8万人，是1998年的2.9倍（同期全国普通高校本专科在校生规模是1998年的5.5倍）。高校教师队伍年龄结构得到改善，2007年普通高校教师队伍中40岁以下教师占64.3%，45岁以下教师占81.4%，年轻化趋势明显，年龄断层问题基本解决。学历结构得到优化，2007年具有研究生以上学历的教师由2000年的31.3%提高到42.3%，其中具有博士学位的教师由6.1%提高到11.2%。2007年全国普通高校有教授12万人、副教授32.6万人，分别占教师队伍的10.2%和27.9%。

提高自主创新能力，建设创新型国家，迫切需要加快建设国家创新体系，抓紧培养造就一批世界一流科学家和科技领军人才。高等学校是国家创新体系的重要组成部分，是集聚科技领军人才的战略高地，是培养造就创新人才的摇篮，是知识创新的主要策源地和技术创新的重要力量。“二战”以后70%的影响人类生活方式的重大科研成果诞生于世界一流大学（梁彤，等，2005），当今世界上被公认的20个创新型国家和地区，主要依托高等学校聚集了85%以上最具有创新活力的拔尖人才（刘念才，等，2007）[18]。面对建设创新型国家的紧迫需要，加快推进工业化、信息化、城镇化、市场化、国际化，走中国特色自主创新道路，借鉴发达国家的成功经验，必须进一步高度重视并切实加强高校人才队伍建设，充分发挥高校

学科齐全、跨学科交叉融合、教学科研紧密结合、国际学术交流广泛的优势，促进高校特别是一批高水平大学进一步成为国家创新体系的重要组成部分，成为国家发挥科技领军人才作用、吸纳海外优秀留学人才和国际杰出人才的主要基地，成为培养和储备战略型人才的“蓄水池”，为建设创新型国家提供强有力的人才支持、科技支撑和知识贡献。当今时代，文化越来越成为一个民族凝聚力和创造力的重要源泉，越来越成为国家综合实力竞争的重要因素。哲学社会科学人才的研究水平是综合国力和文化软实力的重要体现。从蔡元培先生提出“学术自由、兼容并包”的大学办学思想开始，高校就一直成为孕育新思想、新学术、新文化的摇篮，是文化传承发展的重要基地，在社会文化建设中发挥着既服务文化建设，又引领文化发展的独特作用。

然而遗憾的是，经过多年的发展，中国高校战略科学家与学术大师匮乏，在国际上具有重要学术影响力的学科领军人才和拔尖创新人才明显不足的问题依然十分突出。能够承担重大科技攻关任务、取得标志性科技成果的高水平创新团队较少。高校科研论文影响力低于世界平均水平，论文被引用率排世界前列的研究人员数量极少，到目前还没有获得诺贝尔奖、鲁斯卡奖、加德纳奖、伍尔夫奖、菲尔兹数学奖和图灵奖等国际性科学奖的学者。存在这一问题的主要原因有许多方面，如国家缺乏吸引、稳定拔尖创新人才的特殊政策措施，待遇缺乏国际竞争力；培养造就高层次人才和支撑他们充分发挥作用的科研创新平台建设滞后，高校缺少持续稳定的科研事业经费投入；缺乏支持高校优秀人才参与国际高水平学术交流活动和扩大学术影响力的有效措施；人才组织模式和科研创新环境还不能完全适应高层次人才成长的需要；现行的科研体制和科研经费使用对青年学术骨干的支持还不够等。但有一个很重要的方面，就是对于人才的评价机制不科学、不完善，评价导向不鲜明，不能完全描述高校教师的工作特征、全面评价教师个体，使教师缺乏自主发展的动力。评价的方式导致教师更侧重对量的追求而忽视对质的提高，产生学术浮躁，影响自主发展潜能的调动等评价中存在的问题，成为我国大学中学术大师级人物匮乏、拔尖创新人才严重不足的重要原因之一。因此，建立基于教师自主发展的教师绩效评价模式，对于克服上述问题，不断提高评价的水平与质量，从而更好地为产生高层次人才创造更为优良的学术政策环境，是大学发展的要求，也是教师自主发展的要求，其应用前景是广泛的和有吸引力的。

三、制度缺位使推行基于大学教师自主发展的绩效评价模式成为可能

在本研究的第三章已做出分析概括，自2000年中央颁布《深化干部人事制度改革纲要》以来，按照中央的整体部署，根据中组部、人事部、教育部等部门制定出台的《中组部人事部关于加快推进事业单位人事制度改革的意见》、《关于在事业单位试行人员聘用制度的意见》、《中组部人事部教育部关于深化高等学校人事制度改革的实施意见》、《人事部教育部关于深化中小学人事制度改革的实施意见》、《事业单位公开招聘人员暂行规定》等改革指导文件精神，高校把事业单位人事制度改革摆在重要地位，开展了大量卓有成效的工作并取得了重大进展：教育系统事业单位能上能下、能进能出、有效激励、严格监督、竞争择优、充满活力的用人机制初步形成；聘用制改革不断深入，岗位管理制度初步建立，分配激励机制日趋完善，考核奖惩制度不断探索深入。随着社会主义市场经济体制的逐步建立和完善，以用人和分配制度改革为核心内容的高校人事制度改革不断深化，取得了显著成绩。特别是1998年教育部“长江学者奖励计划”启动实施以后，高校人事制度改革打开了突破口，进入一个新的发展阶段。

然而，高校教师人事制度与建立现代大学制度的要求仍不相适应，体制机制性障碍亟待突破，高校教师的宏观管理体制不完善，高校用人自主权尚未完全落实；教职工编制标准不健全，教师聘任制改革尚未到位，教师工资经费的合理分担机制尚不明晰，持续有效的激励约束机制不够健全，人员能进不能出、职务能上不能下、待遇能高不能低的问题还比较突出。特别是在国家制度层面，教师考核评价机制还须进一步完善，符合教师职业特点的评价制度尚未真正建立。我国《高等教育法》、《教师法》实施以来，有力地促进着高等教育领域中群体法律意识的提高，同时，由于社会法律意识以及教师个体法律意识增强而引发的大学绩效教师评价法律纠纷呈上升趋势（秦惠民，2001）。然而，正是这些现实的法律诉讼现象在显示我国的社会进步和法治进程的同时，也表明教师绩效评价是一项政策性、法规性很强的工作，还反映了教师绩效评价中现行法规的缺陷和滞后。由

于大学工作性质的特殊性，决定了管理模式的复杂化，进而导致考核评估的艰巨性。在高校，由于教师、教辅人员、行政人员、工人等各类人员的工作对象、方式、手段不同，人员岗位职责很难落实，导致岗位责任制的实施受到制约和影响；有的岗位工作难以量化，考核指标难以做到科学和易于操作；各类人员考核要求不统一，考核结论在职评、晋级、晋职等的使用上缺乏可比性和科学性等，这就逐渐显露出了以业绩点为中心的考核激励机制的一些弊端：方法上过于简单化，指标上过于量化，程序上流于形式，目标上急功近利。最后导致科学研究的短期行为，不利于深层次创新，不利于团队和交叉，不利于产出高水平成果。综上原因，传统评价制度的弊端和适应大学发展和教师发展要求的评价制度缺位所造成的影响，使得研究基于教师发展视角的评价政策与评价模式，成为健全完善制度层面的紧迫需求。一旦这种模式得以研究成熟，其在大学管理实践的应用前景和完善整个人才评价制度体系的作用将显现出其无可比拟的应用前景。

第三节　提高大学教师绩效评价的实践效能——研究成果应用的相关政策建议

根据本研究的结果，为进一步促进大学教师自主发展的体制机制环境的构建，从提高大学教师绩效评价的实践效能的角度，主要有以下七个方面的政策建议：一是研制大学教师绩效评价国家基本标准；二是构建国家级大学教师评价制度指标体系平台；三是不断改进评价方法与模式；四是通过建立基于大学教师自主发展的评价制度，转变评价导向、用人导向、分配导向；五是制定持续推进大学教师评价体系修正完善的办法与措施，促进评价体系的科学、良性运行；六是积极建立开放的、与国际接轨的、交流顺畅的大学评价体系研究交流的机制；七是持续加强对人才评价制度，特别是教师绩效评价制度的研究力度。这七个方面的建议，既有对国家有关部门的建议，如第一、第二、第三、第六条，也有对大学的建议，如第四、第五两条，也有对国家和大学两个方面所提建议，如第七条。

一、研制大学教师绩效评价国家基本标准

研制大学教师绩效评价国家基本标准，主要包含三个方面的内容。一是要明确制定国家评价基本标准的宏观目标。这是制定这个国家标准应遵循的基本准则，即决定了制定的这个国家标准应达到什么样的目的，总体的导向应该是什么样的要求，这当中有一条十分重要的原则，就是要把基于大学教师自主发展的绩效评价的有关理论渗透其中。二是要研究拟定不同类型大学、不同类别学科、不同层次类型教师的绩效评价基本指标参照系。这是制定这个评价标准的主要内容。评价指标国家基本标准之所以被称为是一个参照系，就是因为基于大学教师自主发展的绩效评价模式是一个开放的、可选的、多元的体系，既体现了国家基本意志与要求，又有大学、教师自主选择的根本特性。关于这个指标参照系的运行与管理，将在第二条建议中具体阐述。三是统筹协调国家层面有关部门的人事政策，明确与教师绩效相关政策的相互衔接。这个内容也十分重要，应当讲，国家层面的基本标准制度要能真正在实践中得到运用和执行，部门间的政策协调、衔接是至关重要的，因此这一点也是制定国家基本标准时所必须要考虑到的。

1. 明确国家评价制度的宏观目标

总的来说，国家评价制度的总体目标，就是要建立以绩效改进和教师发展为双重导向的教师考核评价机制，这当中，有三个层面的目标需要努力去实现。一是根据学校的不同类型与层次，学科的不同特点，岗位职责的不同要求，建立符合高校教育教学、科研工作规律，以促进绩效改进和教师专业发展为导向，由品德、知识、能力、业绩等要素构成的教师评价体系。二是针对入职评价、职务晋升评价和工作绩效评价的不同需要，积极探索多元开放的评价方法，强化同行专家特别是校外知名同行专家、专业组织和学生在教师评价中的重要作用。三是积极探索科学的学术评价标准。考核评价标准要有利于创新和出高质量、高水平的学术成果。学校要简化学术评价环节，适当延长评价周期，由重视过程管理向更加重视目标管理转变，由单纯的数量评价向更加重视质量评价转变，不能片面强调发表论文和获奖的数量，要支持优秀人才从事原创性研究和具有重要科学价

值的长期研究。

2. 研究拟定不同类型大学、不同类别学科、不同层次教师的绩效评价基本指标参照系

研究制定大学教师绩效评价国家基本标准，并不是要求用一种统一的标准、统一的模式、统一的要求，不分学校层次、类型，以及教师的不同学科特点搞“一刀切”。建立这种国家基本标准的前提，或者说是一个必要的先决条件，就是要建立一整套的、有分类特色的、基本涵盖所有学科的最基本的指标库，尽可能地把所有涉及教师评价的标准、条件进行有机归类，供学校、教师自主选择，也就是从国家层面提供指标参照系。这种指标库并不一定要求形式上的归总、系统，而是一个不断积累、不断更新、富于开放性、发展性特色的指标体系群。就目标情况而言，任何一所大学，都难以完成这样庞杂的设计工作，只有国家有能力组织有关部门，进行专门投入，组织各类型大学、各学科门类专家，从各个不同角度来研制这个体系库。这样才能使评价指标既能体现国家对大学教师绩效评价的最基本要求，又能使大学在此基础上选择适合本校的评价指标内容，更为重要的，这样的指标库系统，将极大地方便教师去选择适合自主发展的目标，并在此基础上加以拓展，形成符合国家要求、学校要求、教师自主发展要求的自定目标体系，使评价更具针对性和实效性。这种指标库的设计，要根据学科的不同特点和不同的岗位职责，对教师进行教学、科研和社会服务等方面的综合评价，指标体系的设计要体现和反映出对不同类型教师的评价特点，如对教学科研型岗位要在注重考查教学工作水平和效果的同时，对从事基础研究的应着重考查其在科学研究上的贡献；对从事应用和工程技术研究的，要着重考查其解决关键技术问题的能力；对从事哲学社会科学研究的，要严格把握政治倾向，并重点考查其学术影响、在解决社会经济发展中重要理论与实践问题等方面的贡献等。

3. 统筹协调国家层面有关部门的人事政策，明确与教师绩效相关政策的相互衔接

国家有关部门，特别是教育部门、组织部门、人力资源社会保障部门、财政部门、编制部门之间政策的协调性、统筹性、衔接性，是所有评价政策能否在实际中推广、实施运用的关键和根本所在。所谓体制性、制度性障碍的产生与制约，都是源于部门之间的职能交叉、推诿扯皮、部门利益冲突所致。因此，制定国家教师基本评价标准并使其真正发挥作用，就必须要在涉及大学教师人事制度的各个环节、涉及制定政策的相关部门建立一种统筹协调机制，使政策的出台过程成为部门协调政策导向的集中决策协调过程，这一方面要求必须进一步加大政府转变职能的力度，使部门间政策制定的协调性更利于教师评价制度的推行，特别是要努力减少部门间因利益问题而产生的效率低下、各自为战的局面。另一方面，也要不断地通过评价实践，检验政策可行性，并在需要时形成修正政策的机制。也只有这样，制定国家评价基本标准才更有意义，也才能使其真正发挥作用。

二、构建国家级大学教师评价制度指标管理体系平台

将教育评价制度纳入国家教育基本制度范畴，建立一套科学的具有指导实践意义的大学教师评价制度指标体系，并进行长期、持续、有效地监控研究，将有助于政府通过法律、经济等手段加强对大学教师发展机制的宏观管理和战略调控，有利于满足大学对教师进行评价的信息咨询等多方面需求，有利于国际间大学组织、民间研究机构进行交流合作与研究，最终将有利于促进大学目标的实现、教师自主发展的实现。如图 7－1 所示，构建国家级大学教师评价制度指标体系平台，主要构成要素是教师、大学、国家级指标体系库、评价方法模块、社会及行业协会中介组织、国际间交流机制和一套完整科学的基于政策与信息技术的支持系统。从一定意义上讲，这个平台体系实际上是围绕大学开展教师绩效评价的一个管理服务支持系统。构建这个指标管理体系平台的主要目的、功能、关键点及运行方式具体如下：

构建指标管理平台体系的主要目的，就是使各级各类大学的评价指标的管理更为系统、有序。在前面的第一条建议中，已提出要制定一个国家层面的基本指标，这应当是每一所大学及每一位教师在绩效评价中所要遵循的基础标准，是一个基本的“门槛”，带有普遍性的要求。那么每个大学如何操作，每位教师为制定自定目标如何从中选择，就需要一个指标应用的管理系统。建立这个平台系统，就是为了更好地为大学提供管理服务、为教师更好地提供指标选择服务，从而更有效地帮助大学开展教师的绩效评价，从根本目的上讲，也是为了更好地促进大学教师的自主发展。

指标管理平台体系的主要功能，一是帮助大学建立评价数据指标模型和具体的评价体系；二是方便教师自主选取参照指标以确定自定目标；三是发挥这个平台体系中的中介组织的作用，使相关的专家、智囊为大学教师评价提供专业咨询和系统设计服务；四是平衡协调相同类型学校评价指标之间的差异，通过这一平台的调控作用，尽可能使相同类型学校、相同层次教师的考核评价指标不至于有很大的反差，当然，发挥这项功能的前提是保持大学的特色和办学的自主权，这种协调也是一种建设性的、建议性的，并不带有强制性。

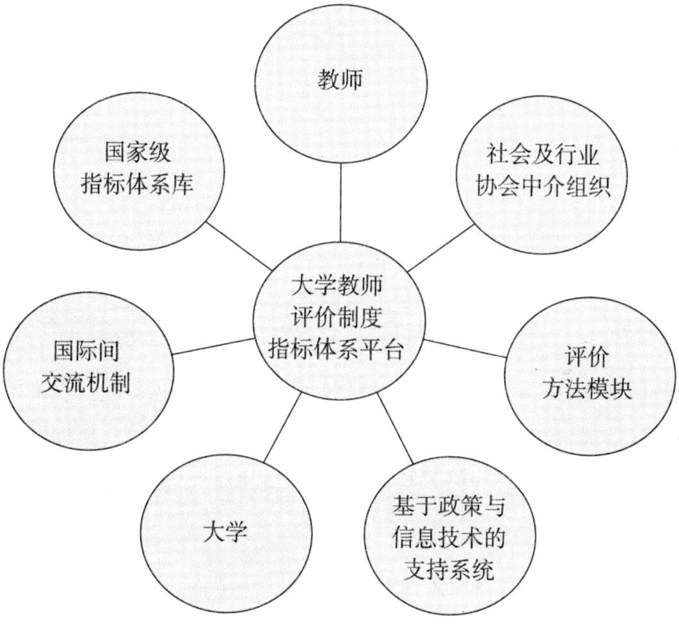

图7－1 国家级大学教师评价制度指标体系平台架构

构建这一指标管理平台的关键，主要是国家级指标体系库的建设，以及信息技术支持系统的保障功能的发挥。国家级指标体系库的建设，要以国家制定的基本指标为基础，以国务院学位委员会制定的十三个一级学科门类，以及相应的一、二级学科点为主线，制定出相应学科教师所应达到的最基本绩效评价指标。以此为基础，再根据大学的分类，相应地划分出综合性大学、理工科大学、农林类大学、医药类大学、财经政法类大学、外语外贸类大学等不同类型大学的教师评价指标库，供各类型大学参考运用。为避免与克服这种大学教师评价指标库模式的千篇一律、整齐划一的弊端和不足，保持大学的自主与特色，指标库设计的理念与经验来自各个大学的实践，要经过国家层面组织专家与大学管理者的共同的改造，使之更具针对性，同时，每所大学运用这些指标库资料的过程中，还要加入本校的特点。此外，有了不同类型、不同层次、不同特点教师评价指标库体系，并使其发挥强大的服务与管理作用，还需要一整套基于现代信息技术的支持系统，保证指标数据的管理、使用、更新、开发等功能及时迅速和方便快捷。

由于管理指标平台体系是一个庞大复杂的系统工程，任何一个单位、一所大学或一个研究机构都难以完成这样的设计与管理任务，因此，这个平台体系的管理与运行，要按照国家有关部门管理、专家学者主导业务、大学运用和支撑平台的运行、教师享受平台提供的服务、社会中介负责服务支持、与国际通行做法有机接轨的运行原则进行。即由国家有关部门负责组织领导和进行经费投入，指导协调与要求各级各类大学提供相关学校考核政策、基本数据，并进行整理汇总，建立相关检索系统，对各类型大学提出的有关要求，平台也要进行系统服务。指标系统的设计与开发由专家学者或专业组织负责进行，并负责具体运作过程中的咨询、参谋。大学享有在平台体系内自主选择相关指标体系及数据模型的权利，并可提出改进系统指标体系的建议。每一位教师都享有访问这一平台体系的权利，可自主查询适合自己学科、专业要求的指标体系库的相关内容，能够及时查询有关政策，以便更好地确定自己的绩效自定目标。在这一管理平台体系中，社会中介组织提供具体业务方面的服务，因为政府管理部门不可能事无巨细地承担太多相关方面的日常工作。与国际通行的做法基本接轨，以及评价方法模块的相关内容，将在随后的建议中做出专门阐述。

三、动态运用和创新改进大学教师绩效评价的模式与方法

评价模式和评价方法的改进与创新，是提高评价质量与水平、不断增强教师绩效评价针对性与实效性的一个非常重要方面。在这个问题上，根据本研究的结论，有两条基本建议。第一条建议是，基于促进大学教师自主发展的教师绩效评价模式，是应被广泛推广的一种评价模式。从第五章

的分析研究中，得出了这个模式具有自主性、协商性、可控性、循环性、开放多样性的特征，与此同时，这一模式的基本构成要素及其运行特点，决定了“对大学使命的认识、自我目标定位、自我分析、目标实现的可度量自定目标、沟通协商、签订合同、组织依据自定目标的绩效管理以及反馈、调整、循环”等方面，既符合一般评价理论的原则和规律，也更有利于促进教师的自主发展。其核心的一点，就是教师在这种评价模式的运行与实现结果中始终居于主导地位，从目标的制定到目标可实现的分析，再到实现目标的过程，以及绩效管理的运用，都反映了教师的主观意识和行为取向，都是围绕着教师的发展而进行，并且在这一评价模式中，协商沟通体现在模式的最主要环节，教师在确定自主发展目标的过程中，始终居于主人翁地位，其责任心、事业心和团体意识，来自教师个体的强烈的主观意识使自我控制、专注于组织系统的平稳有序成为必然，组织通过有效沟通与协商，可全程掌控教师的所思所想，并能及时有效地做出政策和措施的调整，这使得这一模式的可控性、管理性也很突出。同时，基于教师自主发展的绩效评价模式在其开放性上更为突出。这些都使这一模式成为那些坚持以教师为本、促进教师发展理念的大学管理者们所欢迎的模式。

第二条建议是，对教师评价方法的选择，不能仅仅局限在某一种方法，而是要根据围绕评价目标实现的多方面因素来综合考量。“没有最好的方法、只有更适合的方法。”按照大学教师绩效评价的原则和目标要求，要综合运用教师活动评价、教师自我评价、教师成果（代表作）评价、学生评教、同行评价、社会效益评价等评价方法，通过这些评价方法的运用，对教师为实现绩效目标的达成而付出的努力及其成效做出全面、客观、公正、科学的价值评价评判和测量，从而得出教师是否达到组织目标要求及个人发展目标实现的结论性判定。在这些方法当中，有些方法是经常被采用的，如教师活动的评价方法。同时，也有一些方法，是这种主要评价方法的重要补充，如教师自我评价、学生评教等，近年来被越来越多国内外大学的管理部门所采用，也成为受教师欢迎的方法。正因为如此，在前述构建国家级大学教师评价制度指标管理体系平台的内容中，专门有一项是关于评价方法的模块，管理平台提供了不同的模式与方法供大学选择。当然，最后的决定权主要还在于大学采用何种方法或是几种方法的综合运用。

四、通过建立基于大学教师自主发展的评价制度转变评价导向、用人导向、分配导向

要强化促进教师自主发展目标下评价制度成果在人事政策中应用，特别是教师聘用、薪酬分配和培训培养政策中的应用价值。评价结果的运用，将直接作用于评价指标、评价模式、评价方法、评价技术等环节，特别是其导向作用，更是对评价制度本身最具影响力的因素。基于大学教师自主发展的评价制度的核心，就是以人为本、人的全面发展的思想，按照这一基本理念，“绩效改进”和“教师专业发展”成为这一评价制度的鸟之两翼。单一地强调一个方面是不可取的，也是不可行的。对传统教师评价体系的分析结论，就是一重一轻十分突出，即注重组织目标和绩效改进，而忽视了教师发展。因此，评价观念与导向就存在进一步转变的问题。基于大学教师自主发展的评价制度所运用的程度，决定了这项制度对大学教师发展基本激励功能发挥到何种程度。因此，通过评价结果，作用和影响于三种最为基础的人事管理政策，必须引起高度重视。第一，要把促进教师自主发展的绩效评价作为教师聘用导向改变的重要指挥棒。在用人制度中，要实现从“身份管理”向“岗位管理”的转变，考核评价的作用十分突出。随着岗位设置管理和聘任制的全面推行，过去单纯依靠行政管理、任命制的办法，逐步转向聘用制为基础的合同管理，实现了由行政依附关系向平等人事主体的转变，教师的工作业绩与学术能力是否与其职务真正相符，是否与其教学、科研岗位相适应，教师绩效评价结果是一个基本的依据，教师动态、连续和完整的业绩评价结果记录，成为教师的岗位、职务的符合性问题与岗位适应性问题的关键因素。这种前提下，评价导向就使教师不断通过自己的努力，增强自己与岗位的适配性，没有了岗位，也就没有了职务，过去那种“一评职称定终身”的情况将不再符合大学的岗位分级管理环境。因此，加强绩效评价的导向作用，就使得教师更加注重在工作中体现岗位的特点与要求，更加注重在自定目标时找到自己的合理定位，从而更好地做到人岗相适。第二，要通过教师自主发展的绩效评价树立“多劳多得、优劳优酬”的分配导向。目前，按照2006年实施的新工资政策，岗位基本工资和薪级工资虽然与评价结果关系并不密切，但占工资主

要部分的绩效工资还是与绩效评价相挂钩，这种导向下，绩效评价的好坏，直接与教师的收入相联系，“多劳多得、优劳优酬”分配导向和一流人才一流报酬的政策，也不断地促进教师更加注重自身水平的提高，更加注重加强教学科研水平的提高，更加注重创新活动的开展。第三，要通过运用教师自主发展的绩效评价使教师培养培训导向朝着促进教师专业发展的目标推进，使教师能力建设的制度体系更加完善。无论从哪个角度讲，绩效评价结果对教师培养培训都是非常具有针对性的，评价结果中的不足，正是教师需要努力改进的方向，大学组织和教师本人都要充分认识到这一点，并适时地在评价结果形成后，把涉及今后长远发展的培训任务完成好，这既是促进教师自主发展的有效途径，也是大学提高可持续发展的关键所在，在这一点上，评价结果的导向必须鲜明有效。

五、制定持续推进大学教师评价体系修正完善的办法与措施

没有一成不变的制度体系，评价制度也不例外。一个科学完善的评价制度，其开放性至关重要，运用动态的、可修正的方式不断地对其进行修改完善，可以保证制度的合理性、科学性。为了使基于大学教师自主发展的绩效评价体系更富于生命力，更具可持续发展的潜力，可在以下三个方面加强相关的措施与办法。一是建立定期检查制度，为持续开展评价体系的修改完善提供制度基础。这种定期的检查制度，一方面是自上而下的，由国家有关部门组织进行，带有一定的执行力效果，这应当纳入国家对大学管理与指导的基本管理制度之中，因为国家作为大学的投资主体，有这方面的要求；另一方面，是大学自身应建立定期检查制度，这应当纳入学校基本管理制度当中，这也是学校制度建设的必须要求。通过这样一种上下结合的定期检查，发现存在的问题，为进一步改进提供有效依据。二是开展教师评价制度改进的听证、咨询制度。建立基于大学教师自主发展的绩效评价制度，教师本身就是这一制度制定和修正的主体，因此，基于改进、完善制度的要求，建立听证、咨询制度，有利于评价体系的科学完善，有利于使制定的各项措施更加符合教师发展的特点，也更符合这一制度所具有的开放性特点。三是建立基于教师自主发展的绩效评价监测、反馈的

办法与措施。这一方面是这个制度体系内涵所具有的要求，另一方面，还有一种来自系统外部的监测、反馈，这项功能一般由社会中介组织或专业组织来承担。通常地，建立这种制度，一般是由大学为促进可持续发展而主动提出来的，它需要一种外部的监督来实现对制度优化的愿望，一所大学的现代管理水平和民主管理发展的程度决定了这一点。

六、积极建立开放的、与国际接轨的、交流顺畅的大学教师评价体系研究交流的机制

国际比较的结果表明，加强国际间大学交流的一个主要目的，就是不断借鉴其合理、科学的成分，并结合国内实际加以消化，从而促进自身制度的完善。现代大学多样化的发展趋势和中国大学发展的进程，决定了形成一种与国际接轨的大学教师绩效评价制度仍需要一个相当长的探索历程。但是，至少可以从以下三个方面进行一些尝试。一是进行定期的国外考察和比较研究，掌握发达国家大学教师评价制度的最新动态与发展趋势。这项工作可由政府有关管理部门组织开展，也可由大学来组织进行，主要是负责收集、整理国外相关信息与政策变化的动态。这些动态的信息和资讯，都可以体现在前述的“国家级大学教师评价制度指标管理体系平台”上，让所有大学分享，每所大学也可根据自己开展的国际间大学交流来调整、完善本校的评价体系。二是建立大学国际比较研究、咨询组织，通过召开国际会议、访问交流等获取最新比较的信息。这需要有关专业组织围绕评价主题来开展，通过相对集中的国际研讨，达到信息收集、比较分析、改善政策的目的。三是积极向海外推介中国先进的绩效评价方法。经过多年的发展与实践探索，中国大学现行的绩效评价制度取得了积极进展，在有的领域甚至还走在了国际同行的前列，这就有必要不断地通过对外宣传，采取“走出去”的办法，一方面介绍我国的有益经验，另一方面充分听取国外大学对完善这一制度体系的意见和建议，力争取得双赢局面。

七、持续加强人才评价制度，特别是教师绩效评价制度的研究力度

人才评价工作的理论与实践，如同学科专业建设一样，有其系统性、

科学性和复杂性，需要不断地对其规律性进行认真深入的研究。人才评价体系本身的特点，就决定了教师评价体系的创新过程，也是一个不断研究的过程。这种研究一般分为两个层面，一方面是评价的理念与基础理论研究，这主要体现评价的主要理论依据，是评价实践活动中总结提炼出来的规律性认识，其目的是反作用于评价实践的；另一方面，就是实践操作过程的技术性、实证性研究，这主要是体现在大学评价的具体活动过程，既有学校管理方面的要求，也有教师自身对这种评价活动所反馈意见的吸纳过程。从中国建立大学教师绩效评价制度以来，可以清楚地看出，我们对大学教师绩效评价制度的研究重视程度还远远不够。对于这项研究，有两种倾向较为突出：一是拿来主义、照搬照抄，造成只有形似，而无法神似的状况时有发生，这种情况应当讲是最为初步的研究，离全面系统的要求相去甚远；二是浅尝辄止，只及皮毛，不能系统深入，也不能建构体系，这当中一个重要的原因，就是评价研究的复杂性使然。因此，教师评价的持续性、开放性、发展性特点要求，只有以不断深入系统的研究作为基础，才能使评价制度更具科学性，使评价过程更具针对性，使评价结果更具可靠性。要做到这些，必须分层次分体系地明确评价研究的方向。为此，建议国家设立重大专项进行课题研究，主要目标是研究提出适合中国大学特色的、与国际通行的大学评价趋势特征相适应的、具有普遍指导意义的研究成果，为研制国家级大学教师绩效评价标准、构建国家级大学教师评价制度指标管理体系平台奠定基础理论依据。与此同时，每一所大学也都要结合本校教师队伍的特点和实际，在现有基础上，持续加强对评价体系的研究力度，并运用研究成果，不断地修正、改进本校的评价指标及模式。

结　　论

本研究围绕基于大学教师自主发展的绩效评价模式探索这个主题，通过阐述大学教师绩效评价的理论基础，进行教师绩效评价制度的国际比较研究，总结归纳现行大学教师绩效评价制度的现状，进而进行基于大学教师自主发展的绩效评价模式及方法技术的创新设计，并提出相关政策建议。通过这一研究过程，得出以下主要结论。

（一）在基本概念上，本研究认为，大学教师的自主发展是大学教师主动自觉地探索科学规律（包括教育规律），并利用科学规律与外界（包括国家教育法和国家科学技术发展纲要等各种法律法规）相互间动态适应，促进国家教育事业不断成长的过程和结果；在这些过程和结果中也必然包含着大学教师自身的发展。同时，本研究认为，大学教师绩效评价是对大学教师在工作中的表现，也就是教师的劳动过程、劳动行为和劳动结果等进行评价，通过对评价结果的反馈，提高教师教育教学科研水平的综合性评价活动。这种评价活动在正确的教师评价理念和原则指导下，根据国家和学校规定的任务和目标，按照规定的程序，运用科学的方法，借助现代技术广泛收集评价信息，对教师的工作数量和质量进行价值判断；同时通过评价过程与结果的反馈，对促进教师的工作产生更大的价值。从管理学意义上来说，大学教师绩效评价，是一系列管理活动的连续不断的循环过程，是一个强调全体员工参与的过程，是一个强调沟通的过程，是一个强调发展的过程，是一个绩效导向的管理过程。

（二）经历了60年的发展历程，特别是经过改革开放30多年的深入发展，大学教师绩效评价制度大致经历了初步形成、受挫瘫痪、恢复改善、发展提高四个不同的历史时期，其考核方式、指标内容、组织形式、实施程度、结果运用等方面也在不断发展完善，正逐步向着科学化、制度化、规范化的方向发展。但在同时，伴随这项制度的产生，在其发挥着教师人事管理重要作用的同时，存在的问题也逐渐开始显现出来，甚至在有些方面表现得非常突出，成为一种制度性的“痼疾”，长期难以解决。这些问题既有体制机制层面的，也有方法技术层面的，同时，受系统外界的影响，也有一些人事管理工作带有共性的问题。现行教师绩效评价制度存在的主要问题是：在教师评价制度的体制机制层面，重组织目标实现，轻教师自主发展；在评价的管理方式层面，重评价主体的支配作用，轻评价客体的参与功能；在评价的导向层面，重业绩效率的提高，轻内在质量的提升；在评价的指标体系层面，重数量标准，轻质量要求；在评价方式方法层面，重量化分析，轻定性判断；评价结果运用上，重评价结果的使用，轻评价过程中自我改善。与国际大学绩效评价的主要优势与发展趋势相比，我国现行的教师评价在制度和操作上还很不完善，需要大力借鉴国际高等教育已有的经验和教训。

（三）基于促进教师自主发展的大学教师绩效评价的原则是评价主、客体双方在实施评价全过程中达成相近或认同意见、相互承诺、必须遵守的行为准则，它是基于促进教师自主发展的大学教师绩效评价的基本理念在评价实践过程中的具体体现，是一种规范和约定，也是对大学教师评价工作提出的基本要求。基于促进教师自主发展的大学教师绩效评价模式应遵循的主要原则是：公平原则、效率原则、多样化原则、开放原则、目标趋同原则、定性与定量评价相结合的原则、发展与约束相结合的原则。

（四）基于促进教师自主发展的大学教师绩效评价的价值取向要有利于促进教师的自主发展；要有利于实现大学发展目标的实现；要有利于形成有序竞争的格局和提高人力资源配置效率；要有利于制度体系的完善和可持续发展。其制度构建的目标主要是：

——立足于促进大学教师自主发展，形成符合高等教育发展规律、大学教育教学和科学研究规律、人才成长规律的大学教师绩效评价的基本理论与制度安排；

——着眼于制度的合理性构建，形成由基本原则、方法技术、模式程序、行动规则、保障措施组成的大学教师绩效评价的制度管理体系和运行机制；

——从实用性和操作性出发，形成可值推广、运用的思路与办法，努力促进传统教师评价模式与方法的改革与改良，并从实践的反馈中得出系统效能提高和再创新的新途径、新线路、新领域，使多模式、多类型、多元化、更开放的教师绩效评价制度体系的可持续发展成为可能。

（五）本研究的核心研究结论是，基于促进教师自主发展的大学教师绩效评价的制度体系，主要包括基本模式系统、指标体系系统、运行规则系统、方法与技术的路线系统和辅助系统等五个方面的子系统。其组成要素主要包括：对大学使命的认识、自我目标定位、自我分析、目标实现的可度量自定目标、沟通协商、签订合同、组织依据自定目标的绩效管理以及反馈、调整、循环等。基于教师自主发展的绩效评价模式主要有七个方面的步骤。其运行的路线基本上是"教师—自我认知—分析判断—与组织的沟通交流协商—目标确定—绩效管理—目标达成—实现教师自主发展"这样一个过程。在此基础上，在一些步骤之间，会不断地进行一些反复，这主要是教师与大学价值标准相比较产生差异，不断反复、循环和校正，其目的是使双方的目标更进一步趋同，否则，程序将不断调整，直至达到双方要求。

实现基于教师自主发展的绩效评价模式的优化，顺利推动模式的运行，达到模式设计既定的目标，应当具备双向互动、动态调节、内外结合、条件适应、分类分层、相对稳定等六个方面的基本要求。这一模式的运行中具备五个方面的特征，即自主性、协商性、可控性、循环性、开放多样性。通过实证研究表明，基于大学教师自主发展的绩效评价模式所设计的原则、理念、定位、运行特征与要求等是基本一致或趋近一致的，因此，如果这种模式正式建立并被推广运用，是有较高的教师认可度和实践可行性的。

（六）基于促进教师自主发展的大学教师绩效评价的体系中，教师绩效指标的制定要平衡质与量的指标关系、尊重专家意见，实行同行评定机制、要尊重学科的发展特色，划分指标层次。基于促进教师自主发展的大学教师绩效评价的评价方法主要是教师活动评价、教师自我评价、教师成果（代表作）评价、学生评教、同行评价、社会效益评价。通过上述这些评价方法，对教师为实现绩效目标的达成而付出的努力及其成效做出全面、客观、公正、科学的价值评价评判和测量，从而得出教师是否达到组织目标的要求及个人发展目标的实现的结论性判定。

基于促进教师自主发展的大学教师绩效评价结果运用应把握好的原则主要是真实性、准确性、及时性、回馈性。评价结果运用的领域和方向是，依据教师绩效评价结果开展教师岗位设置和职务聘任、依据教师绩效评价结果确定和调节教师的薪酬收入分配、依据教师绩效评价结果进行教师能力提升相关的培养培训、依据教师绩效评价结果对教师实施表彰奖励和纪律约束。高校教师绩效评价结果的应用方向与目的，一是要有利于促进教师的自主发展，二是要有利于教师和学校的共同发展，三是统筹兼顾与综合运用。

（七）构建基于教师自主发展的大学教师绩效评价制度有三个方面的迫切需求，即国家发展要求、国际化发展趋势对建立教师自主发展的评价制度提出要求；大学自身发展的新要求成为基于教师自主发展的绩效评价制度产生的动力源泉；制度缺位使推行基于大学教师自主发展的绩效评价模式成为可能。

基于本研究的成果，为提高大学教师绩效评价的实践效能，主要提出了以下七条政策建议，即研制大学教师绩效评价国家基本标准；构建国家级大学教师评价制度指标管理体系平台；动态运用和创新改进大学教师绩效评价的模式与方法；通过建立基于大学教师自主发展的评价制度转变评价导向、用人导向、分配导向；制定持续推进大学教师评价体系修正完善的办法与措施；促进评价体系的科学、良性运行，积极建立开放的、与国际接轨的、交流顺畅的大学教师评价体系研究交流的机制；持续加强人才评价制度，特别是教师绩效评价制度的研究力度。

附　　录

附录一：高校教师评价组织层面调查问卷

关于“高等学校教师评价”课题研究的调查问卷

（本表请被采访学校人事处负责人填写）

本调查问卷用于教育部人事司关于“高校教师评价”的研究课题，研究内容包括两个部分：招聘评价和绩效评价。问卷回收时，请附上贵校现行有关教师评价的文件（主要包括评价指标、标准和评价规范）。

感谢贵校对调查问卷工作的支持！

填写说明：请在相应空格内填上相关信息，或在○上打√。

第一部分：贵校基本信息

1. 贵校名称：____

2. 贵校所在地：__________省__________市

联系人姓名：　　　　　　电话：　　　　　　传真：

E-mail：　　　　　　　　回复日期：

3. 贵校现有专任教师人数________人（包括教学为主、教学科研并重及科研为主的教师），

其中：教授________人，副教授________人，讲师________人，助教________人

4. 贵校现有本科以上学生人数为：

本科生________人，硕士研究生________人，博士生________人

5. 贵校的办学宗旨是：____

____

6. 贵校的定位为：

○研究型大学　○教学研究型大学　○其他（请补充）：

____

第二部分：有关高校教师招聘的评价

7. 贵校在面对求职者，评价其胜任条件时，遵循的评价理念是：

○一流大学需要一流的教师　○教师的胜任力直接决定其绩效水平

○其他理念（请补充）：

8. 贵校在面对求职者，评价其胜任条件时，遵循的评价原则是：

○宁缺毋滥原则　○专家意见至上原则

○客观条件与主观判断相结合原则　○评价程序规范性原则

○其他原则（请补充）：

9. 贵校每年招聘计划中的录用指标和标准是由：

○院系提出　○学校提出　○院系和学校共同提出

○其他（请补充）：

10. 贵校目前新招聘的教师入职资格是：

- 对于应届毕业生

学校：○一般不招聘本校应届毕业生

○本校应届毕业生有一定比例限制

○招聘来自其他重点院校的应届毕业生

○重点招聘海外留学的应届毕业生

○没有限制

学位：○学士以上　○硕士以上　○博士以上　○对不同专业有不

同要求

专业：○对口专业　　○相关专业　　○无所谓

年龄：○不考虑年龄　　○一般不超过：______岁

性别：○不分男女性别　　○适当考虑性别平衡　　○优先考虑男性

是否有学术成果要求：○没有　　○有

其他条件（请补充）：

- 对于在职教师从外校调入

学位：○学士以上　○硕士以上　○博士以上

○对不同专业有不同要求

专业：○对口专业　○相关专业　○无所谓

职称：○讲师以上　○副教授以上　○教授以上

年龄：○一般不考虑年龄　　○一般不超过：男______岁，女______岁

性别：○不分男女性别　　○适当考虑性别平衡

○优先考虑男性

其他条件（请补充）：

- 对于博士后出站人员的招聘

专业：○对口专业　　○相关专业　　○无所谓

年龄：○一般不考虑年龄　○一般不超过：男______岁，女______岁

性别：○不分男女性别　○适当考虑性别平衡　○优先考虑男性

学术成果要求：

其他条件（请补充）：

- 对于高层次人才的引进

学校的发展规划对高层次人才的引进条件：

○相关联　　○没有关联

若有关联，则贵校是如何考虑的：

对学位的考虑：

对学科和专业的考虑：

对毕业院校的考虑：○海外留学博士　　○海外知名高校博士
　　　　　　　　　○没有限制
年龄：○一般不考虑年龄　　○一般不超过：男______岁，女______岁
性别：○不分男女性别　　○适当考虑性别平衡　　○优先考虑男性
学术成果要求：
其他作为高层次人才的条件（请补充）：

11. 在教师招聘评价时，评价候选人的关键指标和标准是：
应届毕业生：
教学能力指标和标准：

科研能力指标和标准：

社会服务能力指标和标准：

普通教师：
教学能力指标和标准：

科研能力指标和标准：

社会服务能力指标和标准：

博士后出站人员：
教学能力指标和标准：

科研能力指标和标准：

社会服务能力指标和标准：

高层次人才：
教学能力指标和标准：

科研能力指标和标准：

社会服务能力指标和标准：

12. 在招聘评价中，评价主体有：

○系主任　○资深教师　○学生　○学院领导

○学院学术/教学委员会　○大学学术/教学委员会

○人事处　○学校领导

其中有关：

对教学能力的评价主体是：

对科研能力的评价主体是：

对社会服务能力的评价主体是：

13. 评价的流程是：

14. 在评价求职候选人的品德和才干条件时所采用的方法（可多项选择）：

品德部分：

○审阅履历　○个别面谈　○征求专家意见

○其他方式（请补充）：

教学能力部分：

○通过试讲　○审阅履历　○个别面谈　○测试

○其他方式（请补充）：

科研能力部分：

○征求专家意见　○审阅履历　○个别面谈　○测试　○专家推荐信

○其他方式（请补充）：

社会服务能力部分：

○征求导师或原来领导意见　○审阅档案　○个别面谈　○测试

○兼任各种学术学会职务

○其他方式（请补充）：

其他能力以及所采用的方法：

15. 若评价主体对候选人是否录用有争议，争议的处理方法：

若候选人对自己不录用有争议，争议的处理方法：

16. 贵校对招聘评价结果的衡量：

○建立了对评价结果可靠性的跟踪体系　○没有建立评价结果可靠性的跟踪体系

17. 为了体现贵校招聘评价系统的公正性和客观性：

在设计评价指标时是如何考虑的？

在设计评价流程时是如何考虑的？

在选择评价方法时是如何考虑的？

18. 若以百分制打分，请您给贵校的招聘评价系统的满意度打分，分数为：____________%

其中令您满意的部分在于：

其中您觉得不完善的部分在于：

19. 贵校认为教师招聘评价的最大难点及改进方向在于：

第三部分：有关高校教师绩效的评价

20. 贵校在设计教师绩效评价体系时，遵循的绩效评价理念是：

○以人为本，有利于教师成长　○绩效优先　○承担社会责任

○营造和谐的治学环境　○尊重专家意见，发挥院系的作用

○其他理念（请补充）：

21. 贵校在设计教师绩效评价体系时，遵循的绩效评价原则是：

○统一指导与分类指导相结合　○定性与定量相结合

○发展性评价为主导　○过程评价与结果评价相结合

○其他原则（请补充）：

22. 贵校的教师绩效评价指标和标准是由：

○院系提出　○学校提出　○院系和学校共同提出

○其他（请补充）：

23. 有关教师绩效评价指标，贵校有无针对不同对象进行区分：

○有　○无

若有，则按哪种分类方法进行区分（可多选）：

○学科带头人、教授、副教授、讲师、助教、新教师不同的指标

○不同学科门类的教师

○基础课教师、专职科研教师等不同教师类别

○其他分类（请补充）：

24. 贵校的教师绩效评价数量指标内容包括：（可以多选）

<u>教学绩效：</u>

○本科生授课　○研究生授课　○指导实验　○指导课程设计

○指导毕业实习　○指导毕业设计　○出版教材

○其他（请补充）：

<u>科研绩效：</u>

○科研项目经费　○发表论文　○申请、获得专利　○科研专著

○参加会议　○举办讲座

○其他（请补充）：

<u>社会服务绩效：</u>

○学校或学院的公益工作　○为同行企业服务

○作为本学科相关杂志编委　○兼任本专业委员会相关职务

○其他（请补充）：

25. 贵校采用什么指标评价教师的绩效质量？

<u>师德的评价指标：</u>

○职业道德　○学术道德

○其他（请补充）：

<u>教学质量指标：</u>

○由学生的感觉决定　○由同行的感觉决定　○教学获奖

○本科教学评估中的指标　○学校自己制定了一套指标体系

○其他（请补充）：

科研质量指标：

○发表论文的等级　　　　○科研项目的等级

○科研成果获奖等级　　　○学术地位

○其他（请补充）：

社会服务质量指标：

○为学院作出的贡献大小　　○得到社会或企业的认可

○由同事决定指标做出评价

○其他（请补充）：

26. 贵校根据绩效评价的目标和内容，是否划分了教师绩效评价指标不同权重？

○是　　　○否

若是，则以下绩效的权重分别是：

○教学绩效权重：

○科研绩效权重：

○社会服务权重：

○其他方面的权重：

27. 贵校教师绩效评价的主体有：

○教师本人　○系主任　○资深教师　○学院领导

○学院学术/教学委员会　○大学学术/教学委员会　○人事处

○科技处　○教务处　○研究生院　○学生　○校外专家

○其他（请补充）：

其中有关：

对教学绩效的评价主体是：

对科研绩效的评价主体是：

对社会服务绩效的评价主体是：

28. 绩效评价的流程是：

29. 贵校在对教师绩效进行评价时，采用的方法有：

○定量的方法　○定性评议　○排序方法　○评分表　○目标管理

○关键事件法

○其他评价方法：

30. 贵校在教师绩效评价时采用的方式为：

○人工填表、计算、审核　　　○通过计算机网络实现

○其他（请补充）：

31. 贵校对教师任期绩效评价的周期为：

○一年　　　○两年　　　○三年

○其他（请补充）：

32. 若教师对绩效评价结果有争议，争议的处理方法：

33. 贵校的教师绩效评价结果是否公开：

○是　　　○否

若不公开，原因是：

34. 贵校教师绩效评价结果应用于：（可多选）

○进入教师个人档案　　　○作为教师职称评定的重要依据之一

○作为薪酬、津贴的发放依据　　　○作为教师岗位调整的依据之一

○作为教师聘任合同续签的依据之一　○基本没有使用绩效评价的结果

○其他（请补充）：______________________________

35. 教师绩效评价结果出来之后，贵校一般会：

○要求教师本人要了解自己的长处和短处　○教师的直接领导要与教师面谈　○限期改正不足之处　○提供培训的机会　○没有具体的规定

○其他规定（请详细描述）：

36. 贵校对教师绩效评价结果的衡量：

○建立了对评价结果可靠性的跟踪体系　○没有建立评价结果可靠性的跟踪体系

37. 为了体现贵校教师绩效评价系统的公正性和客观性：

在设计绩效评价指标时是如何考虑的？

在设计绩效评价流程时是如何考虑的？

在选择绩效评价方法时是如何考虑的？

38. 若以百分制打分，请您给贵校的绩效评价系统的满意度打分，分数

为：______%

其中令您满意的部分在于：

其中您觉得不完善的部分在于：

39. 请归纳贵校教师绩效评价的目标：

请评价贵校教师绩效评价目标的实现程度：

○实现了目标　　○部分实现了目标　　○基本上没有达成目标

40. 贵校认为教师绩效评价的最大难点及改进方向在于：

附录二：高校教师评价教师调查问卷

“高等学校教师绩效评价制度”调查

尊敬的老师：您好！

这是一份旨在了解高校教师对大学绩效评价工作看法的研究性书面调查问卷。您的意见对本研究非常重要，将作为高校教师绩效考核制度有关政策制定的重要参考，特拜托您拨冗翔实回答。您填写的所有资料我们将负完全保密之责。完成之后请直接交给有关的组织者。对于您的热心协助，谨致上诚挚的谢意！

您的性别：A. 男　B. 女

您的学科归属：A. 人文社科类教师　B. 理工农医类教师　C. 公共课教师

您的学位：A. 博士　B. 硕士　C. 学士　D. 其他

您的职称：A. 教授　B. 副教授　C. 讲师　D. 助教

您的年龄：A. 30 岁以下　B. 31—40 岁　C. 41—50 岁　D. 51 岁以上

您任教的时间：A. 3 年以下　B. 3—10 年　C. 11－20 年　D. 21 年以上

您兼任的职务：A. 院长　B. 副院长　C. 系主任　D. 副系主任　E. 教研室主任　F. 处长　G. 副处长

1. 您对大学教师的绩效是怎样理解的？大学教师绩效评价应该为谁服务？

2. 请您谈谈对本校教师绩效评价工作的看法。

3. 如果让您设计教师绩效评价的有关指标，您最注重什么？

4. 您认为在制定考核评价目标、与学校签订岗位目标合同的过程中，学校（学院）与教师双方沟通、协商是否充分？对您提出的关于岗位绩效目标的有关意见建议，校方采纳的程度如何？

5. 您认为评价教师绩效时，学校是否有必要设计一套评价指标体系供您参考选择？您认为由教师个人选择指标对其进行绩效评价是否可行？为什么？

6. 学校的岗位目标合同对您有多大约束作用？您面临目标合同结束时的考核压力大吗？为什么？

7. 您认为贵校现行的绩效考评办法对您个人的职业发展在哪些方面有帮助，哪些方面有妨碍？为什么？

8. 您认为贵校的教师绩效评价方法是否需要简化？如果需要，您认为应如何简化？

9. 如果教师对绩效评价结果有争议，您认为能通过协商的办法解决吗？

10. 您认为当前大学教师绩效评价的方法存在哪些优点、哪些不足？应该从哪些方面做出什么样的改进？

主要参考文献

一、专著类

[1] 包国宪，钟占国，等．管理学——理论与方法［M］．兰州：兰州大学出版社，1998.

[2] 伯顿·克拉克．高等教育系统［M］．王承绪，译．杭州：杭州大学出版社，1994.

[3] 陈玉琨，赵永年．教育学文集：第 16 卷［M］．北京：人民教育出版社，1989.

[4] 陈玉琨．教育评价学［M］．北京：人民教育出版社，1999.

[5] 杜作润．世界著名大学概览［M］．成都：四川人民出版社，1994.

[6] 顾建民．自由与责任——西方大学终身教职制度研究［M］．杭州：浙江教育出版社，2007.

[7] 华南理工大学课题组．高等学校教师评价体系构建策略及政策建议研究报告［R］．广州：华南理工大学，2006.

[8] 加里·德斯勒．人力资源管理［M］．第 2 版．刘昕，译．北京：中国人民大学出版社，1999：332.

[9] 简·卢文格．自我的发展［M］．韦子木，译．杭州：浙江教育出版社，1998.

[10] 教育部人事司高等学校教师评价体系研究课题组．国外高校教师评价体系研究报告［R］．北京：教育部人事司，2006.

[11] 金美福．教师自主发展论［D］．上海：华东师范大学，2004.

[12] 金哲，邓伟志．21 世纪世界预测［M］．上海：上海人民出版社，1996.

[13] 李文长，朱国仁，等．高等教育科学发展研究［M］．北京：光明日报出版社，2000.

[14] 刘洪．薪酬管理［M］．北京：北京师范大学出版社，2007.

[15] 刘念才，周玲．面向创新型国家的研究型大学建设研究［M］．北京：中国人民大学出版社，2007.

[16] 罗伯特·伯恩鲍姆．大学运行模式［M］．别敦荣，译．青岛：中国海洋大学出版社，2003.

[17] 斯蒂芬·P. 罗宾斯. 管理学 [M]. 第9版. 孙健敏, 译. 北京: 中国人民大学出版社, 2008.

[18] 孙正聿. 超越意识 [M]. 长春: 吉林教育出版社, 2001.

[19] 王斌华. 发展性教师评价制度 [M]. 上海: 华东师范大学出版社, 1998.

[20] 吴金辉. 教师专业发展的理论与实践 [M]. 北京: 北京广播学院出版社, 2006.

[21] 约翰·布鲁贝克. 高等教育哲学 [M]. 王承绪, 编译. 杭州: 浙江教育出版社, 1987.

[22] 张福成, 党秀云. 公共管理学 [M]. 北京: 中国人民大学出版社, 2007.

[23] 张昊民, 李燚, 张芬霞. 组织行为学 [M]. 北京: 高等教育出版社, 2007.

[24] 赵曙明. 绩效管理与评估 [M]. 北京: 高等教育出版社, 2004.

[25] 钟启泉, 崔允漷. 新课程的理念与创新 [M]. 北京: 高等教育出版社, 2003.

[26] Besse, R. M. A comparison of the university with the corporation the university an organization [M]. New York: McsGraw-Hill, 1973: 110.

[27] R. Eugene Rice. "The academic profession in transition: toward a new social fiction" in faculty and faculty issues in colleges and universities [M]. the United States: Simon & Schuster Custom Publishing, 1996: 563.

[28] Stiggings, R. J., Daniel L. Duke. The case for commitment to teacher grouth research on teacher evaluation [M]. Albany: State University of New York. Press. 1988: 30.

二、报刊类

[1] 陈昌贵. 国际合作: 高等学校的第四种职能 [J]. 高等教育研究, 1998 (5).

[2] 陈纪芹. 德国教授的聘任制度 [J]. 天津市教科院学报, 2008 (4).

[3] 陈丽桦, 陈洪涛.. 日本高校师资管理机制探析 [J]. 世界教育信息, 2007 (4).

[4] 陈振华. 教师自主发展: 当下的意义、途径与条件 [J]. 陕西师范大学继续教育学报, 2000 (6).

[5] 陈忠暖. 谈国外高校教学与科研的关系——日本大学教师的态度及其国际比较 [J]. 云南高教研究, 2000 (1).

[6] 戴者华, 师淑云. 加拿大高校教师绩效评估和激励制度简介 [J]. 南通大学学报 (教育科学版), 2007 (3).

[7] 邓仪, 杨文斌. 激励理论与高校学生管理 [J]. 文献资料, 2006 (18).

[8] 董银银, 姬会会. 再论教师绩效评价——基于国内教师绩效评价研究与实践的思考 [J]. 现代教育论丛, 2008 (7).

[9] 杜静. 迎接知识经济挑战　培养创新人才 [J]. 教育探索, 1999 (6).

[10] 段果云. 以人为本的现代人力资源管理 [J]. 成都行政学院学报, 2002 (1).

[11] 范谊. 新加坡教师晋升制度评介 [J]. 比较教育研究，1995 (2).

[12] 方永美. 高校教师绩效的二元模糊综合评价 [J]. 技术经济与管理研究，2006 (4).

[13] 方展画. 高等教育“第四职能”，技术创新 [J]. 教育研究，2000 (11).

[14] 冯会利. 高校绩效评价管理 [J]. 中外企业家，2006 (7).

[15] 高桂娟. 高校教师绩效评价要关照高校教师的特殊性 [J]. 国家教育行政学院学报，2006 (10).

[16] 葛新斌，姜英敏. 日本大学教师评估制度改革动向分析 [J]. 比较教育研究，2004 (9).

[17] 谷建涛. 基于 Web 的高校教师绩效评价系统的实现 [J]. 科技创新导报，2007 (33).

[18] 桂建生. 中小学教师专业发展的必然选择：自主发展和专业对话 [J]. 当代教育论坛，2000 (12).

[19] 郭彩琴，张正义. 论平衡计分卡在我国高校教师绩效评价中的应用 [J]. 长治学院学报，2006 (1).

[20] 郭琴. 浅析高校教师绩效考核指标体系的设计与研究 [J]. 中国水运（理论版），2007 (3).

[21] 韩栋娟. 大学教师的文化使命 [D]. 呼和浩特：内蒙古师范大学，2008.

[22] 何英奇. 教学评量的基本原则 [J]. 教学评量研究，1992 (3).

[23] 胡建华. 日本大学教师任期制改革述评 [J]. 比较教育研究，2001 (7).

[24] 黄朗喜. 高等学校教师绩效考评研究初探 [J]. 石油教育，2008 (2).

[25] 黄育妆. 双因素理论在高校教师激励中的应用 [J]. 成都中医药大学学报（教育科学版），2003 (2).

[26] 贾洪艳. 基于 NET 的高校教师绩效考评系统的设计 [J]. 科技广场，2007 (3).

[27] 贾洁. 高校教师绩效评价的思考 [J]. 中国成人教育，2007 (7).

[28] 姜英敏. 韩国大学教师聘任制改革分析 [J]. 比较教育研究，2001 (7).

[29] 金美福. 教师自主发展论 [D]. 长春：东北师范大学，2003.

[30] 黎琼锋，李辉，邓玉荣. 高校教师评价：实践与构想 [J]. 现代教育科学，2007 (5).

[31] 李长华. 美国高校教师管理的新变化及原因探究 [J]. 比较教育研究，2002 (6).

[32] 李长华. 美国高校教师绩效评价 [J]. 国家教育行政学院学报，2007 (5).

[33] 李长华. 美国高校教师绩效评价存在的争议 [J]. 外国教育研究，2004 (11).

[34] 李长华. 美国高校教师绩效评价的方法综述 [J]. 国家教育行政学院学报，2005 (1).

[35] 李当彬. 教师评价与教师发展 [J]. 中国林业教育，2001 (6).

[36] 李国琼. 公平理论与高校职工管理 [J]. 山西财经大学学报（高等教育版），2000 (4).

[37] 李家成. 论教育活动中他人评价与自我评价的结合 [J]. 教育评论，1999 (1).

[38] 李军. 高校教师绩效管理体系的构建 [J]. 高等教育研究，2007 (1).

［39］李立国．大学组织特性与大学竞争特点探析［J］．高等教育研究，2006（11）．
［40］李六华，黎会．高校教师绩效考核指标体系设计研究［J］．职业圈，2007（4）．
［41］李文长，等．新加坡、泰国高等教育考察论要［J］．外国教育研究，1998（1）．
［42］李亚青．知识经济条件下高等教育职能探析［J］．科学技术与辩证法，1999（3）．
［43］李元元．美国高校教师绩效评价的方法综述［J］．国家教育行政学院学报，2005（1）．
［44］李正，李菊琪．我国高校教师绩效评价结果应用的若干问题［J］．黑龙江高教研究，2007（3）．
［45］李芝山．高校教师绩效管理模式创新研究［J］．福建论坛（社科教育版），2007（4）．
［46］李志峰，沈红．学术职业发展：历史变迁与现代转型［J］．教师教育研究，2007（1）．
［47］梁德军．高等学校社会职能与高等教育社会功能的概念和关系之辨析［J］．广州广播电视大学学报，2002（3）．
［48］梁骥．基于绩效技术的高校教师绩效改进［J］．宁波广播电视大学学报，2007（3）．
［49］梁俊平，张舒华．高校教师绩效评价改良方法研究［J］．科技咨询导报，2007（4）．
［50］梁彤，李驹．美国研究型大学及其基础研究［J］．清华大学教育研究，2005（2）．
［51］刘诚芳．高校教师绩效考核体系中多元化的思考［J］．中国成人教育，2007（9）．
［52］刘济良．新时代的呼唤：全面提高教师素质［N］．光明日报，2000－06－14．
［53］刘开练．“网络时代”大学教师的角色分析［J］．社会科学战线，2006（1）．
［54］刘良华．论教师的教学智慧（上）［J］．福建论坛（社科教育版），2006（11）．
［55］刘思安．对高校教师绩效评价结果应用的若干思考［J］．继续教育，2007（3）．
［56］刘卫民．基于玛汉·坦姆仆理论探讨知识型员工的激励措施［J］．商场现代化，2006（12）．
［57］吕杰．新加坡大学教师管理的理念与做法［J］．中国高等教育，2004（9）．
［58］牛维麟．关于大学组织特点及内在关系的若干思考［J］．中国高等教育，2008（11）．
［59］庞鹤峰．我国高校教师绩效评价研究现状初探［J］．中国高校师资研究，2006（6）．
［60］彭宜新，邹珊刚．从研究到创业——大学职能的演变［J］．自然辩证法研究，2003（4）．
［61］齐琳．日本教师评价制度及其启示［J］．中华女子学院学报，1999（3）．
［62］秦惠民．高等学校法律纠纷若干问题的思考［J］．法学家，2001（5）．
［63］秦亮生．试析“360 度反馈评价法”在高校教师绩效评价中的应用［J］．中国成人教育，2007（9）．
［64］盛子同．高校教师和学校取得双赢发展的策略研究［D］．福州：福建师范大学，2007．
［65］苏宁红．高校教师绩效评价的 AHP 方法［J］．江西教育科研，2007（4）．
［66］眭依凡．改造社会：未来大学的新职能［J］．上海高教研究，1995（3）．

[67] 孙友然，刘蒙．对高校教师绩效考核问题的思考［J］．高等教育与学术研究，2006（3）．
[68] 王丹平．美国大学教师职业精神的特点及其启示［J］．华南理工大学学报（社会科学版），2007（9）．
[69] 王建军．论高校教师评价中绩效管理理论的应用［D］．广州：华南师范大学，2004．
[70] 王强．教育复杂性研究进展［J］．开放教育研究，2003（4）．
[71] 魏巍，王今舜．浅谈高校教师绩效考核体系的构建［J］．科技经济市场，2007（6）．
[72] 翁庆余．略议新世纪高等教育职能［J］．中国高教研究，2001（9）．
[73] 吴朗．层次分析法对现代高校教师绩效考核的成效［J］．中国市场，2006（22）．
[74] 吴如漪．新加坡高等教育的人才培养模式及教学管理［J］．中国成人教育，2001（4）．
[75] 吴振利．论教师教学绩效评价的属性［J］．山西师范大学学报（社会科学版），2007（4）．
[76] 吴振利．论学生评价高校教师教学绩效的模糊策略［J］．黑龙江高教研究，2006（3）．
[77] 谢安邦，周巧玲．提升大学教师的专业化发展水平——构建终身的学习型体系［J］．中国高教研究，2007（5）．
[78] 谢冰，姚洁．大学教师的学术责任及我国大学的学术绩效管理［J］．高等农业教育，2008（9）．
[79] 徐芳，沈进．以岗位目标为导向的绩效管理模式构建［J］．北方经贸，2005（7）．
[80] 徐木兴，蔡晔，陈小东．新时期高校教师绩效评价体系研究［J］．理工高教研究，2007（3）．
[81] 徐毓龙，樊来耀．德美两国高等学校教师聘任制度的研究［J］．学位与研究生教育，2001（2）．
[82] 许成鹏．基于层次分析和模糊数学方法的高校教师绩效评价［J］．黑龙江教育（高教研究与评估），2007（3）．
[83] 颜丙峰．知识社会：高等教育功能的重新审视［J］．河北师范大学学报（教育科学版），2003（5）．
[84] 杨金成．韩国大学评价制度概述［J］．中国高教研究，1997（5）．
[85] 杨敏，等．高校教师绩效评价模式的单一性问题及对策研究［J］．山西师范大学学报（社会科学版），2007（1）．
[86] 杨震，张金隆．基于指标集成的高校教师绩效多维考核方法［J］．科技与管理，2006（5）．
[87] 叶澜．21 世纪初中国教育理论发展的断想［J］．高等教育研究，1998（3）．
[88] 袁鸿，曾冰玉．日本高等教育的若干特点［J］．广东工业大学学报（社会科学

版)，2001（1）.
[89] 袁祖望．发达国家高校教师选拔的比较［J］．有色金属高教研究，2000（2）.
[90] 张富良．试论对高校教师的行为激励和绩效评价［J］．中国高教研究，2000（8）.
[91] 张荆．日本公立大学人事制度改革及给我们的启示［J］．中国高等教育，2005（3）.
[92] 张勤．德国高校教师激励机制改革及其问题［J］．世界教育信息，2008（6）.
[93] 张晓洪，孙渝莉，等．创造就业机会，增强就业能力［J］．渝州大学学报（社会科学版），2001（1）.
[94] 张彦通．英国高校教师评估理论［J］．比较教育研究，1996（5）.
[95] 章毓晋．严格的章程和规范的教学——新加坡南洋理工大学的教学管理［J］．世界教育信息，2004（5）.
[96] 赵焕平．基于模糊神经网络的高校教师绩效评价方法［J］．福建电脑，2007（12）.
[96] 赵希斌．国外发展性教师评价的发展趋势［J］．比较教育研究，2003（1）.
[97] 赵应生，龚波，杨熙．大学教师劳动特点及绩效评估的人文关怀［J］．黑龙江高等教育，2005（2）.
[98] 郑广成，朱翠苗，等．高校教师绩效考评模糊算法研究［J］．科技广场，2007（3）.
[99] 周倩．大学职能新发展的哲学思考［J］．煤炭高等教育，2005（3）.
[100] 朱翠苗，等．基于粗糙集的高校教师绩效考评的规则挖掘［J］．科技广场，2007（3）.
[101] 朱国仁．知识经济时代高等学校的职能［J］．机械工业高教研究，1999（2）.
[102] Burk D. I.，Fry P. G. Autonomy for democracy in primary classroom：A first year teacher' struggle［J］. Teaching and teacher education，1997，13（6）.
[103] London M.，Smither J. W. Empowered self-development and continuous learning［J］，Human Resource Management，1999，38（1）.
[104] Lonsdale A. Performance appraisal，performance management and quality in higher education：contradictions，issues and guiding principles for the future［J］. Adapted from a paper on Fourth generation performance management：Integrating organizational development，staff development and strategic management in universities，presented to the 6th AHED International Forum，Adelaide，1997，7（7）.
[105] Scott P. A.，Valimali M. et al. Autonomy，Privacy And Informed Consent 1：concepts and definitions［J］. British Journal of Nursing，2003，12（1）.

后　记

历经三年的读博历程，一个让人不愿弃离的课题，一段异地求学的艰辛经历，一篇沉甸甸的文稿，一份研究背后真诚的关爱，让我真正尝到了从事科研工作的艰辛，也收获了苦尽甘来的满足。发自内心的信念和探求真知的动力，让我坚持了下来，融入了研究，收获了喜悦。现将我 2009 年 6 月完成的博士论文再次修改完善、正式出版，心觉释然，无限畅意！

在这里，让我把感谢送给所有支持我、帮助我的人：

首先，我要发自内心地感谢我的导师陈玉琨先生。先生的为人如同学问，朴实而深邃，是他专业而又高超的教学艺术与研究风范，时时启迪我能够在浩瀚的知识世界中捕捉到学识当中的不足与缺憾，他的每一次授课及学术讨论，都能使我真正享受到追根溯源、探究高深知识后的快乐。先生严谨治学的态度，及时到位的点拨，成为论文撰写过程中突破迷津的关键。三年寒窗，先生的悉心指导，他的品格、学识、宽宏、气度，每个细节都历历在目，让人无法忘怀。的确，任何华丽的词藻也无法表达我内心的感激。

求学期间，华东师范大学的老师及学长戚业国、代蕊华、沈玉顺以及吴志铉、刘莉莉、范国睿老师，无论是在教学上还是在教学辅导中，都付出了大量心血，并通过函件、电邮、电话等多种方式进行就学支持与帮助，使我深受感动。此外，江文彬、张人红、王俭老师等，无论是在学习上还是生活上都给予了无私帮助与关心。在此，还要特别感谢与我一起参加“教育部人事司高等学校教师绩效评价课题组”的全体同仁：华南理工大学李元元、李敏、邱学青、李正、魏昉、殷姿；武汉大学黄泰岩、程斯辉、赵雪梅、边金銮；清华大学胡和平、田静、叶赋桂；华中师范大学陈守银、陈彬、杨杏芳等，与他们一起从事课题研究、探讨问题，是我研究思路得以扩展、研究资料得以充实、研究方法得以创新的重要支撑。在研究论文形成过程当中，深得北大陈学飞教授、北师大褚宏启教授、中山大学黄崴教授的指导与斧正。北师大张奇伟教授、周海涛博士、东北师大陈欣博士、武汉大学周晓灵等，以及同事王磊博士，中山大学博士生、我的硕士生师弟吴瑞坚，在我进行研究的过程中，给了我许多的帮助与支持，东北大学王玉琦等许多教育部直属高校的人事处长在我开展调研工作中给予了大力帮助，在此一并表谢。

感谢教育部李卫红副部长，是她的鼓励与指点，使我更加坚定了进行大学教师评价制度研究的决心；感谢时任司领导吴德刚、吕玉刚同志，是他们给我就学的信心和工作安排中的照顾，使我得以顺利完成学业；感谢我的同事朱小杰、黄伟、孟庆瑜、潘俊强、张杨、黄小华等，是他们的鼓励与大力支持，帮助我分解工学矛盾中的难处，提供研究所需资料，才能使我始终如一地把攻读博士这件事坚持了下来。感谢教育科学出版社罗永华编辑提供了把我研究成果转化为正式出版著作的机会，对她在本书编辑过程中的悉心把关深表敬意。

感谢我的家人，夫人李文玲和儿子王元一直给我莫大的支持，这是我坚持完成研究的主要动力，他们是我的精神支柱，是我美满和谐家庭的缔造者，在此，谨以此研究所得献给我的爱妻，我知道，唯此，才能表达内心的愿望与感激！给我的爱子，唯此，才能真正激励他刻苦读书，励志成才。若此，吾愿足矣！

在拙作付梓之际，略表感想如上。

王光彦

2011 年 10 月于北京海淀区人教厂家中

出 版 人　所广一
责任编辑　罗永华
版式设计　孙欢欢
责任校对　贾静芳
责任印制　曲凤玲

图书在版编目（CIP）数据

大学教师绩效评价研究：基于教师自主发展的探索／王光彦著．—北京：教育科学出版社，2012.2
ISBN 978－7－5041－6276－2

Ⅰ．①大…　Ⅱ．①王…　Ⅲ．①高等学校—教师评价—研究—中国　Ⅳ．①G645.11

中国版本图书馆 CIP 数据核字（2012）第 007426 号

大学教师绩效评价研究——基于教师自主发展的探索
DAXUE JIAOSHI JIXIAO PINGJIA YANJIU——JIYU JIAOSHI ZIZHU FAZHAN DE TANSUO

出版发行	教育科学出版社		
社　址	北京·朝阳区安慧北里安园甲 9 号	**市场部电话**	010－64989009
邮　编	100101	**编辑部电话**	010－64981252
传　真	010－64891796	**网　址**	http://www.esph.com.cn
经　销	各地新华书店		
制　作	北京金奥都图文制作中心		
印　刷	北京中科印刷有限公司		
开　本	169 毫米×239 毫米　16 开	**版　次**	2012 年 2 月第 1 版
印　张	16	**印　次**	2012 年 2 月第 1 次印刷
字　数	240 千	**定　价**	36.00 元